Sibylle Bolton

Unter Mitarbeit von
Eva-Maria Jenkins

Probleme der Leistungsmessung
Lernfortschrittstests in der Grundstufe

Fernstudieneinheit 10

Fernstudienprojekt
zur Fort- und Weiterbildung
im Bereich Germanistik
und Deutsch als Fremdsprache

Teilbereich Deutsch als Fremdsprache

Kassel · München · Tübingen

LANGENSCHEIDT

Berlin · München · Leipzig · Wien · Zürich · New York

Fernstudienprojekt des DIFF, der GhK und des GI
allgemeiner Herausgeber: Prof. Dr. Gerhard Neuner

Herausgeber dieser Fernstudieneinheit:
Uwe Lehners, Peter Panes, Goethe-Institut München

Redaktion: Eva-Maria Jenkins

Im Fernstudienprojekt „Deutsch als Fremdsprache und Germanistik" arbeiten das Deutsche Institut für Fernstudienforschung an der Universität Tübingen (DIFF), die Universität Gesamthochschule Kassel (GhK) und das Goethe-Institut München (GI) unter Beteiligung des Deutschen Akademischen Austauschdienstes (DAAD) und der Zentralstelle für das Auslandsschulwesen (ZfA) zusammen.

Das Projekt wird vom Bundesminister für Bildung und Wissenschaft (BMBW) und dem Auswärtigen Amt (AA) gefördert.

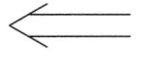

⟵ Dieses Symbol bedeutet „Verweis auf andere Fernstudieneinheiten"

* Mit diesem Zeichen versehene Begriffe werden im Glossar erklärt

Zu dieser Fernstudieneinheit gehört eine Tonkassette mit den Hörszenen (ISBN 3 – 468 – **49669** – 9).

Druck:	5.	4.	3.	2.	1.	Letzte Zahlen
	2000	99	98	97	96	maßgeblich

© 1996 Goethe-Institut München (GI)

Das Werk und seine Teile sind urheberrechtlich geschützt. Jede Verwertung in anderen als den gesetzlich zugelassenen Fällen bedarf deshalb der vorherigen schriftlichen Einwilligung des Verlages.

Verlagsredaktion: Manuela Beisswenger, Mechthild Gerdes

Titelgrafik: Hans Traxler
Satz und Gestaltung (DTP): Uli Olschewski, Yen-lin Hung
Druck: Druckhaus Langenscheidt, Berlin
Printed in Germany: ISBN 3 – 468 – **49670** – 2

Inhalt

Einleitung 5

1   **Um welche Tests geht es hier?** 6

2   **Unterrichtsziele und Testinhalte** 9
2.1   Was soll getestet werden? Oder: Über den Zusammenhang zwischen Lernzielen und Tests 9
        Exkurs Teil 1: Tests im audiolingualen Unterricht 9
        Exkurs Teil 2: Tests im kommunikativ orientierten Deutschunterricht 12
2.2   Testen im Unterricht 18

3   **Tests zu den rezeptiven Fertigkeiten: Überprüfen des *Leseverstehens* und des *Hörverstehens*** 21
3.1   Zum Begriff „*authentische* " *Materialien* 21
3.2   Lesestile und Hörstile 21
3.3   Auswahl der Texte 24
3.4   Kleine Typologie von Testaufgaben zum *Leseverstehen* 26
3.4.1   Offene Aufgaben zum Text 26
3.4.2   Geschlossene Aufgaben 31
        – Multiple-choice-Aufgaben 31
        – Alternativantwort-Aufgaben 33
        – Zuordnungsaufgaben 34
3.4.3   Bewertung des *Leseverstehens* 41
3.4.4   Weitere Möglichkeiten, das *Leseverstehen* zu testen 41
3.5   Kleine Typologie von Testaufgaben zum *Hörverstehen* 45
3.5.1   Hörtexte im Unterricht 45
3.5.2   Offene Aufgaben zum Hörtext 48
3.5.3   Geschlossene Aufgaben 50
        – Multiple-choice-Aufgaben 50
        – Alternativantwort-Aufgaben 52
        – Zuordnungsaufgaben 54
        – Graphische Umsetzung 57
3.5.4   Bewertung des *Hörverstehens* 58
3.5.5   Weitere Möglichkeiten, das *Hörverstehen* zu testen 59

4   **Tests zur Fertigkeit *Schreiben*** 63
4.1   Welche Rolle spielt das *Schreiben* im Unterricht? 63
        Exkurs: Mitteilungsbezogenes *Schreiben* und *Schreiben* als Prozeß 68
4.2   Testaufgaben zur Entwicklung einer allgemeinen Schreibfertigkeit 70

4.3	Testaufgaben zum mitteilungsbezogenen Schreiben: Briefe und Postkarten	79
4.3.1	Briefe im kommunikativen Deutschunterricht	79
4.3.2	Leitpunkte und Vorgaben bei Tests zum Briefeschreiben in der Grundstufe	82
5	**Tests zur Fertigkeit *Sprechen***	**93**
5.1	*Sprechen* – Mittlerfertigkeit oder Zielfertigkeit?	93
5.2	Testaufgaben zur Fertigkeit *Sprechen* im Anfängerunterricht	95
5.3	Testaufgaben zur Fertigkeit *Sprechen* in der zweiten Hälfte der Grundstufe	99
6	**Tests, die die Fertigkeiten kombinieren**	**103**
6.1	Tests zum *Leseverstehen* und *Schreiben*	104
6.2	Tests zum *Hörverstehen* und *Schreiben*	112
6.3	Weitere Kombinationen von Fertigkeiten	113
7	**Tests zu *Wortschatz* und *Grammatik***	**117**
7.1	Ergänzungsaufgaben	117
7.2	Multiple-choice-Aufgaben	122
7.3	Der Cloze-Test	127
8	**Bewertung des *Schreibens* und des *Sprechens***	**131**
8.1	Bewertung des *Schreibens*	132
8.2	Bewertung des *Sprechens*	136
9	**Transkriptionen der Hörtexte**	**140**
10	**Lösungsschlüssel**	**147**
11	**Glossar**	**188**
12	**Literaturhinweise**	**195**
13	**Quellenangaben**	**197**

Angaben zur Autorin 200

Das Fernstudienprojekt DIFF – GhK – GI 200

Einleitung

Zum Thema *Testen-Prüfen-Leistungsmessung* gibt es drei verschiedene, sich ergänzende Fernstudieneinheiten.

Die Fernstudieneinheit 7, *Testen und Prüfen in der Grundstufe*, setzt sich schwerpunktmäßig einerseits mit der Testtheorie und andererseits mit Einstufungstests und Sprachstandsprüfungen auseinander, also mit Testformen, die der Deutschlehrer in der Regel nicht selber erstellt.

Der Titel *Testen und Prüfen in der Mittel- und Oberstufe* stellt praktisch eine Fortsetzung der Einheit 7 dar. Hier werden die Curricula der Mittel- und Oberstufe sowie Sprachstandsprüfungen wie die *Zentrale Mittelstufenprüfung* (*ZMP*), die *Zentrale Oberstufenprüfung* (*ZOP*), das *Kleine* und *Große Deutsche Sprachdiplom* (*KDS/GDS*) sowie die *PNDS-Prüfungen* behandelt.

Die Ihnen vorliegende Einheit 10, *Probleme der Leistungsmessung*, stellt eine reflektierte Anleitung zum Selbst-Erstellen von Lernfortschrittstests für die Grundstufe dar. Als Grundstufe bezeichnen wir in der Regel den Lernbereich von Null-Anfängern bis zum *Zertifikat Deutsch als Fremdsprache* (*ZDaF*).

In dieser Fernstudieneinheit soll Ihnen, den Deutschlehrerinnen und Deutschlehrern, das Handwerkszeug an die Hand gegeben werden, für Ihre eigene Klasse zu einem bestimmten Lehrbuch selber Tests zu erstellen, die überprüfen, ob Ihre Schüler wirklich das gelernt haben, was sie lernen sollten. Wir stellen Ihnen zunächst verschiedene Testformen vor, analysieren sie und bitten Sie dann, selber Tests zu entwerfen.

Konkret setzt sich die Fernstudieneinheit 10 mit der Entwicklung von Tests zu folgenden Bereichen auseinander:

- Leseverstehen (Kapitel 3.4)
- Hörverstehen (Kapitel 3.5)
- Schreiben (Kapitel 4)
- Sprechen (Kapitel 5)
- Wortschatz (Kapitel 7)
- Grammatik (Kapitel 7)
- kombinierte Fertigkeiten (Kapitel 6)

Ein spezielles Kapitel (Kapitel 8) ist der Bewertung von Tests zu den produktiven Fertigkeiten (Schreiben und Sprechen) gewidmet.

Ein wesentlicher Bestandteil dieser Studieneinheit sind die Aufgaben, die unterschiedliche Funktionen haben können. Es gibt Aufgaben, die Sie dazu einladen, sich mit den Inhalten der Studieneinheit intensiv auseinanderzusetzen, Problemlösungen zu finden oder das Gesagte auf Ihre eigene Unterrichtssituation zu beziehen. Es gibt ferner Aufgaben, die Sie dazu auffordern, verschiedene Teile der Studieneinheit noch einmal zu lesen und aufeinander zu beziehen oder sich selbst Gedanken zu einem bestimmten Aspekt zu machen. Ein großer Teil der Aufgaben bezieht sich auf die in dieser Studieneinheit vorgestellten Tests. Dabei bitten wir Sie jeweils, die Perspektive der Testkandidaten zu übernehmen, in deren Rolle zu schlüpfen und die Bearbeitung der Testaufgaben zu simulieren. Auf diese Weise können Sie die Erfahrungen, die Schüler bei Tests machen, am besten nachvollziehen. Im Anschluß an solche **Simulations**phasen werden wir mit Ihnen in Ihre vertraute Lehrerrolle zurückkehren, um in einer **Reflexions**phase die Erfahrungen, die Sie in der Schülerrolle gemacht haben, und die Testaufgaben und -ergebnisse zu analysieren und Schlußfolgerungen daraus zu ziehen. Auf diese Weise arbeiten wir immer wieder auf zwei Ebenen: in der **Simulations**phase erfahren Sie als „Schüler", welche Anforderungen die Tests an diese stellen. In der **Reflexions**phase reflektieren Sie als Lehrer die Testinhalte, Testformen und die Bewertung der Testergebnisse.

Lösungen und Lösungsvorschläge zu den meisten Aufgaben finden Sie in Kapitel 10. Versuchen Sie aber bitte, die Aufgaben zunächst allein oder in Ihrer Gruppe zu bearbeiten, bevor Sie die Lösungen ansehen.

Wir wünschen Ihnen viel Spaß mit dieser Fernstudieneinheit!

1 Um welche Tests geht es hier?

Gegenstand dieser Fernstudieneinheit

Probleme der Leistungsmessung, Lernfortschrittstests* in der Grundstufe – so lautet der Titel dieser Fernstudieneinheit. Damit sind die beiden Schwerpunkte, die in den folgenden Kapiteln im Zentrum unserer Überlegungen stehen sollen, benannt: Das sind zum einen ganz allgemein Fragen der Leistungsmessung beim Fremdsprachenlernen (**was** soll **wie** überprüft werden) und zum andern eine ganz bestimmte Testform, die sogenannten „Lernfortschrittstests".

Wir haben sicherlich recht mit der Annahme, daß Sie, als Sie selbst die Schule noch besuchten, häufig genug „Opfer" von Lernfortschrittstests waren und schon von daher Erfahrungen zu diesem Thema gesammelt haben. Wenn Sie inzwischen selbst Deutsch unterrichten, dann haben Sie aller Wahrscheinlichkeit nach auch selbst Lernfortschrittstests erstellt und durchgeführt. Damit haben Sie bereits eine doppelte Erfahrung in diesem Bereich. Lassen Sie uns gemeinsam noch einmal vergegenwärtigen, **was** genau der Begriff *Lernfortschrittstests* bezeichnet.

Lernfortschrittstest: Definition

Lernfortschrittstests sind Tests, die den Lernfortschritt der Schülerinnen und Schüler im Laufe des Unterrichts überprüfen sollen. Sie werden von den Unterrichtenden selbst entworfen und ausgewertet und werden ohne besondere Vorbereitung „ad hoc" durchgeführt. Sie dienen der kontinuierlichen Kontrolle des Lernprozesses und dokumentieren den zum Zeitpunkt des Tests erreichten Kenntnis- und/oder Könnensstand jedes einzelnen Schülers wie auch der gesamten Gruppe. Gleichzeitig informieren sie Schüler und Lehrer über noch vorhandene Defizite und ermöglichen es so dem Lehrer bzw. der Lehrerin, ihren Unterricht entsprechend zu gestalten.

Lernfortschrittstest = informell

Lernfortschrittstests gehören zu den „informellen" Tests*. Was ist damit gemeint? „Informell", das bedeutet, daß diese Tests im Gegensatz zu den „formellen" Prüfungen* sich auf eine ganz bestimmte Gruppe von Schülern (ggf. Ihre eigene Klasse) und auf einen relativ begrenzten Lernstoff (der gerade in der Klasse durchgenommen wurde) beziehen. „Informell" bedeutet hier auch, daß Testerstellung und Bewertung sich nicht an irgendwelchen offiziellen Kriterien orientieren, sondern der Lehrkraft, also z. B. Ihnen, überlassen bleiben. Dies wiederum bedeutet, daß informelle Tests keine über den konkreten Lernzusammenhang hinaus aussagekräftige, „objektive" Informationen über die einzelnen Lernenden liefern.

Bitte geben Sie auf der Grundlage des Vorangegangenen in der folgenden Tabelle in fünf Stichworten eine knappe zusammenfassende Charakterisierung informeller Tests.

Aufgabe 1

Zusammenfassung: informelle Tests

Charakteristika informeller Tests:

1. _____

2. _____

3. _____

4. _____

5. _____

Dieser Übersicht zu den Charakteristika informeller Tests kann man nun eine Übersicht über die Charakteristika formeller Tests/Prüfungen gegenüberstellen.

Sicher haben Sie die eine oder andere formelle Prüfung auch selbst abgelegt oder in Ihrer Eigenschaft als Lehrkraft abgehalten. Deshalb können Sie mit Hilfe der vorangegangenen Informationen und Ihrer eigenen Stichworte zu den informellen Tests die Charakteristika formeller Prüfungen leicht ableiten. Vergleichen Sie danach Ihre Stichworte mit den Angaben im Lösungsteil, Kapitel 10, S. 147.

Charakteristika formeller Tests/Prüfungen:

1. _____
2. _____
3. _____
4. _____
5. _____

Aufgabe 2
Zusammenfassung:
formelle Tests

Bevor wir uns in den nächsten Kapiteln ausschließlich der Analyse und Erstellung von Lernfortschrittstests widmen, möchten wir den Begriff *Test* noch etwas näher betrachten und einige andere Testarten benennen.

der Begriff *Test*

Das Wort *Test* ist ein Oberbegriff für ganz unterschiedliche Ausprägungen von Tests. Am gängigsten und Ihnen sicher bekannt sind Tests zur Überprüfung einer einzelnen Fertigkeit (z.B. Test zum *Leseverstehen*). Es gibt aber auch Tests, bei denen es sich um eine Kombination von Tests zu verschiedenen Fertigkeiten handelt, also z.B. um einen Test, der aus Aufgaben zum *Leseverstehen* und Aufgaben zum *Schreiben* besteht.

verschiedene Testarten

Außerdem bezeichnet der Begriff *Test* auch verschiedene Arten von Tests mit ganz unterschiedlichen Funktionen. Im Fremdsprachenunterricht werden Tests z.B. eingesetzt, um die Lernenden **vor** dem Unterricht in die richtigen Kurse einzustufen. In diesem Fall spricht man von **Einstufungstests*** (häufig auch genutzt als Zulassungsprüfung). Andere Tests dienen dazu, am **Ende** eines bestimmten Zeitabschnitts oder einer bestimmten Lernstufe den erreichten Sprachstand* der Lernenden festzustellen. Das sind sogenannte **Sprachstandstests*/Sprachstandsprüfungen** (meist als Abschlußprüfung eines bestimmten Kurses, eines bestimmten schulischen Curriculums*). Zwischen diesen beiden Polen liegen die **Lernfortschrittstests** (manchmal auch Zwischenprüfung genannt). Während die Einstufungstests und die Lernfortschrittstests eher den informellen Testarten zuzuordnen sind, handelt es sich bei den Sprachstandstests in der Regel um formelle Prüfungen.

In der Fernstudieneinheit, mit der Sie sich gegenwärtig befassen, geht es ausschließlich um Lernfortschrittstests zu den vier Sprachfertigkeiten*, d.h. also um Tests zur Überprüfung des *Leseverstehens*, des *Hörverstehens*, der *Schreib-* und *Sprechfertigkeit* sowie um kombinierte Tests zu verschiedenen Fertigkeiten. Unsere Beschäftigung mit diesem Thema wird sehr praxisorientiert sein: Wir möchten Ihnen zeigen, wie Sie **in Ihrem Unterricht** die Leistungen Ihrer Schüler angemessen überprüfen können. In unserer Darstellung werden Sie immer wieder die folgenden drei Phasen erkennen: In der ersten Phase bitten wir Sie, eine Testsituation zu simulieren und die Tests, die wir

Lernfortschrittstests in dieser Fernstudieneinheit

Ihnen zeigen, selbst durchzuspielen. Auf diese Weise können Sie die Erfahrungen, die Schüler bei solchen Tests machen, am besten nachvollziehen.

Simulation und Reflexion

Im Anschluß an diese **Simulationsphase** werden wir mit Ihnen in Ihre vertraute Lehrerrolle zurückkehren, um in einer **Reflexionsphase** die vorgestellten Tests, die Testergebnisse und deren Bewertung gemeinsam zu analysieren und zu diskutieren. Dabei werden wir verschiedene Kriterien und Verfahren für die Erstellung von Lernfortschrittstests erarbeiten. In einem dritten Schritt können Sie dann häufig selbst auf der Grundlage des Erarbeiteten verschiedene Tests erstellen, die wir dann wieder gemeinsam diskutieren.

Lernfortschrittstests für die „Grundstufe"

Die Tests, die wir in dieser Fernstudieneinheit mit Ihnen bearbeiten, beziehen sich auf den Unterricht in der Grundstufe*. Mit „Grundstufe" meinen wir den Lernweg von Nullkenntnissen bis zum Erreichen eines Sprachstands, der in etwa dem *Zertifikat Deutsch als Fremdsprache*, der Grundstufen-Abschlußprüfung der Goethe-Institute, entspricht. In schulischen Lernjahren ausgedrückt, umfaßt dies etwa vier Lernjahre Deutsch mit drei bis vier Wochenstunden.

Wenn Sie sich auch mit den anderen Testarten, also mit den Einstufungstests und Sprachstandstests, beschäftigen wollen, dann empfehlen wir Ihnen die Fernstudieneinheit *Testen und Prüfen in der Grundstufe, Einstufungstests und Sprachstandsprüfungen*. Neben der Präsentation verschiedener Prüfungen finden Sie dort auch eine systematische Einführung in die Grundlagen der heutigen Testtheorie.

In der Ihnen vorliegenden Studieneinheit zu den Lernfortschrittstests werden wir die Testtheorie nur insoweit behandeln, wie sie zum Verständnis der vorgestellten Tests und Aufgabentypen notwendig ist.

2 Unterrichtsziele und Testinhalte

2.1 Was soll getestet werden? Oder: Über den Zusammenhang zwischen Lernzielen und Tests

Wenn Sie als Lehrkraft am Ende einer Lektion oder eines Unterrichtsabschnittes einen Test für Ihre Klasse entwerfen möchten, ist es zunächst einmal notwendig, daß Sie sich Rechenschaft darüber ablegen, was genau Ihre Schüler im Unterricht gelernt haben sollten. Vielleicht werden Sie sagen, daß sie natürlich das gelernt haben sollten, was im Lehrbuch steht. Aber auch das Lehrbuch hat ja bestimmte Ziele, und über diese Ziele müssen Sie sich im klaren sein, wenn Sie einen Test entwerfen wollen, der das Erreichen der Lernziele* dieses Lehrbuchs überprüfen soll: Sie können in einem Test nur das überprüfen, was wirklich Gegenstand des Unterrichts war. Das klingt zwar selbstverständlich, ist es aber durchaus nicht immer.

Vorüberlegungen

Was aber ist dann Gegenstand des Unterrichts? Darüber müssen wir uns zunächst einmal Gedanken machen. Deshalb laden wir Sie dazu ein, uns auf den nächsten Seiten auf einem kleinen Exkurs über die beiden wichtigsten Methoden des Deutschunterrichts der letzten 30 Jahre zu begleiten.

Im Anschluß daran werden wir Sie dann bitten, Ihr Deutschlehrwerk, d.h. das von Ihnen zur Zeit benutzte Lehrwerk, zu betrachten und sich selbst die Frage zu beantworten, welcher der beiden dargestellten Unterrichtsmethoden dieses Lehrwerk im wesentlichen folgt und inwiefern sich dies auch in den Tests zu diesem Lehrwerk (soweit vorhanden) widerspiegelt.

Exkurs Teil 1: Tests im audiolingualen Unterricht

Vielleicht haben Sie selbst schon vor längerer Zeit eine Fremdsprache gelernt; möglicherweise haben Sie zu einer Zeit Deutsch gelernt, in der die audiolinguale Methode* die vorherrschende Unterrichtsmethode für Fremdsprachen war. Diese Methode stützte sich auf eine linguistische Theorie (den Strukturalismus*), die Sprache als ein **System von grammatischen, phonetischen und lexikalischen Strukturen** definiert. Zu den primären Aufgaben des Anfängerunterrichts in der Fremdsprache zählte deshalb die **Beherrschung des Lautsystems und der grammatischen Strukturen**; der Wortschatz der Fremdsprache spielte zunächst eine etwas untergeordnete Rolle.

Exkurs: die audiolinguale Methode

Wenn man das Ziel des Fremdsprachenlernens so definiert, daß die Lernenden das Lautsystem und die Strukturen der Sprache beherrschen sollen, so hat dies natürlich auch Auswirkungen auf die Inhalte von Tests und Prüfungen. Nach Lado, einem der wichtigsten Vertreter der strukturalistischen Testtheorie*, sollte ein Test demzufolge primär Aufgaben zu folgenden Bereichen enthalten:

Lernziele

➤ Aussprache (Lautsegmente*, Betonung, Intonation),
➤ grammatische Strukturen,
➤ Wortschatz.

Inhalte von Tests in der audiolingualen Methode

Bei Lehrwerken, die der audiolingualen Methode folgen, beschränken sich die Lernfortschrittstests häufig auf Aufgaben zur Grammatik und zum Wortschatz. Es gibt kaum Tests zum *Leseverstehen* und zum *Hörverstehen* und meistens auch keine Tests zum *Mündlichen* und *Schriftlichen Ausdruck (Schreiben)*. Tests zum *Leseverstehen*, zum *Hörverstehen* und zum *Schriftlichen Ausdruck* fehlten vor allem deshalb, weil man glaubte, daß das *Lese-* und *Hörverstehen* sowie das *Schreiben* Fertigkeiten sind, die sich praktisch automatisch ergeben, wenn man den Wortschatz und die grammatischen Strukturen der Fremdsprache beherrscht. Nach dieser Auffassung genügte es also, die Wortschatzkenntnisse und die Beherrschung grammatischer Strukturen zu überprüfen.

In den Inhalten der Tests spiegeln sich dementsprechend die Ziele des audiolingualen Unterrichts, in dem die Vermittlung und das Einschleifen von grammatischen Struk-

Strukturübungen

turen und – in geringerem Maße – Übungen zur Phonetik eine vorherrschende Rolle spielten.

Eines der bekanntesten Lehrwerke, das der audiolingualen Methode verpflichtet ist, ist das Lehrwerk *Deutsch als Fremdsprache* von L. Nieder, K. Braun und F. Schmöe. Der erste Band (erste Fassung) dieses Lehrwerks wurde 1968 veröffentlicht. Im folgenden drucken wir einen Test aus dem Übungsbuch *Strukturübungen und Tests* ab, das zum zweiten Band dieses Lehrwerks entwickelt wurde.

Bei den Tests in diesem Übungsbuch handelt es sich um Lernfortschrittstests, die dazu dienen, Lektion für Lektion zu überprüfen, ob die Lernenden die Lernziele – und das heißt, die Beherrschung der in der Lektion durchgenommenen grammatischen Strukturen und des neu gelernten Wortschatzes – erreicht haben. Finden die Lernenden bei einer der Testaufgaben die Lösung nicht, so können sie die entsprechende Strukturübung mit Hilfe der Seitenangabe (im Kasten rechts) im Übungsteil des Buches finden und noch einmal wiederholen. Wir haben es hier also in Ansätzen mit einer Art Selbstlernprogramm zu tun.

Aufgabe 3

Test 1

Bitte führen Sie nun den Test zu Lektion 10 des Lehrwerks „Deutsch als Fremdsprache", Teil 1B, durch, indem Sie die Lücken ergänzen.

	Üben Sie!
1. Kannst du es .... übermorgen schaffen?	S. 63
2. Ich habe Ihnen das Buch mitgebracht, ... Sie sich selbst eine Meinung bilden können.	S. 73
3. .... ich den Antrag ausgefüllt hatte, brachte ich ihn persönlich aufs Ausländeramt.	S. 71
4. Na, ... Sie's sich überlegt? — Ja, ich bin einverstanden.	S. 69
5. Jetzt kennen Sie ihn also. — Ja, und ich freue mich sehr, ihn	S. 65
6. .... Einreise in die Bundesrepublik mußt du ein Visum beantragen.	S. 63
7. Hat er euch nicht gefragt? — Nein, er hat es getan, ... uns nach unserer Meinung	S. 67
8. Die Frauen sind unzufrieden, ... sie für die gleiche Arbeit weniger Lohn bekommen als die Männer.	S. 73
9. .... ich ihn kenne, trägt er dieselbe Krawatte.	S. 71
10. Ich bin ganz Ihrer Meinung, ... man es versuchen sollte.	S. 73
11. Ich gehe schnell zur Post, ... das Päckchen	S. 67
12. .... wir ohne nachzudenken immer mehr produzieren, vergessen wir, daß wir dadurch die Natur zerstören.	S. 71

Blaasch (1975), 113

Ein anderes sehr bekanntes, teilweise bis heute benutztes Lehrwerk der audiovisuellen/audiolingualen Unterrichtsepoche ist *Deutsch 2000*. Zu diesem Lehrwerk wurden 1976 Tests veröffentlicht. Neben den Grammatiktests findet man hier auch umfangreiche Tests zum Wortschatz der Lektionen.

Diese Art Testaufgaben ist Ihnen sicher vertraut.

Wortschatz

Vielleicht macht es Ihnen Spaß, auch diese Testaufgaben zum Wortschatz der Lektionen 13–16 von Deutsch 2000, Band 1, zu lösen.

Aufgabe 4
Test 2

III. Wortschatz: Wie heißt das Gegenteil?

Beispiel: gut — schlecht

21. spät — 1
22. lang — 1
23. billig — 1
24. leicht — 1
25. geschlossen — 1

/5

Wie können Sie auch sagen? (Synonyme)

Beispiel 1: Er hatte ein Restaurant in der Nähe von Bremen.

Er hatte eine ..... Wirtschaft ..... in der Nähe von Bremen.

Beispiel 2: Er wollte eine Tomatensuppe. Er wollte auch ein Schnitzel.

Er wollte eine Tomatensuppe ... und (auch) ein Schnitzel ... .

26. Warum treiben Sie keinen Sport?

.... treiben Sie keinen Sport? 1

27. Am Montag spiele ich immer Tennis.

.... spiele ich immer Tennis. 1

28. Kennen Sie Fräulein Heim und Herrn Weiß?
— Natürlich, die zwei kenne ich.

— Natürlich, die .... kenne ich. 1

29. Ich gehe jetzt in die Stadt einen Regenschirm kaufen.

Ich gehe jetzt in die Stadt .. und 1

30. Das Restaurant ist vorläufig geschlossen.

Das Restaurant ist .... geschlossen. 1

/5

Bitte ergänzen Sie:

31. Mit .... fahren Sie nach Teheran? — Mit meinem Freund. 1
32. Was, Sie haben eine Million im Lotto .... ? 1
33. Vom .... 0 ———————— bis zum 1
    (25.)   (10.)
    .... F ———————— machen wir eine Australienreise. 1
    (3.)   (2.)
34. Herr Meier ist von seiner Weltreise zurück. Jetzt kann er viel .... , 1
    zum Beispiel von Asien oder Amerika.

/5

Gesamt /50

Münch/Schmitz (1976), ohne Seitenangabe

Exkurs Teil 2: Tests im kommunikativ orientierten Deutschunterricht*:

Exkurs:
der kommunikative
Ansatz

Seit Mitte der 70er Jahre begann sich allmählich eine andere Vorstellung von Fremdsprachenunterricht und vom Sprachenlernen durchzusetzen. Fremdsprachenunterricht blieb nicht mehr darauf reduziert, die Lexik, Morphologie und Syntax der fremden Sprache zu vermitteln; vorrangiges Ziel wurde nun die rasche Anwendung des Gelernten auf reale Kommunikationssituationen* des Alltags. Oder anders – und etwas theoretischer – ausgedrückt: Ziel des kommunikativ* orientierten Deutschunterrichts ist es, den Lernenden die Fähigkeit zu vermitteln, in realen Kommunikationssituationen nicht nur sprachlich (d. h. grammatisch) richtig, sondern auch kommunikativ angemessen* in der Fremdsprache handeln* zu können. (Was mit „kommunikativ angemessen handeln" gemeint ist, wird im folgenden näher erläutert.) Die Beherrschung des formalen Systems der Fremdsprache bleibt natürlich nach wie vor ein wichtiges Lernziel, aber sie ist nicht das einzige oder vorherrschende Ziel, sondern nur ein Teilziel des Unterrichts, sozusagen die „Vorstufe" zum kommunikativen Gebrauch der Sprache*.

kommunikative Lernziele

Mit dem übergeordneten Lernziel *kommunikativer Gebrauch der Fremdsprache* treten kommunikative Lernziele* in den Vordergrund des Unterrichts. Diese kommunikativen Lernziele umfassen alle Bereiche der sprachlichen Kommunikation*:

➤ das Verstehen gesprochener Äußerungen,

➤ das Verstehen schriftlicher Äußerungen, d.h. das Verstehen von Texten,

➤ die Produktion mündlicher und schriftlicher Äußerungen.

Um Methoden und Verfahren des kommunikativ orientierten Deutschunterrichts zu verstehen, muß man sich noch weitere wesentliche Merkmale des kommunikativen Sprachgebrauchs vergegenwärtigen.

Merkmale des
kommunikativen
Sprachgebrauchs

Die wichtigsten Merkmale des kommunikativen Sprachgebrauchs sind:

➤ **der interaktive* Aspekt**

Damit ist gemeint: Jede Äußerung (schriftlich oder mündlich) hat einen Adressaten. Das gilt für mündliche wie auch für schriftliche Äußerungen: zum Brief gehört der Adressat des Briefes, zum Zeitungsartikel der Zeitungsleser, zur Werbung der Konsument usw.

➤ **die Ziele von Äußerungen**

Damit ist gemeint: Jede Äußerung ist zielgerichtet, d.h., hinter jeder Äußerung steht eine bestimme Absicht. Ein Beispiel möge das verdeutlichen. Jemand sagt: *Mir ist kalt.* Hinter dieser Äußerung kann z.B. die Absicht stehen, den anderen dazu zu bringen, seine warme Jacke auszuziehen und dem Frierenden zu geben.

➤ **die Wirkung von Äußerungen**

Damit ist gemeint: Erreicht der Sprecher die beabsichtigte Wirkung? Wie erfolgreich ist sein „Sprachhandeln*"? Bezogen auf unser Beispiel oben: Bekommt der Frierende aufgrund seiner Äußerung die warme Jacke, oder bekommt er sie nicht? (Zum Beispiel, weil er seinen Wunsch nicht deutlich genug ausgesprochen hat?)

➤ **der Kontext***

Damit ist gemeint: Jede sprachliche Äußerung ist in einen Kontext eingebettet. Zum Kontext gehören im Falle eines mündlichen Gesprächs u.a. die Situation, in der das Gespräch stattfindet, Ort und Zeit, die Gesprächspartner sowie die Beziehung zwischen den Gesprächspartnern oder anders ausgedrückt: Wer spricht wann, wo, mit wem, unter welchen Bedingungen?

Aus den genannten Merkmalen des kommunikativen Sprachgebrauchs lassen sich nun konkret die Lernziele des kommunikativ orientierten Deutschunterrichts ableiten.

Das sind:

Lernziele
im kommunikativen
Deutschunterricht

➤ **die Entwicklung der sogenannten „rezeptiven Fertigkeiten"***, also des *Leseverstehens* und des *Hörverstehens*. „Sogenannt rezeptiv" schreiben wir deshalb, weil mit der Verwendung des Begriffs *rezeptiv* der falsche Eindruck entsteht, beim Hören und Lesen würden Hörer/Leser in einer nur aufnehmenden, passiven

Haltung verharren. Tatsächlich aber ist es ja so, daß der Hörer/Leser bei der „Rezeption" von Texten sehr „aktiv" sein muß, denn Bedeutung und Sinn von Texten entstehen erst durch die subjektive Deutung des Gehörten/Geschriebenen durch den Hörer/Leser.

➤ **die Entwicklung der interaktiven Fertigkeiten*** *Sprechen* und *Schreiben*.

Dazu gehört

➤ **die Fähigkeit, kommunikativ angemessen sprachlich zu handeln**, d. h. die Fähigkeit, die eigenen Mitteilungsbedürfnisse zu realisieren und den Erfordernissen der gegenseitigen Verständigung zu entsprechen.

Versuchen Sie nun bitte, den Inhalt der beiden letzten Abschnitte mit Hilfe des folgenden Rasters zu verdeutlichen.

Aufgabe 5

Bitte ergänzen Sie die fehlenden Elemente in dem Raster mit Hilfe der Ausführungen im letzten Abschnitt.

Merkmale des kommunikativen Sprachgebrauchs	*Damit ist gemeint:*	*abgeleitete Lernziele*
der interaktive Aspekt		*Entwicklung der interaktiven Fertigkeiten:* – *Sprechen* – *Schreiben* – *kommunikativ angemessen sprachlich handeln*
Äußerungen sind zielgerichtet		*Mitteilungsbedürfnisse realisieren*
Äußerungen haben Wirkungen		*erfolgreiches Sprachhandeln*
Äußerungen stehen in einem Kontext		*situativ angemessenes Sprachhandeln*

Natürlich ergeben sich aus den Lernzielen des kommunikativen Deutschunterrichts nicht nur Konsequenzen für den Unterricht selbst, sondern auch für die Prüfungen und Tests. Will man überprüfen, ob die kommunikativen Lernziele erreicht worden sind, genügt es nun nicht, Tests zur Grammatik und zum Wortschatz anzubieten. Statt dessen muß es Tests geben, die das *Leseverstehen* und das *Hörverstehen*, die sprachliche Interaktion* beim Sprechen und die Fähigkeit, zielgerichtet zu schreiben, überprüfen (immer vorausgesetzt, daß diese Lernziele auch tatsächlich Gegenstand des Unterrichts waren). Mit anderen Worten: unterschiedliche Lernziele und entsprechende Unterrichtsmethoden erfordern auch entsprechende Tests. Wir werden im Laufe dieser Studieneinheit noch häufiger auf den engen Zusammenhang zwischen Lernzielen, Unterricht und Tests zurückkommen.

Tests im kommunikativen Deutschunterricht

Im Rahmen dieser Studieneinheit haben wir die beiden Unterrichtsmethoden, die in den letzten Jahrzehnten den Deutschunterricht wesentlich bestimmt haben, nur sehr verkürzt dargestellt. Detaillierte Ausführungen zur Entwicklung des Fremdsprachenunterrichts und der verschiedenen Unterrichtsmethoden finden Sie in der Fernstudieneinheit *Methoden des fremdsprachlichen Deutschunterrichts*.

Wenn Sie sich intensiver mit Fragen der Wechselbeziehung zwischen Unterricht und

⟶

Tests/Prüfungen auseinandersetzen wollen, verweisen wir hier noch einmal auf die Fernstudieneinheit *Testen und Prüfen in der Grundstufe, Einstufungstests und Sprachstandsprüfungen*.

Auf den Seiten 10 und 11 haben wir Ihnen Teile von Lernfortschrittstests aus Lehrwerken gezeigt, die der audiolingualen Methode zuzurechnen sind. Auf den folgenden Seiten finden Sie nun drei Lernfortschrittstests zu unterschiedlichen Lernzielen aus den 1994 erschienenen *Tests* zu zwei Lektionen in dem Lehrwerk *Deutsch aktiv Neu*, einem sogenannten „kommunikativen" Lehrwerk.

Aufgabe 6

Bitte schlüpfen Sie nun wieder in die Rolle des Testkandidaten oder der Testkandidatin, und lösen Sie auch diese Testaufgaben.

Test 3: Lesen

A Lesen

1. *Bonbel*

FROMAGERIES BEL · FRANCE
QUALITÄT UND KÄSETRADITION · SEIT 1865

Bonbel.
Das schönste Wort für Butterkäse.

Der einzige Butterkäse, der sich Bonbel nennen darf, kommt aus Frankreich. Bonbel Butterkäse reift nach bester Tradition im ganzen Stück. Das gibt ihm seinen unverwechselbaren, einzigartigen Geschmack: sahnig-mild mit einer feinwürzigen Note. Wer so gut schmeckt, hat sich den Namen »Bonbel« verdient. Oder kennen Sie ein schöneres Wort für Butterkäse?

Was behauptet der Text? Markieren Sie die richtige Antwort.

Bonbel _____.

1.
   - a   ist der einzige Butterkäse aus Frankreich.
   - b   kommt aus Frankreich.
   - c   gibt es nur im ganzen Stück.

2.
   - a   schmeckt sehr gut.
   - b   ist mehr Butter als Käse.
   - c   verdient sich ein schöneres Wort.

Roche/Wieland (1994), 139

Hören Sie nun die Hörszene 1 auf der Tonkassette.

Test 4 a: Hören
Hörszene 1

A Hören

1. *Bei den Eltern wohnen oder ausziehen?*
   Interview mit Eckehard

Hören Sie das Interview und kreuzen Sie an.
Ist die Information richtig, falsch oder nicht im Hörtext?

	richtig	falsch	nicht im Hörtext
1			
2			
3			
4			
5			
6			
7			
8			
9			
10			

1. Eckehard ist schon ein Jahr mit der Schule fertig.
2. Er macht seinen Zivildienst, weil Zivildienst länger ist als Militärdienst.
3. Seine Eltern machten sich Sorgen um Eckehard und konnten nicht schlafen.
4. Seine Eltern haben ihm gesagt, daß er eine eigene Wohnung suchen soll.
5. Er konnte keine Wohnung finden, weil er so wenig Geld hatte.
6. 4 junge Leute wohnen in der Wohngemeinschaft.
7. Die WG hat mehr positive als negative Seiten.
8. Eckehard will manchmal allein sein, aber das ist nicht so leicht in der WG.
9. Eine WG ist nicht so teuer wie eine Wohnung.
10. Eckehard besucht seine Eltern nicht mehr.

Roche/Wieland (1994), 152

Die Transkription der Hörszene 1 finden Sie auf S. 140.

Test 4 b: Wortschatz/Strukturen

B Wortschatz/Strukturen

Kreuzen Sie die richtige Lösung an.

1. Der Tisch ist schon vor einer Stunde gedeckt worden. Jetzt _____.
   - [a] wird der Tisch gedeckt
   - [b] war der Tisch gedeckt
   - [c] ist der Tisch gedeckt
   - [d] hat der Tisch gedeckt worden

2. _____ auf dem Foto ist mein Bruder.
   - [a] Der lächelnder Mann
   - [b] Ein lächelnde Mann
   - [c] Der lächelnde Mann
   - [d] Den lächelnden Mann

3. Was macht der Bankier mit _____?
   - [a] seines schweres verdientes Geld
   - [b] seinem schwer verdienten Geld
   - [c] seinem schwer verdientes Geld
   - [d] sein schwerem verdientem Geld

4. In der Ecke stand _____.
   - [a] ein gedecktes Tisch
   - [b] einen gedeckten Tisch
   - [c] ein gedeckter Tisch
   - [d] ein gedeckten Tisch

Roche/Wieland (1994), 152

Test 5: Schreiben

Hund rettet Kind!

So lautet die Überschrift (Schlagzeile) in der Zeitung. Hier sind die Protokollnotizen der Polizei mit den ungefähren Zeiten und Ereignissen:

> 14.30 UHR: Kind zu Spielplatz gegangen
> 14.45 UHR: weggelaufen Richtung Fluß
> 16.00 UHR: Kind nicht zurück; Mutter ruft Polizei an
> 16.30 UHR: Kind gefunden; naß; Hund hat es aus dem Fluß geholt
> 17.00 UHR: Krankenhaus: keine schweren Verletzungen; leicht unterkühlt

Sie sind Reporter(in). Schreiben Sie einen kurzen Artikel für die Zeitung.

Roche/Wieland (1994), 155

Aufgabe 7

Bitte vergleichen Sie die beiden Testbeispiele aus „Deutsch als Fremdsprache" (S. 10) und „Deutsch 2000" (S. 11) einerseits und die drei Testbeispiele aus „Deutsch aktiv Neu" andererseits, und bearbeiten Sie dann die beiden Punkte.

1. Vergleich von Tests aus zwei „audiolingualen Lehrwerken" mit Tests aus einem „kommunikativen Lehrwerk":

– *Die Tests zu „Deutsch als Fremdsprache" und „Deutsch 2000" bestehen aus:*

_____
_____

– *Die Test zu „Deutsch aktiv Neu" bestehen aus:*

_____
_____

2. Worin unterscheiden sich die Tests? Und was sind die Gründe für diesen Unterschied?

_____
_____
_____
_____

Wir konnten sehen, daß die Tests, die wir hier untersucht haben, sich auf ganz unterschiedliche Unterrichtssituationen mit unterschiedlichem methodischen Ansatz beziehen. Die beiden ersten Testbeispiele beziehen sich auf einen an der audiolingualen Methode ausgerichteten Unterricht mit den Schwerpunkten Wortschatz und grammatische Strukturen; die Tests zu *Deutsch aktiv Neu* beziehen sich auf einen kommunikativ orientierten Deutschunterricht mit dem übergeordneten Lernziel *Kommunikationsfähigkeit in Alltagssituationen**. Dazu gehört zum Beispiel auch das Verstehen von deutschsprachigen Werbeanzeigen.

Nun fragen Sie sich vielleicht, ob auch das Verfassen von Zeitungsartikeln, wie es im Testteil *Schreiben* vom Kandidaten verlangt wird, zur *Kommunikationsfähigkeit in Alltagssituationen* gehört. Sie haben recht mit der Annahme, daß es kaum Deutschlernende gibt, die wirklich in die Situation kommen, deutsche Zeitungsartikel schreiben zu müssen. Auch setzt eine solche Aufgabenstellung voraus, daß die Deutschlernenden im Unterricht etwas über Struktur und Stil von Zeitungsartikeln in deutschsprachigen Zeitungen erfahren haben und bewußt damit umgehen können. Der Frage, ob und in welcher Form Schreibanlässe, die nicht unmittelbar etwas mit der Alltagswirklichkeit von Deutschlernenden zu tun haben, ihre Berechtigung im Unterricht und in Testaufgaben haben, werden wir in Kapitel 4 nachgehen. Sie spielt auch in der Fernstudieneinheit *Fertigkeit Schreiben* eine wichtige Rolle. An dieser Stelle soll erst einmal der Hinweis genügen, daß solche Aufgabenstellungen den Deutschlernenden in der Regel Spaß machen. Handelt es sich dabei doch auch um Textarten*, die sie aus ihrem muttersprachlichen Alltag kennen und denen sie in den deutschsprachigen Lehrwerken in Form von Lesetexten häufig begegnen.

authentische Schreibanlässe in Tests und im Unterricht

Hinweis →

Nachdem wir nun einige Tests betrachtet haben, ist es an der Zeit, einen Begriff aus der Testtheorie einzuführen, der auch für Lernfortschrittstests wichtig ist. Es ist der Begriff der *Validität**. Validität ist ein wichtiges Gütekriterium* für Tests. Es bedeutet, daß ein Test auch wirklich das überprüft, was überprüft werden soll (also die tatsächlichen Ziele des Unterrichts bzw. des Lehrwerks). Was ist damit gemeint?

Kriterium für Tests: Validität

Wenn man zum Beispiel überprüfen möchte, ob Deutschlernende bestimmte grammatische Strukturmuster der Fremdsprache beherrschen, dann muß der Test so beschaffen sein, daß er genau das überprüft. Wenn man dagegen überprüfen möchte, ob Deutschlernende in der Lage sind, sich sprachlich in Alltagssituationen zu behaupten, dann darf der Test nicht aus grammatischen Strukturübungen bestehen, sondern muß Alltagssituationen simulieren, in denen die Lernenden zeigen können, wie sie sprachlich in bestimmten Situationen reagieren. Wenn man überprüfen möchte, ob die Lernenden die wichtigsten Aussagen in einem Lesetext verstehen, dann muß der Test so beschaffen sein, daß er genau das überprüft und nichts anderes.

Wenn diese Bedingungen erfüllt sind, dann ist der Test **valide***. Wenn man das übergeordnete Lernziel des kommunikativen Deutschunterrichts (also die *Kommunikationsfähigkeit in Alltagssituationen*) überprüfen möchte, dann kann man das nicht mit einem Test tun, der vor allem Wortschatzkenntnisse und die Beherrschung grammatischer Strukturen abtestet. Ein solcher Test wäre **nicht valide**; er würde keine Aussagen über den tatsächlichen Lernerfolg erlauben.

Die Testtheorie nennt noch weitere Gütekriterien für Tests, nämlich die **Reliabilität*** (= Zuverlässigkeit, d. h.: der Test ist zuverlässig/reliabel*, wenn er die Leistungen präzise und stabil mißt) und die **Objektivität*** (d. h.: der Test ist objektiv*, wenn mehrere Testauswerter bei der Beurteilung der Lösungen zum selben Ergebnis kommen). Diese beiden Gütekriterien haben bei formellen Prüfungen eine große Bedeutung. Auch bei Lernfortschrittstests im Unterricht, von denen diese Studieneinheit handelt, sollte man den Gütekriterien Reliabilität und Objektivität so nahe wie möglich kommen.

weitere Gütekriterien für Tests

In der Fernstudieneinheit *Testen und Prüfen in der Grundstufe, Einstufungstests und Sprachstandsprüfungen* werden die drei genannten Gütekriterien ausführlich an Beispielen erläutert.

→

Kommen wir noch einmal zurück auf den engen Zusammenhang zwischen den im Curriculum beschriebenen Lernzielen, den Unterrichtsverfahren und Tests. Diesen Zusammenhang kann man folgendermaßen darstellen:

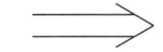

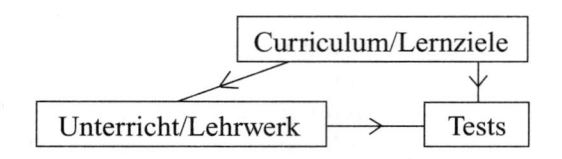

```
        ┌─────────────────────┐
        │ Curriculum/Lernziele│
        └──────┬──────────┬───┘
               ↙          ↓
┌──────────────────────┐  ┌───────┐
│ Unterricht/Lehrwerk  │→ │ Tests │
└──────────────────────┘  └───────┘
```

Die Grafik zeigt, daß Lehrwerke und Unterricht (d. h. Unterrichtsverfahren und Unterrichtsmethode) sich direkt ableiten von den Lernzielen (dem Curriculum) und daß Tests die Lernziele und den Unterricht möglichst genau widerspiegeln müssen. Nur so können sie angemessen überprüfen, was im Unterricht vermittelt wurde.

Die Antwort auf die folgende Frage fällt Ihnen nun sicher sehr leicht.

Aufgabe 8

> *Was meinen Sie? Sind die Tests, die Sie bisher kennengelernt haben, valide oder nicht?*
>
> | | *valide* | *nicht valide* |
> |------------|----------|----------------|
> | *Test 1 ist* | ☐ | ☐ |
> | *Test 2 ist* | ☐ | ☐ |
> | *Test 3 ist* | ☐ | ☐ |
> | *Test 4 ist* | ☐ | ☐ |
> | *Test 5 ist* | ☐ | ☐ |

An Aufgabe 8 möchten wir gleich noch eine Aufgabe anschließen. Bitte überprüfen Sie das Deutschlehrwerk, das Sie zur Zeit benutzen.

Aufgabe 9

> *Welcher Unterrichtsmethode folgt Ihr Lehrwerk? Werden zu diesem Lehrwerk Tests angeboten? Entsprechen diese den durch das Lehrwerk vorgegebenen Lernzielen? Oder sehen Sie hier einen Widerspruch? So könnte das Lehrwerk zwar durchaus dem kommunikativen Ansatz zuzurechnen sein, die Tests könnten aber möglicherweise ganz andere als kommunikative Lernziele überprüfen.*
>
> *Wie würden Sie sich einen solchen Widerspruch erklären?*

2.2 Testen im Unterricht

In fast allen neueren Lehrwerken für Deutsch als Fremdsprache, die seit Anfang der 80er Jahre in der Bundesrepublik Deutschland entwickelt wurden, haben sich die Prinzipien und die Lernziele des kommunikativen Deutschunterrichts durchgesetzt. Die Fertigkeiten *Leseverstehen*, *Hörverstehen* und *Sprechen* spielen im Übungsangebot eine wichtige Rolle. Etwas anders verhält es sich mit der Fertigkeit *Schreiben*, die – im Vergleich zu den anderen Fertigkeiten – zunächst eine etwas geringere Rolle spielte, in den später erschienenen Lehrwerken, wie z.B. *Stufen*, *Sprachbrücke* und *Die Suche* aber wieder mehr an Bedeutung gewinnt (siehe dazu auch Kapitel 4 dieser Studieneinheit zur Fertigkeit *Schreiben*).

Hinweis

Tests in Lehrwerken

Leider bieten die meisten der genannten Lehrwerke keine Lernfortschrittstests zu den kommunikativen Sprachfertigkeiten an. Eine Ausnahme bilden die *Übungen und Tests* zu dem indonesischen Deutschlehrwerk *Kontakte Deutsch* sowie die 1994 erschienenen Tests zu *Deutsch aktiv Neu*. In einigen anderen Lehrwerken, z. B. in *Themen* oder *Deutsch konkret*, finden Sie jedoch zahlreiche Übungen zur Kontrolle des *Lese-* und *Hörverstehens*, mit deren Hilfe die Verstehensleistungen während des Unterrichts überprüft werden können. Diese Kontrollübungen können Sie natürlich auch als Lernfortschrittstest benutzen oder als Modell für die Erstellung eigener Tests.

Kontrollübungen zur Fertigkeit *Sprechen* findet man dagegen sehr selten. Aus zeitlichen Gründen verzichten die Lehrer in der Regel darauf, die mündlichen Leistungen der einzelnen Schüler in Lernfortschrittstests zu überprüfen. Statt dessen benoten sie die mehr oder weniger zufälligen mündlichen Äußerungen der Schüler im normalen Unterricht. In Kapitel 5 werden wir Ihnen einige Möglichkeiten zeigen, wie man Lernfortschrittstests für die Fertigkeit *Sprechen* gestalten kann.

Es besteht kein Zweifel darüber, daß es überaus wichtig ist, nach bestimmten Lernabschnitten regelmäßige Tests zur Überprüfung des Lernfortschritts der einzelnen Schüler und der ganzen Klasse abzuhalten. Sie sind ein nützliches Instrument für die Lehrenden, die sich auf diese Weise ein genaueres Bild vom Stand jedes einzelnen Schülers, jeder einzelnen Schülerin machen können, und für die Schüler, die dank der Testergebnisse ihre Stärken und noch vorhandene Schwächen erkennen können.

Im Gegensatz zu formellen Tests und Prüfungen ist es bei Lernfortschrittstests im Unterricht jedoch nicht notwendig, daß jeder Test Aufgaben zu allen Fertigkeiten enthält. Wichtig ist nur, daß Sie am Ende des Kurses zu allen Lernzielen Ihres (kommunikativen) Unterrichts Tests gemacht haben, um wirklich ein umfassendes Bild über die Leistungen Ihrer Schülerinnen und Schüler zu erhalten. Es ist deshalb hilfreich, wenn Sie zu Beginn eines Kurses oder eines Schul(halb)jahres die gleichmäßige Verteilung der verschiedenen Lernfortschrittstests zu den einzelnen Fertigkeiten *Leseverstehen*, *Hörverstehen*, *Sprechen*, *Schreiben*, ggf. zu *Wortschatz und Grammatik* über den zur Verfügung stehenden Zeitraum planen.

Bisher haben wir immer von einzelnen Tests zum *Leseverstehen*, zum *Hörverstehen* usw. gesprochen. In solchen Tests werden die Fertigkeiten **isoliert**, um sie gezielt überprüfen zu können. Das bedeutet jedoch nicht, daß Sie bei Ihren Lernfortschrittstests die Fertigkeiten immer nur isoliert in getrennten Tests überprüfen sollten. In realen Kommunikationssituationen sind diese Fertigkeiten nämlich meist miteinander verflochten, z.B. wenn jemand einen Brief liest und gleich darauf antwortet (*Lesen* und *Schreiben*), oder wenn Sie eine interessante Information im Radio hören und jemandem darüber berichten (*Hören* und *Sprechen*).

In den meisten Situationen im realen Sprachgebrauch treten die Sprachfertigkeiten kombiniert oder integriert auf (am häufigsten natürlich *Hörverstehen* und *Sprechen*).

Bitte notieren Sie einige solcher Situationen und Kombinationen, die Ihnen spontan einfallen. Welche dieser Kombinationen könnten Sie sich in einem Test in Ihrem Deutschunterricht vorstellen?

Situation	*Kombination von Fertigkeiten**

Da auch die Tests im kommunikativen Deutschunterricht (bis zu einem gewissen Grad) reale Verwendungssituationen* der Fremdsprache simulieren sollen, empfiehlt es sich, gelegentlich auch Lernfortschrittstests einzusetzen, die verschiedene Fertigkeiten kombinieren. In Kapitel 6 werden wir hierzu einige Beispiele vorstellen und Ihnen Hinweise geben, wie Sie selbst solche Tests entwerfen können.

Seitenhinweise:
- Hinweis
- regelmäßige Lernfortschrittstests im Unterricht
- Planung von Lernfortschrittstests
- kombinierte Tests
- Kombination von Fertigkeiten in realen Kommunikationssituationen
- Aufgabe 10
- Hinweis

Tests zu Wortschatz und Grammatik

Mit dem Lernziel *Kommunikationsfähigkeit*, also der Verstehens- und Mitteilungsfähigkeit in der Fremdsprache, und der Orientierung an realen Verwendungssituationen der Fremdsprache sind nun aber Grammatik- und Wortschatzlernen nicht aus dem Unterricht verschwunden. Sie sind zwar nicht mehr die vorherrschenden Lernziele, bleiben aber ein notwendiger und unverzichtbarer Bestandteil der rezeptiven und interaktiven Sprachfertigkeiten und sind von diesen nicht zu trennen. Um die Lernfortschritte der Schüler zu testen, ist es durchaus auch weiterhin sinnvoll, die Beherrschung der Grammatik und des Wortschatzes zu überprüfen. Solche Tests informieren zwar nicht über die Fähigkeiten der Schüler, die Sprache tatsächlich in kommunikativen Zusammenhängen zu gebrauchen, aber sie informieren den Lehrer bzw. die Lehrerin über Wortschatz- und Grammatikkenntnisse der Schüler und eventuell in diesem Bereich vorhandene Defizite.

Hinweis

In Kapitel 7 werden wir Ihnen anhand von Beispielen zeigen, wie Sie selbst Lernfortschrittstests zur Grammatik bzw. zum Wortschatz erstellen können.

3 Tests zu den rezeptiven Fertigkeiten: Überprüfen des *Leseverstehens* und des *Hörverstehens*

In diesem Kapitel werden wir uns ausführlich mit Hör- und Lesetexten sowie mit verschiedenen Aufgabenstellungen und Aufgabenformen befassen, die zur Kontrolle des *Hörverstehens* und des *Leseverstehens* geeignet sind. Zunächst aber müssen wir noch einige Voraussetzungen klären.

3.1 Zum Begriff „*authentische**" *Materialien*

In den vorangegangenen Ausführungen haben wir schon wiederholt darauf hingewiesen: Was für den kommunikativen Deutschunterricht ganz allgemein gilt, gilt auch für die Tests im kommunikativen Deutschunterricht. Das Lernziel *Kommunikationsfähigkeit in Alltagssituationen des Zielsprachenlandes* kann nur durch die Simulation realitätsnaher Kommunikationssituationen* und den Einsatz möglichst „authentischer" Materialien erreicht und schließlich überprüft werden. Für die Überprüfung des *Hörverstehens* und des *Leseverstehens* bedeutet das zunächst, daß in der (Alltags-)Welt der Zielsprache vorhandene Hör- und Lesetexte auch als Grundlage für Prüfungszwecke herangezogen werden und nicht – wie früher üblich – von einem Testautor mit Rücksicht auf den Sprachstand der Lernergruppe eigens konstruierte Texte, die die unten beschriebenen Kriterien nicht berücksichtigen.

Bevor wir fortfahren, müssen wir hier kurz die Begriffe *Authentizität** und *authentische Texte** näher betrachten. Im Fremdsprachenunterricht versteht man unter authentischen Texten Hör- und Lesetexte, die in einer bestimmten Mitteilungsabsicht (z. B. Reisewetterbericht im Radio oder im Fernsehen, Berichterstattung in der Zeitung, Gebrauchsanweisung, Werbung, persönlicher Brief usw.) von Muttersprachlern für Muttersprachler verfaßt wurden und deren Textmerkmale (z. B. Form eines Reisewetterberichts, Stil der Berichterstattung in Zeitungen usw.) deutlich erkennbar sind.

Authentizität von Texten

Da wirklich authentische Texte, z. B. von Deutschsprachigen spontan gesprochene Gesprächsanteile, Interviews, Zeitungstexte, Romanauszüge usw. vor allem in der Grundstufe häufig unbearbeitet schwer zu gebrauchen sind, spricht man in der Fremdsprachendidaktik von einer **„gemäßigten" Authentizität***. Darunter versteht man, daß Texte durchaus auch vereinfacht, gekürzt oder sogar eigens für den Unterricht erstellt werden können, vorausgesetzt die **Textmerkmale*** stimmen. Das bedeutet dann z. B., daß ein vereinfachter oder ein für ein Lehrbuch oder eine Prüfung konstruierter Hörtext „echt" klingen, und das heißt, sich wie richtiges Deutsch anhören muß: eine so angekündigte „Ansage im Radio" muß sich also wie eine Ansage im Radio, ein so bezeichnetes „Streitgespräch unter Jugendlichen" wie ein Streitgespräch unter Jugendlichen und nicht wie ein von einer schriftlichen Vorlage während der Tonaufnahmen abgelesener Text anhören. Dasselbe gilt auch für die typografische Form schriftlich fixierter Texte: Ein literarischer Text z. B. wird in einer anderen Form (Schrift, Gliederung usw.) gedruckt als ein Zeitungsartikel, eine Werbeanzeige sieht anders aus als eine Theaterkritik usw.

gemäßigte Authentizität

Textmerkmale

3.2 Lesestile und Hörstile

Zur (gemäßigten) Authentizität von Hör- und Lesetexten gehört auch die **Authentizität der Aufgabenstellungen***. Was damit gemeint ist, können folgende konkrete Beispiele veranschaulichen.

Authentizität von Aufgabenstellungen

Aufgabe 11

Stellen Sie sich folgende Situationen vor:

A. Sie wollen für Ihre Gäste etwas kochen.

1. Sie suchen ein passendes Gericht/Rezept in einem Kochbuch.

2. Sie haben ein für Ihre Zwecke geeignetes Gericht gefunden:

a) Sie kennen das Rezept nicht und wollen genau wissen, welche Zutaten man braucht, wie man das Gericht kocht, wie lange man dazu braucht usw.

b) Sie kennen das Rezept ungefähr, wissen aber nicht, ob Sie gerade alle nötigen Zutaten im Haus haben.

Wie lesen Sie in den verschiedenen beschriebenen Situationen?

- *Sie lesen Wort für Wort.*   *Beispiel* _____

- *Sie suchen eine bestimmte Information.*   *Beispiel* _____

- *Sie überfliegen das Rezept.*   *Beispiel* _____

B. Sie hören die „Deutsche Welle".

1. Sie hören eine Wort-Sendung zu einem Thema, das Sie interessiert.

2. Sie hören einen Bericht über die Bundestagswahlen in Deutschland vom Vortag. Sie möchten vor allem wissen, ob die Partei „Die Grünen" in den Bundestag gekommen ist oder nicht.

Wie hören Sie in diesen beiden Situationen?

- *Sie versuchen, die Hauptinformationen des Textes zu verstehen.*

    Beispiel _____

- *Sie hören eher beiläufig zu; erst wenn Sie ein bestimmtes Wort hören, wenden Sie Ihre Aufmerksamkeit voll der Radiosendung zu.*

    Beispiel _____

Ähnlich wie beim *Hörverstehen* glaubte man früher auch, die Fertigkeit *Leseverstehen* bestünde darin, jeden Text Wort für Wort zu verstehen. Wie das Beispiel in Aufgabe 11 zeigt, erfordert das kommunikative Lernziel *Verstehensfähigkeit* je nach der Art des Textes und des Leseinteresses **verschiedene Lesestrategien*** oder **Lesestile***. Wie ein Leser einen Text liest, hängt davon ab, was er erfahren möchte, also von dem **Lesezweck*** oder der **Leseabsicht***. So haben wir in der Situation A gesehen, daß man ein Kochrezept ganz unterschiedlich lesen kann:

Lesestrategien

Detailverstehen

➤ Man kann es Wort für Wort, d.h. im Detail lesen, wenn man genau wissen will, wie das Rezept zu realisieren ist (Detailverstehen*; Beispiel 2 a).

selektives Lesen

➤ Man kann es nur flüchtig überfliegen, bis man auf eine bestimmte Information stößt, die man gerade sucht (selektives Lesen*; Beispiel 2 b).

globales Lesen

➤ Man kann den gesamten Text überfliegen, um nur global zu erfassen, worum es sich handelt (globales* oder kursorisches* Lesen; Beispiel 1).

Dasselbe gilt natürlich für das Hörverstehen. Wie Situation B zeigt, gibt es auch unterschiedliche **Hörstile***:

Hörstile

Globalverstehen

➤ Man hört zu, um die Gesamtaussage zu erfassen (Globalverstehen*; Beispiel 1.).

selektives Hören

➤ Man möchte eine bestimmte Information, die einem gerade wichtig ist, heraushören (selektives Hören*; Beispiel 2.).

Detailverstehen

➤ Man möchte alle Details verstehen, z. B. bei einer Sendung über den Lieblingssänger (Detailverstehen).

Anhand dieser konkreten Beispiele wollten wir verdeutlichen, was unter dem Begriff *Authentizität der Aufgabenstellungen* zu verstehen ist. Damit ist also gemeint, daß die Aufgabenstellungen in Tests zum *Lese-* und *Hörverstehen* authentische **Lese-** und **Hörsituationen*** widerspiegeln sollen. Bei der Erstellung von Testaufgaben muß also zunächst der Lesezweck (das Leseziel) definiert werden. Nach ihm richten sich sodann die unterschiedlichen Aufgabenstellungen.

Längere fremdsprachige Texte in allen Details zu verstehen, ist erst auf einer weit fortgeschrittenen Stufe der Sprachbeherrschung möglich. Aber verschiedene der obengenannten Lesestrategien können auch schon in der Grundstufe geübt und in Tests überprüft werden. Da sowohl beim globalen als auch beim selektiven Lesen nicht alle Details eines Textes verstanden werden müssen, können für beide Lesestile auch in der Grundstufe durchaus schon authentische (also z. B. nicht vereinfachte) Texte oder Textausschnitte verwendet werden, sofern das Verstehensziel der Lernstufe angemessen ist. Auch detailliertes Verstehen kann auf der Grundstufe geübt und entsprechend in Tests überprüft werden, wenn es die Textsorte* erfordert (z. B. Gebrauchsanweisungen für einfache Gegenstände des täglichen Gebrauchs wie Kaffeemaschine oder Fotoapparat).

> Lesestrategien in der Grundstufe

Im folgenden drucken wir einen Text zum Leseverstehen aus den Tests zum Lehrwerk *Deutsch aktiv Neu* ab, in dem so komplizierte Wörter vorkommen wie *Graupelschauer, Blechlawine, Baustellen, Stauungen, Autobahnring, zähflüssiger Verkehr*. Keine dieser Vokabeln gehört zum Grundwortschatz des *Zertifikats Deutsch als Fremdsprache*, einer international anerkannten Abschlußprüfung für die Grundstufe. Aufgrund dieses Wortschatzes könnte der Text von manchen als zu schwierig für die Grundstufe eingestuft werden. Aber ist er das wirklich? Eine Antwort auf diese Frage kann die folgende Aufgabe geben.

---

1. *Bitte stellen Sie sich das Leseinteresse eines Urlaubers vor, der sich mit Hilfe dieses Artikels Klarheit darüber verschaffen möchte, ob er seine Oster-Urlaubsreise lieber mit dem Auto oder per Bahn antreten soll. Überlegen Sie, welche Informationen dieser Osterurlauber für seine Entscheidung braucht, und überlegen Sie, welcher Lesestil diesem Leseinteresse entspricht.*

2. *Formulieren Sie dann Testaufgaben, die dem Leseinteresse und dem erforderlichen Lesestil entsprechen und mit deren Hilfe die Testkandidaten die entsprechenden Informationen aus dem Text herausholen können.*

> Aufgabe 12

ADAC rechnet mit 2,5 Millionen Osterurlaubern

München (dpa)

Unter meist grauem Himmel mit Regen- und Graupelschauern bei Temperaturen zwischen sechs und zehn Grad wird während der Osterfeiertage voraussichtlich eine Blechlawine durch Bayern rollen. Der ADAC rechnet bundesweit mit zweieinhalb Millionen Urlaubern, die vor allem in Richtung Süden reisen dürften. Auf den Fernstraßen, auf denen laut Innenministerium sämtliche Baustellen geräumt sind, erwartet der ADAC am Gründonnerstag erste Stauungen, die am Karfreitag ihren Höhepunkt erreichen sollen. Zu Stauungen dürfte es in Bayern vor allem auf den Autobahnen im Bereich des Biebelrieder Kreuzes, zwischen Würzburg und Nürnberg, München und Salzburg, Kempten und Pfronten sowie auf dem Autobahnring der Landeshauptstadt kommen. Außerhalb des Freistaats rechnet der ADAC zwischen Stuttgart und Ulm sowie Karlsruhe und Basel mit zähflüssigem Verkehr. An den Grenzübergängen Salzburg und Pfronten/Reutte müssen sich die Autofahrer voraussichtlich bis zu einer Stunde gedulden.

> Test 6

Roche/Wieland (1994), 140

Ihre Testaufgaben:

_____

_____

_____

_____

Sie können nun Ihre Ausarbeitungen mit den Aufgabenformulierungen in den *Tests* zu *Deutsch aktiv Neu* im Lösungsschlüssel vergleichen. Wie beurteilen Sie die Aufgaben aus dem Testbuch? Würden Sie sagen, daß dieser Test besonders schwer ist? Oder ist er gar nicht so schwierig zu lösen, trotz der verhältnismäßig vielen komplizierten, wahrscheinlich unbekannten Wörter und trotz mehrerer komplexer Satzgefüge? Würden Sie uns zustimmen können, wenn wir sagen, daß aus der Liste der obengenannten schwierigen Wörter nur das Wort *Stau* unbedingt bekannt sein muß, ansonsten aber keine Übersetzungshilfe erforderlich ist, um diesen Test gut lösen zu können?

Aus der Antwort auf diese Frage ergibt sich eine wichtige Konsequenz, auf die Aufgabe 13 aufmerksam macht.

Aufgabe 13

> *Überlegen Sie bitte: Was müssen Sie mit Ihren Kursteilnehmern unbedingt üben, wenn diese lernen sollen, ähnliche Tests (also verhältnismäßig „schwierige" Texte mit „leichten" Aufgaben) ohne größere Schwierigkeiten zu lösen?*

Kriterien für den Schwierigkeitsgrad von Tests

Einen sehr wichtigen Aspekt sollte dieses Testbeispiel aufzeigen: Entscheidend für den Schwierigkeitsgrad eines Tests ist nicht so sehr die Textvorlage selbst, entscheidend sind die Anforderungen der Aufgaben, die anhand der Textvorlage gelöst werden sollen. Dies gilt für Tests zum Leseverstehen wie für Tests zum Hörverstehen. Wir werden auf diesen wichtigen Aspekt der Testerstellung in den folgenden Kapiteln noch anhand mehrerer Beispiele näher eingehen.

Zunächst jedoch möchten wir noch weitere Kriterien zur Auswahl geeigneter Texte für Tests zum *Leseverstehen* und zum *Hörverstehen* mit Ihnen besprechen.

3.3 Auswahl der Texte

Wenn man einen Test zum *Hörverstehen* oder zum *Leseverstehen* durchführen möchte, so muß man zunächst einmal einen geeigneten Text finden. Authentische Texte, die sich unter bestimmten Bedingungen (vgl. S. 25) für die Grundstufe eignen, sind vor allem:

Texte

- ▶ **Gebrauchstexte** (Texte, die den Alltag regulieren), wie z. B. Telefonbücher, Verkehrshinweise, Preislisten, öffentliche Durchsagen, Bedienungsanleitungen, Formulare, Fahrpläne, Telefonansagen usw.
- ▶ **Sachtexte** (Texte mit Informationscharakter), wie z. B. Briefe, Kurzkommentare und Reportagen im Radio, Radio- und Fernsehnachrichten, Prospekte, Plakate, Werbetexte usw.

Verschiedene Institutionen, die formelle Abschlußprüfungen anbieten, haben „Textsortenkataloge"* erstellt, in denen verschiedene authentische Hör- und Lesetexte als Textvorlage für die Überprüfung des *Hörverstehens* und des *Leseverstehens* genannt werden. Die dort vorgeschlagenen Textarten eignen sich auch für Lernfortschrittstests. Wir drucken hier den Textsortenkatalog für Texte zum *Hörverstehen* und zum *Leseverstehen* aus dem *Zertifikat Deutsch als Fremdsprache,* das wir weiter oben schon erwähnt haben, ab. Dort heißt es:

„... (der Schüler) soll in der Lage sein, einzelne – nicht alle – Texte aus folgenden Quellen zumindest ansatzweise zu verstehen bzw. durch Rückfragen zu einem entsprechenden Verständnis zu kommen."

---

1. Texte zum Leseverstehen

- Nachrichten, Reportagen und Artikel von allgemeinem Interesse
- Werbung, Speisekarten
- Berichte, Kommentare
- Inhaltsangaben (Fernsehen, Film, Buch)
- Gebrauchsanweisungen, Bedienungsanleitungen
- Informationsmaterial, z.B. Touristikprospekte
- Hinweise in öffentlichen Verkehrsmitteln, an Automaten, in öffentlichen Gebäuden
- Ankündigungen von Veranstaltungen
- Parolen, Transparente
- Bücher (Sachberichte, Kurzgeschichten)
- private oder halbformelle Briefe, Leserbriefe

2. Texte zum Hörverstehen

- Durchsagen über Radio oder Lautsprecher (Bahnhof, Flughafen)
- Nachrichten, Reportagen und Kommentare von allgemeinem Interesse
- allgemein interessierende, nicht fachspezifische Interviews
- Hörszenen
- Werbung
- Gespräche aus dem alltäglichen Bereich
- (private) Telefonanrufe

Textsortenkatalog

Zertifikat DaF (1992), 25

Textsortenkataloge sagen natürlich noch nichts aus über den sprachlichen Schwierigkeitsgrad der Texte. Bei der Auswahl von Sach- und Gebrauchstexten für Tests zum *Leseverstehen* oder zum *Hörverstehen* sind deshalb folgende Punkte zu beachten:

Auswahlkriterien

➤ Der Anteil an neuem bzw. ungewöhnlichem **Wortschatz** sollte sich in engen Grenzen halten. Außerdem sollte es möglich sein, den unbekannten Wortschatz aus dem Kontext zu erschließen. Alle Schlüsselwörter im Text müssen bekannt sein, da dies eine Voraussetzung für das Globalverstehen des Textes ist.

➤ Der **Satzbau** sollte dem Lernstand der Schüler angemessen sein. Texte mit einfachen Sätzen und einer klar aufgebauten Informationsstruktur sind leichter zu verstehen als Texte mit verschachtelten Sätzen, bei denen wichtige Informationen oft in Nebensätzen „versteckt" werden.

➤ Der **Inhalt** der Texte sollte für die Schülerinnen und Schüler von Interesse sein, d.h., das Thema des Textes sollte irgendeinen Bezug zu ihrer Lebenserfahrung haben. Fehlt ein solcher Bezug, so erschwert dies zusätzlich das Verständnis. Außerdem sollten die Texte keine zusätzlichen, über den Text hinausgehenden landeskundlichen Kenntnisse voraussetzen. Mit „zusätzlich" meinen wir Informationen inhaltlicher oder landeskundlicher Art, die über das im Text Gesagte hinausgehen, die aber zum Verständnis des Textes notwendig sind.

Da es nicht einfach ist, auf dem Niveau der Grundstufe authentische Texte zu finden, die alle diese Anforderungen erfüllen, ist es manchmal notwendig, die authentische Textvorlage leicht zu bearbeiten, indem man z.B. Textstellen streicht oder bestimmte Wörter durch andere ersetzt. Eine solche Bearbeitung sollte aber in jedem Fall nur sehr sparsam erfolgen, denn der Text darf durch die Bearbeitung nicht verfälscht werden. Insbesondere müssen die charakteristischen Textmerkmale erhalten bleiben (siehe dazu auch auf S. 21 die Ausführungen zum Stichwort *gemäßigte Authentizität*).

Textbearbeitung

3.4 Kleine Typologie von Testaufgaben zum *Leseverstehen*

Bitte lösen Sie zum Einstieg in dieses Kapitel die folgende kleine Aufgabe, indem Sie diejenigen Aussagen ankreuzen, die Sie für richtig halten.

Aufgabe 14

> *Im kommunikativen Deutschunterricht wird die Aufgabenstellung zu einem Lesetext vor allem bestimmt durch:*
>
> ☐ *den Inhalt des Textes*
> ☐ *den Schwierigkeitsgrad des Textes*
> ☐ *den Lesezweck*
> ☐ *das potentielle reale Leseinteresse eines imaginären Lesers*
> ☐ *das Testziel*

Wenn Sie Tests zum *Leseverstehen* durchführen wollen, müssen Sie zuerst einmal entscheiden, welche Art von Leseverstehen Sie mit dem Test überprüfen möchten. Dazu müssen Sie sich folgende Fragen stellen:

➤ Sollen die Lernenden die wesentlichen Inhaltspunkte im Text verstehen? (= Globalverstehen)

➤ Sollen die Lernenden den Text in allen Einzelheiten verstehen? (= Detailverstehen)

➤ Sollen die Lernenden nur bestimmte Inhaltspunkte des Textes verstehen? (= selektives Verstehen)

Die Antwort auf diese Fragen bestimmt die Art der Aufgaben, die Sie zu den Texten entwerfen werden. Eigentlich sollten Sie sich diese Fragen sogar schon vor der Auswahl der Textvorlage stellen, denn nicht jeder Text eignet sich gleichermaßen für jeden Typ von Aufgabe. Auf diesen Aspekt werden wir in den Beispielen zu den verschiedenen Aufgabentypen noch einmal zurückkommen.

Aufgabentypen

Die in Tests für die Grundstufe am häufigsten verwendeten Aufgabentypen sind:

a) offene Aufgaben* zum Text,

b) geschlossene Aufgaben*; das sind:

   – Multiple-choice-Aufgaben* (auch: Mehrfachwahl-Aufgaben*),
   – Alternativantwort-Aufgaben* (auch: Ja/Nein-Aufgaben*, Richtig/Falsch-Aufgaben*),
   – Zuordnungsaufgaben*.

Wir werden in den folgenden Kapiteln diese vier grundlegenden Aufgabentypen anhand von Beispielen mit Ihnen diskutieren. Im Anschluß daran möchten wir Ihnen aber auch noch andere mögliche Aufgabenformen zeigen.

3.4.1 Offene Aufgaben zum Text

offene Aufgaben

Offene Aufgaben haben meistens die Form einer Frage, die Sie zum Inhalt des Textes stellen und die die Lernenden frei (schriftlich) beantworten müssen. Fragen zum Inhalt des Textes eignen sich zur Überprüfung des Globalverstehens sowie des Detailverstehens, je nachdem wie viele Fragen Sie zu dem Text stellen und wie Sie diese Fragen formulieren. Im folgenden zeigen wir Ihnen zwei Beispiele von Tests mit Fragen zum Inhalt.

Aufgabe 15

> *Bitte versetzen Sie sich in die Rolle eines Testkandidaten/einer Testkandidatin, und beantworten Sie schriftlich die in Aufgabe 16, Test A und Test B, gestellten Fragen.*

Aufgabe 16

Überlegen Sie dann, welche Art von Leseverstehen in den beiden folgenden Tests überprüft wird. Versuchen Sie auch, das Leseinteresse eines möglichen Lesers, der Antworten auf die hier formulierten Fragen sucht, zu formulieren.

	Test A	Test B
Art des Leseverstehens		
Leseinteresse eines möglichen Lesers		

Test A

5.317 Jugendherbergen

Welt weit

Das Wichtigste im Gepäck bei einer Reise auf Jugendherbergsweise ist der Mitgliedsausweis des Deutschen Jugendherbergswerkes. Er ist der „Schlüssel" für 5317 Jugendherbergen in 54 Ländern rund um den Globus. Eindrucksvoll sind die Zahlen des Internationalen JH-Verbandes: 4 Millionen Mitglieder und rund 34 Millionen Übernachtungen werden jährlich registriert. In den 565 Jugendherbergen des DJH machen pro Jahr etwa 770 000 ausländische Gäste Station.

11 **Unterstreich alles, was du verstehst.**

12 **Antworte:**

a) Wie viele Jugendherbergen gibt es weltweit?

_____

b) Was ist der „Schlüssel" für alle Jugendherbergen?

_____

c) Wie viele Mitglieder hat der Internationale Jugendherbergsverband?

_____

Heck-Saal/Mühlenweg (1990), 228

Test B

Strandhotel Hiddensee

Urlaub auf der
Ostseeinsel Hiddensee
ist ein Erlebnis. Es gibt keine Industrie,
und Autos dürfen auf der Insel nicht
fahren, denn Hiddensee ist ein Naturschutzgebiet. Die Strände sind sauber,
die Wiesen und Wälder sind noch
nicht zerstört. Hier finden Sie Ruhe
und Erholung.

Ein Erlebnis ist auch
unser Strandhotel Hiddensee. Es liegt direkt am Strand
und bietet viel Komfort.
Alle Zimmer haben Bad und WC und
einen Balkon. Es gibt ein Hallenbad mit
Sauna, einen Privatstrand, eine Terrasse,
eine Bar, ein Café, ein Restaurant, eine
Diskothek, einen Leseraum, ein Fernsehzimmer ...

Urlaub in unserem Strandhotel ist ein Erlebnis.

Schöning & Co/Gebrüder Schmidt/Haus am Hügel, in: Aufderstraße (1992), 67

Bitte beantworten Sie die Fragen.

1. *Bei diesem Text handelt es sich um einen Ausschnitt aus einem Werbeprospekt. Wofür wirbt dieser Prospekt?*
2. *Warum ist es besonders schön auf der Ostseeinsel Hiddensee?*

In *Themen neu 1*, in dem dieser Text auch abgedruckt ist, wird der Text allerdings nicht mit Aufgaben zum *Leseverstehen*, sondern mit einer Wortschatzübung verknüpft. Der Text eignet sich unseres Erachtens aber auch für einen Test zum *Leseverstehen* im ersten oder im zweiten Lernjahr Deutsch.

Fragen vor oder nach dem Text?

Wir möchten Sie hier noch auf einen anderen wichtigen Aspekt aufmerksam machen. In den beiden vorangegangenen Testbeispielen finden Sie die Fragen nach dem Text abgedruckt. Normalerweise wird bei dieser Anordnung (zuerst Lesetext, dann Fragen) der Text vor den Fragen als erstes gelesen. Dabei ist es in der Realität doch so: Leseinteresse* und Lesezweck und damit also die Fragen des Lesers an einen Text sind vor dem Lesen bereits da, sonst würde der Text ja nicht gelesen. Der angenommene reale Leser bei Test A zum Beispiel hat ein Informationsdefizit, was Jugendherbergen betrifft (z.B. möchte er gerne wissen, wie viele Jugendherbergen es eigentlich gibt oder wie man es anstellen muß, um in einer Jugendherberge übernachten zu können usw.). Dieses Informationsdefizit möchte er durch die Lektüre des Textes überwinden. Mit seinen Fragen im Kopf geht er an den Text heran. Dieses **Leseinteresse** strukturiert die Leseaktivität, indem der Lesende nun versucht, beim Lesen möglichst rasch sein Interesse bestätigt zu sehen oder eine Antwort auf seine Fragen zu erhalten.

Daraus können wir folgende Schlußfolgerungen ziehen: Wenn – wie es ja im kommunikativen Deutschunterricht gefordert wird – auch die Authentizität der Aufgabenstellungen ein wichtiges Kriterium für das *Lese*(und *Hör-*)*verstehen* ist, dann müssen bei der Überprüfung von Verstehensleistungen Fragen ebenfalls **vor** dem Lese(oder

Hör-)text zur Kenntnis genommen werden. Auf diese Weise kann der reale Leseprozeß zum Beispiel simuliert werden, indem die Lernenden gegebenenfalls mit bestimmten Fragen im Kopf an den Text herangehen. (Ein gutes Vorgehen wäre auch, die Lernenden ihre eigenen Fragen vor der Lektüre des Textes sammeln und danach Antworten im Text suchen zu lassen. Unter Testbedingungen ist das natürlich nicht möglich, da vermutlich jeder Schüler andere Fragen zu einem bestimmten Thema stellen würde und die Testergebnisse nicht mehr vergleichbar wären. Im Unterricht sollten Sie dieses Vorgehen aber ruhig ausprobieren.)

Wenn Sie Testaufgaben aus Lehrwerken einsetzen, in denen zuerst der Text und danach die Fragen abgedruckt sind, können Sie die Lernenden dazu auffordern, zunächst einmal die Fragen und danach erst den Text zu lesen (oder zu hören). Wenn Sie Fragen bei Ihren Testaufgaben vor den Text stellen, um auf diese Weise das Leseinteresse der Lernenden in eine bestimmte Richtung zu lenken und den Leseprozeß zu strukturieren, ist es allerdings wichtig, daß die Fragen sich nur auf wichtige Textinhalte beziehen und nicht zu viele Fragen gegeben werden. Es ist leicht einzusehen, daß durch zu viele Fragen vor dem Text das Leseinteresse rasch sinkt und genau das Gegenteil des gewünschten Effekts (Neugier auf den Text zum Beispiel) erreicht wird.

Während bei unserem Testbeispiel A präzise Detailinformationen erfragt werden, macht Testbeispiel B auch die Nachteile des Aufgabentyps *Fragen zum Textinhalt* deutlich. Probleme birgt diese Aufgabenform sowohl aus der Perspektive der Testkandidaten als auch aus derjenigen der Testbewerter. Da Sie gut Deutsch können, hat die Beantwortung der Fragen Ihnen sicher keine Schwierigkeiten bereitet. Wie aber ist es mit Lernenden, die sich noch nicht so gut frei ausdrücken können? Wenn Sie in Ihrer Eigenschaft als Lehrer im Unterricht schon Erfahrungen mit diesem Aufgabentyp gemacht haben, dann haben Sie auch schon mit den Problemen dieser Aufgabenform zu tun gehabt. Was waren die Probleme? Worin liegen die Nachteile dieser Aufgabenform?

Nachteile

Bitte notieren Sie stichwortartig:

Nachteile der Aufgabenform „Fragen zum Textinhalt":

— _____
  _____

— _____
  _____

— _____
  _____

Aufgabe 17

Die Bearbeitung von Fragen kann manchen Lernenden als besonders schwierig erscheinen, da sie ganze Sätze selber formulieren müssen. Andere entdecken hier aber auch ihre Chance und schreiben bei ihren Antworten ganze Passagen aus dem Text ab. Dies ist bei Fragen zum Textinhalt oft gar nicht zu vermeiden. Eine Antwort, die Teile aus dem Text übernimmt, sollte deshalb als korrekte Antwort mit der vollen Punktzahl bewertet werden. Ja, mehr noch: Auf dem Aufgabenblatt für die Schüler sollten Sie deutlichmachen, daß Textstellen übernommen werden dürfen, damit alle Schüler unter den gleichen Bedingungen arbeiten, und nicht einige versuchen, die Antworten in eigenen Worten auszudrücken (und dabei mehr Fehler machen), während andere abschreiben.

Ein weiterer Nachteil bei Fragen zum Textinhalt ist das Problem der Bewertung. Grammatische und orthographische Fehler sollten nicht zu einem Punkteabzug führen (vorausgesetzt, Sie verstehen die Antwort trotz Fehlern), denn Sie testen ja das *Leseverstehen* und nicht die Grammatik bzw. die Orthographie. Vielen Lehrern fällt es aber schwer, Sätzen die volle Punktzahl zu geben, die zwar inhaltlich richtig, aber

Bewertung

ansonsten fehlerhaft sind. Falls es Ihnen auch so geht, dann sollten Sie diesen Aufgabentyp vermeiden und statt dessen lieber andere Aufgaben zum Text entwerfen (z. B. Alternativantwort-Aufgaben oder Zuordnungsaufgaben).

Texte für Globalverstehen und für Detailverstehen:

Globalverstehen und Detailverstehen am selben Text

Die Texte A und B, die wir Ihnen in diesem Kapitel gezeigt haben, waren jeweils entweder für das selektive Verstehen oder eher für das Globalverstehen geeignet. Es gibt aber auch Texte, die sowohl für Tests zum Globalverstehen als auch für Tests zum selektiven Verstehen oder zum Detailverstehen geeignet sind. Man kann sie also für die eine oder die andere Testart verwenden. Man kann sie aber auch für beide Testarten gleichzeitig verwenden. Dann empfiehlt es sich natürlich, mit dem Globalverstehen zu beginnen.

Als Beispieltext haben wir einen Text gewählt, den man sowohl in der ersten als auch in der zweiten Fassung des Lehrwerks *Themen* verwendet hat.

Aufgabe 18

Bitte entwerfen Sie für den folgenden Text
a) eine Testaufgabe zum Globalverstehen,
b) eine Testaufgabe zum Detailverstehen.
Benutzen Sie den Aufgabentyp „Offene Aufgaben".

Stellenangebote

ALKO-DATALINE
sucht eine **Sekretärin** für die Rechnungsabteilung
Wir – sind ein Betrieb der Elektronikindustrie
– arbeiten mit Unternehmen im Ausland zusammen
– bieten Ihnen ein gutes Gehalt, Urlaubsgeld, 30 Tage Urlaub, Betriebskantine, ausgezeichnete Karrierechancen
– versprechen Ihnen einen interessanten Arbeitsplatz mit Zukunft, aber nicht immer die 5-Tage-Woche
Sie – sind ca. 25 bis 30 Jahre alt und eine dynamische Persönlichkeit
– sprechen perfekt Englisch
– arbeiten gern im Team
– lösen Probleme selbständig
– möchten in Ihrem Beruf vorwärtskommen
Rufen Sie unseren Herrn Waltemode unter der Nummer 20 03 56 an oder schicken Sie uns Ihre Bewerbung.
ALKO-DATALINE
Industriestr. 27, 63073 Offenbach

Unser Betrieb wird immer größer. Unsere internationalen Geschäftskontakte werden immer wichtiger. Deshalb brauchen wir eine zweite
Chefsekretärin
mit guten Sprachkenntnissen in Englisch und Spanisch. Zusammen mit Ihrer Kollegin arbeiten Sie direkt für den Chef des Unternehmens. Sie bereiten Termine vor, sprechen mit Kunden aus dem In- und Ausland, besuchen Messen, schreiben Verträge, mit einem Wort: Auf Sie wartet ein interessanter Arbeitsplatz in angenehmer Arbeitsatmosphäre. Außerdem bieten wir Ihnen: 13. Monatsgehalt, Betriebsrente, Kantine, Tennisplatz, Schwimmbad.
Böske & Co. Automatenbau
Görickestraße 13, 64297 Darmstadt

Wir sind ein Möbelunternehmen mit 34 Geschäften in ganz Deutschland. Für unseren Verkaufsdirektor suchen wir dringend eine
Chefsekretärin
mit mehreren Jahren Berufserfahrung.
Wir bieten einen angenehmen und sicheren Arbeitsplatz mit sympathischen Kollegen, gutem Betriebsklima und besten Sozialleistungen. Wenn Sie ca. 30 bis 35 Jahre alt sind, perfekt Schreibmaschine schreiben, selbständig und allein arbeiten können, bewerben Sie sich bei:
Baumhaus KG
Postfach 77, 63454 Hanau am Main
Telefon (06181) 3 60 22 39

Aufderstraße u. a. (1993a), 31

3.4.2 Geschlossene Aufgaben

Bei den geschlossenen Aufgaben müssen die Lernenden unter verschiedenen vorgegebenen Antworten die richtige auswählen. Sie müssen also **die richtige Antwort** nicht selbständig formulieren (wie bei den offenen Fragen), sondern sie nur erkennen können. Zu den geschlossenen Aufgaben gehören z. B.:

Multiple-choice-Aufgaben

Bei Multiple-choice-Aufgaben (häufig auch Mehrfachwahl-Aufgaben genannt) müssen die Lernenden aus mehreren vorgegebenen Antworten die richtige(n) Antwort(en) auswählen. Meistens bestehen Multiple-choice-Aufgaben aus **einer richtigen Lösung und zwei bis drei Distraktoren*** (falschen Lösungen). Dieser Aufgabentyp testet im allgemeinen eher das Detailverstehen als das Globalverstehen. Der Grund hierfür liegt darin, daß gewöhnlich eine Aufgabe pro ca. fünf Zeilen Text gestellt wird. Da eine Multiple-choice-Aufgabe aus einer richtigen Lösung und zwei bis drei Distraktoren besteht, müssen Sie zu der verhältnismäßig geringen Textmenge von fünf Zeilen drei bis vier Aussagen (eine richtige und zwei bis drei falsche) formulieren. Die Lernenden müssen also den Text sehr genau verstehen, um zu entscheiden, welche Aussagen richtig und welche falsch sind.

Wir möchten diesen Aufgabentyp an einem Beispiel aus dem für den Sekundarschulunterricht in Indonesien entwickelten Lehrwerk *Kontakte Deutsch 1* verdeutlichen. Dieser Test zum *Leseverstehen* wird nach Lektion 6 angeboten.

Bitte führen Sie den Test durch. Lesen Sie zuerst den Text, und lösen Sie danach die Multiple-choice-Aufgaben.

Jugendmagazin

Typisch deutsch?

EINE INDONESIERIN* ENTDECKT DEUTSCHLAND

Bei uns zu Hause sagt man, die Deutschen haben besonders viel Disziplin, aber das finde ich nicht. Nehmen wir zum Beispiel die Universität: Die Studenten bringen oft Kaffee und Cola mit in den Unterricht oder stricken** sogar. Manchmal sind auch Babys mit
5 dabei. Wenn ein Student nicht mehr zuhören will, geht er und sagt nicht mal „Auf Wiedersehen"! Das ist in meinem Land anders.

Die Mädchen in Deutschland haben keine Angst, abends allein auszugehen. Sie machen sogar allein Reisen. Das finde ich toll!

Aber ich kann nicht alles akzeptieren: Nehmen wir zum Beispiel das
10 Wohnen. Oft wohnen Jungen und Mädchen zusammen! Oder etwas anderes: Oft möchten die Deutschen keinen Besuch. Sie bleiben lieber allein.

Und noch etwas: In der Familie haben die Väter nicht immer recht, und die Großeltern spielen auch keine so große Rolle wie in Indonesien.

15 So gibt es viele Unterschiede zwischen Deutschen und Indonesiern. Man muß das alles wissen, um das andere Volk zu verstehen.

*   Lita Priatna studiert in Köln.
** merajut

Bartels (1989), 71

> Was ist richtig? Kreuzen Sie an!
>
> 1. Zeile 1 – 2:
>   a) Die Indonesier meinen, die Deutschen haben viel Disziplin.
>   b) Lita findet die Deutschen sehr diszipliniert.
>   c) In Deutschland sagt man, die Deutschen haben viel Disziplin.
> 2. Zeile 3 – 6:
>   a) Die deutschen Studenten sind sehr höflich.
>   b) Lita findet die deutschen Studenten wenig diszipliniert.
>   c) Die deutschen Studenten rauchen im Unterricht.
> 3. Zeile 7 – 8:
>   a) Deutsche Mädchen gehen nur mit Jungen aus.
>   b) Lita findet toll, was die deutschen Mädchen machen.
>   c) Die deutschen Mädchen gefallen Lita nicht.
> 4. Zeile 9 – 11:
>   a) Lita gefällt nicht alles in Deutschland.
>   b) Sie möchte mit einem Jungen zusammen wohnen.
>   c) Sie findet alles toll in Deutschland.
> 5. Zeile 11 – 12:
>   a) Die Deutschen sind nicht gern allein.
>   b) Lita besucht oft Deutsche.
>   c) Die Deutschen möchten oft allein sein.
> 6. Zeile 13 – 14:
>   a) In Deutschland spielen Väter eine sehr große Rolle in der Familie.
>   b) Die Väter sind nicht immer die Chefs.
>   c) In Deutschland sind die Großeltern die Chefs.
> 7. Zeile 15 – 16:
>   a) Es gibt nicht so viele Unterschiede zwischen Deutschen und Indonesiern.
>   b) Es gibt sehr viele Unterschiede.
>   c) Lita weiß viel über Deutschland und versteht die Deutschen.

Bartels (1989), 72

Vermutlich ist Ihnen das Prinzip der Multiple-choice-Aufgaben nicht unbekannt. Vielleicht haben Sie selbst auch in verschiedenen Prüfungssituationen Multiple-choice-Aufgaben lösen müssen. Wenn Sie schon selbst Multiple-choice-Aufgaben entworfen haben, sind Ihnen wesentliche Bauelemente dieses Aufgabentyps schon bewußt. Vielleicht aber haben Sie sich bisher noch nicht näher mit diesem Aufgabentyp befaßt. Wenn das der Fall ist, dann möchten wir mit der nächsten Aufgabe Ihre Aufmerksamkeit auf einige dieser Bauelemente lenken.

Aufgabe 20

> *Bitte untersuchen Sie die Multiple-choice-Aufgabe zum Text „Typisch deutsch" unter den folgenden Aspekten:*
>
> – *Wie sind Aufgaben und Text miteinander verknüpft?*
> – *Wie eng ist die Aufgabenführung?*
> – *Wie beurteilen Sie die Antworten:*
>
>   *Sind die Formulierungen dem Text angemessen?*
>
>   *Sind die richtigen Antworten immer eindeutig richtig, oder hatten Sie manchmal Zweifel?*
>
>   *Sind die Distraktoren eindeutig falsch? Fanden Sie sie immer sinnvoll?*

> – *In welcher Reihenfolge stehen die Aufgaben? Ist ein System in der Anordnung der Aufgaben zu erkennen? Wenn ja, welches?*

Obwohl das Prinzip der Multiple-choice-Aufgaben auf den ersten Blick nicht besonders kompliziert zu sein scheint, entsprechen die Aufgaben nicht immer den Anforderungen. So kann man sich z.B. bei der Lösung mancher Multiple-choice-Aufgaben schwertun, die richtige Antwort herauszufinden. Ungenaue oder zu spitzfindige Lösungsformulierungen, nicht eindeutige Distraktoren oder auch die Wahl ungeeigneter Textstellen können daran schuld sein.

In der Tat: Gute Multiple-choice-Aufgaben zu entwerfen ist nicht einfach, da die richtige Antwort **eindeutig richtig** sein muß und die Distraktoren **eindeutig falsch**, letztere aber dennoch vom Text her plausibel sein müssen (denn sonst sind es keine guten Distraktoren wie z.B. der Distraktor 2c: vom Rauchen wird im Text nicht gesprochen). Außerdem müssen die Fragen klar und einfach formuliert werden, denn das Verstehen der Fragen darf ja nicht schwieriger sein als das Verstehen des Textes! Darüber hinaus sollten die richtigen Lösungen und die Distraktoren in jeder Aufgabe ungefähr die gleiche Länge haben, damit sich alle angebotenen Alternativen auch optisch gleichen (soweit dies möglich ist) und so zunächst gleichwertige Alternativen anzubieten scheinen.

Formulierung von Multiple-choice-Aufgaben

Damit die Lernenden sich bei der Beantwortung der Fragen schneller im Text zurechtfinden können, empfiehlt es sich, mit den Aufgaben dem Textverlauf zu folgen und bei jeder Aufgabe die Zeilen anzugeben, auf die sich die Aufgabe bezieht (siehe unser Beispiel aus *Kontakte Deutsch*). Außerdem empfiehlt es sich, innerhalb jeder Aufgabe die richtige Lösung und die Distraktoren alphabetisch anzuordnen, da dadurch die Anordnung der richtigen Lösungen – nämlich a), b) oder c) – ständig wechselt und die Lernenden nicht dazu verleitet werden, das „geheime Rezept" Ihrer Anordnung der richtigen Lösungen erraten zu wollen. Im Beispiel oben wurde diese alphabetische Anordnung nicht vorgenommen.

Zeilenangabe

Reihenfolge

Der Vorteil von Multiple-choice-Aufgaben liegt darin, daß sie sehr schnell zu bewerten sind, denn Sie können (mit Hilfe einer Klarsichtfolie, auf der die richtigen Lösungen markiert sind) auf einen Blick erkennen, welche Aufgaben richtig gelöst wurden. Sich der Mühe zu unterziehen, Multiple-choice-Aufgaben zu entwerfen, lohnt sich aber nur, wenn Sie größere Mengen an Tests korrigieren müssen oder wenn Sie Ihre Tests mehrmals verwenden können. Wenn Sie den Test nur einmal mit einer Klasse durchführen, ist es vermutlich zeitsparender, wenn Sie zu den Texten Alternativantwort-Aufgaben oder Zuordnungsaufgaben entwerfen. Diese Aufgabentypen werden wir in den folgenden Abschnitten betrachten.

Vorteile

Alternativantwort-Aufgaben

Bei dieser Aufgabenform, die auch unter dem Namen *Ja/Nein-Aufgabe* (oder *Richtig/Falsch-Aufgabe*) bekannt ist, werden Aussagen zum Textinhalt formuliert, die richtig oder falsch sind (mit *Ja* oder *Nein* zu beantworten sind). Die Lernenden müssen beim Lösen der Aufgabe entscheiden, welche Aussagen auf den Textinhalt zutreffen und welche nicht. Im folgenden Beispiel wird das Globalverstehen des Textes getestet.

Alternativantwort-Aufgaben

> *Bitte führen Sie auch dieses Testbeispiel durch.*
>
> **Azubi bei VW**
>
> Die Volkswagen AG bietet Ausbildungen für 30 verschiedene Berufe an. 1843 „Azubis" hat das Werk heute. Etwa 100 von ihnen lernen Autoschlosser wie Holger. In 1 1/2 Jahren ist er mit der Ausbildung fertig.
> Um 7.30 Uhr beginnt sein Arbeitstag. Einen Tag in der Woche hat Holger in der Wolfsburger Berufsschule Unterricht: in Wirtschaftskunde, Politik und Deutsch. Das Fachzeichnen und Fachrechnen ist speziell für seinen späteren Beruf. An den restlichen vier Tagen arbeitet er in der Fabrik.
> Aber auch hier hat er noch einen halben Tag Unterricht.

nach: Jugendscala 3/1986, in: Heck-Saal/Mühlenweg (1989), 23

<u>Aufgabe 21</u>

> *Steht das im Text?*
>
> | | Ja | Nein |
> |---|---|---|
> | a) *Die Volkswagen AG bietet nicht genügend Ausbildungsplätze an.* | | |
> | b) *Holger lernt Autoschlosser bei VW.* | | |
> | c) *Holger arbeitet vier Tage in der Woche in der Fabrik.* | | |
> | d) *Holger hat keinen Unterricht in der Fabrik.* | | |
> | e) *Holger besucht einmal in der Woche die Berufsschule.* | | |

Vorteile

Alternativantwort-Aufgaben eignen sich zur Überprüfung des Global- wie des Detailverstehens, und sie sind einfacher zu entwerfen als Multiple-choice-Aufgaben. Allerdings ist bei Alternativantwort-Aufgaben die Ratewahrscheinlichkeit höher als bei Multiple-choice-Aufgaben (mit „Ratewahrscheinlichkeit" meint man die Chance, die ein Schüler hat, durch reines Raten die richtige Antwort zu treffen). Da es nur zwei Möglichkeiten gibt (richtig oder falsch), liegt die Ratewahrscheinlichkeit bei 50%, während sie bei einer Multiple-choice-Aufgabe mit drei Distraktoren und einer richtigen Antwort nur bei 25% liegt. Es empfiehlt sich deshalb, bei Alternativantwort-Aufgaben eine möglichst große Anzahl von Aussagen zum Text zu formulieren, da dann die Wahrscheinlichkeit geringer ist, daß jemand alle Aufgaben nur durch Raten richtig lösen kann.

Zuordnungsaufgaben

Zuordnungsaufgaben

Bei diesen Aufgaben müssen die Schüler passende Teile einander zuordnen. Diese Zuordnung kann auf unterschiedliche Weise geschehen. Man kann z. B. Bilder passenden Texten oder Aussagen in Texten den Personen, die diese Aussagen gemacht haben, zuordnen lassen. Man kann Informationen aus einem Text in ein entsprechend aufbereitetes Raster eintragen lassen. Wir werden Ihnen im folgenden zwei Beispiele für Tests zum Leseverstehen zeigen, in denen die Lernenden einmal aufgefordert werden, verschiedene Aussagen den entsprechenden Personen zuzuordnen (Test A), zum anderen Informationen zu Personen im Text in ein Raster einzutragen (Test B).

Aufgabe 22

Test A

> *Bitte lösen Sie zunächst die beiden Testaufgaben. Danach haben Sie die Gelegenheit, für verschiedene vorgegebene Texte selbst Testaufgaben zu erstellen und so Ihr handwerkliches Können zu erproben.*
>
> **Welche Aussage paßt zu wem?**
>
> *Zu einer Person können auch mehrere Aussagen passen.*
>
> 1. *Alle Menschen müssen etwas für den Umweltschutz tun.*
> 2. *Es gibt nicht nur ein Umweltproblem, sondern viele.*
> 3. *Ich tue wenig gegen den Hausmüll und die Autoabgase.*
> 4. *Ich sortiere zu Hause den Müll.*
> 5. *Das größte Problem ist, daß die Industrie an Umweltschutz nicht interessiert ist.*
> 6. *Ich tue etwas gegen die Autoabgase.*
> 7. *Jeder kann etwas tun, indem er möglichst umweltfreundliche Produkte kauft.*
>
> | | 1 | 2 | 3 | 4 | 5 | 6 | 7 |
> |---|---|---|---|---|---|---|---|
> | *Birgit* | | | | | | | |
> | *Steffi* | | | | | | | |
> | *Michael* | | | | | | | |
> | *Peter* | | | | | | | |

Umweltschutz kann nicht befohlen werden, er muß gelebt werden.

Birgit, 18 Jahre: Ich benutze phosphatfreies Waschmittel, was jetzt glücklicherweise auch billiger geworden ist. Und in unserem Haushalt haben wir organisiert, daß Glas, Altpapier usw. gesammelt und abgeliefert werden. Aber ich kenne auch eine ganze Menge Leute, bei denen dieses Engagement wirklich schwach ist. Ich glaube, es gibt kein Hauptumweltproblem. So genau kann man das gar nicht mehr differenzieren. Wichtig ist, daß die Leute im Umweltschutz einen Sinn sehen und durch eigenes Engagement ihre Umgebung erhalten und schützen.

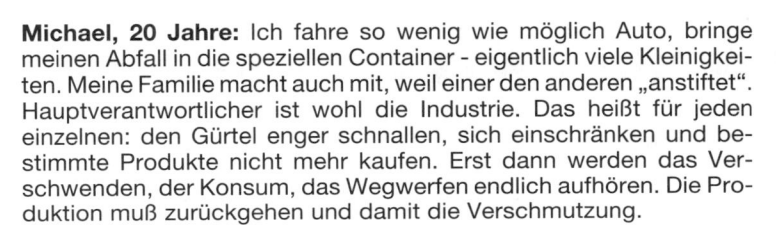

Michael, 20 Jahre: Ich fahre so wenig wie möglich Auto, bringe meinen Abfall in die speziellen Container - eigentlich viele Kleinigkeiten. Meine Familie macht auch mit, weil einer den anderen „anstiftet". Hauptverantwortlicher ist wohl die Industrie. Das heißt für jeden einzelnen: den Gürtel enger schnallen, sich einschränken und bestimmte Produkte nicht mehr kaufen. Erst dann werden das Verschwenden, der Konsum, das Wegwerfen endlich aufhören. Die Produktion muß zurückgehen und damit die Verschmutzung.

Steffi, 19 Jahre: Ich habe mein Auto verkauft. Das ist mein Beitrag gegen die Luftverschmutzung durch Autoabgase. Das war nicht der einzige Grund, aber doch der wichtigste. Denn ich bin vom Ammersee nach München gezogen. Und in der Stadt brauche ich kein Auto. Mit dem Fahrrad komme ich viel besser voran.
Ich glaube nicht, daß die Leute in Zukunft umweltbewußter werden. Jeder schiebt die Verantwortung auf den anderen. Man sollte vielleicht mehr Bürgerinitiativen gründen. Denn jeder einzelne bildet mit den anderen zusammen den Staat. So müssen alle im kleinen bei sich selbst anfangen.

Peter, 17 Jahre: Für den Umweltschutz tue ich eigentlich sehr wenig. Bald fahre ich sogar ein Auto ohne Kat. Ich bin zu träge. Man sollte beispielsweise die Müllentsorgung einfacher machen.
Das eigentliche Umweltproblem ist die Profitgier der Industrie. Solange Umweltschutz sich nicht lohnt, wird sich nicht viel ändern. Umweltfreundliche Technik ist noch zu teuer. Die meisten Menschen werden erst dann umweltbewußt, wenn sie in dicken Nebelschwaden herumlaufen müssen. Ich glaube, ich sehe das ganz realistisch.

nach: Jugendscala (3/1988), 30f.

Test B:
Informationen in eine
Tabelle eintragen

Die Schlacht um halb vier

Jeden Samstag um halb vier liegt Deutschland im Fieber, denn samstags um 15.30 Uhr beginnen die neun Spiele der Fußballbundesliga.
Hunderttausende von Menschen sind dabei. Millionen sehen es später im Fernsehen. Für einige tausend Leute aber ist der Fußball das Schönste im Leben. Sie sind "Fans" einer Mannschaft, fanatische Anhänger eines Vereins.

1 Karlheinz (29 Jahre), von Beruf Möbelfacharbeiter, in der Freizeit Fan von Borussia Dortmund, sitzt im Zug nach Mönchengladbach. Seit 12 Jahren ist er bei jedem Spiel dabei. "Fußball, und besonders Borussia Dortmund", meint er, "das ist doch das größte". Für die Reisen und die Eintrittskarten bezahlt er in jedem Jahr 4500 bis 5500 Mark. Karlheinz: "Mit
5 dem Fußball..., wie soll ich das erklären..., das ist einfach drin in mir. Ich brauch das... Ich hatte ja auch mal 'ne Freundin, aber das ist dann bald kaputtgegangen. Wegen Fußball. Das war mir einfach wichtiger".

Etwa 15 Prozent der Fußballfans sind Frauen. Sabine (18), Bürokaufmann aus Dortmund, war mit 13 Jahren zum ersten Mal bei einem Borussia-Spiel. Heute steht sie in Jeans und
10 Lederjacke zwischen den männlichen Fans. Gibt es noch etwas anderes in ihrer Freizeit? - "Nein" - "Warum?" - "In der Disco ist es mir zu laut. Da kann man nicht reden. Das sind nur langweilige Popper. Aber beim Fußball, da ist etwas los. Das ist so 'ne Art Abenteuer". - Abenteuer heißt: die Frustrationen der Woche vergessen, schreien, toben, klatschen und mit den Füßen trampeln.

15 Aber das ist leider nicht alles: Beim Spiel gegen den FC Schalke gab es eine Schläger

Ergänze mit Hilfe des Textes:

	Karlheinz	Sabine
Alter		
Beruf		
Fan von		
Fan seit wann?		
Freizeitinteressen		
Kosten		
Warum Fußball?		

Heck-Saal/Mühlenweg (1989), 171

Bemerkungen zu den beiden Testbeispielen:

Test A:

Gestaltung von
Zuordnungsaufgaben

In der Zuordnungsaufgabe im Testbeispiel A passen in einigen Fällen mehrere Aussagen zu einer Person. Sie können Zuordnungsaufgaben aber auch so gestalten, daß auf jede Person nur eine Aussage zutrifft. Dann allerdings sollte man zusätzlich Aussagen aufführen, die zwar plausibel sind, aber auf keine der Personen zutreffen. Wenn es nämlich nur für jede Person eine richtige Aussage zuzuordnen gibt, wird nach jeder (richtigen) Zuordnung die Zuordnung der restlichen Aussagen einfacher (da die Wahlmöglichkeiten sich reduzieren), und die letzte Zuordnung ergäbe sich von selbst.

Test B:

Bei dem Testbeispiel B stoßen wir wieder auf das Problem der Bewertung. So können die Schüler bei ihren Antworten zum Teil Wörter direkt aus dem Text übernehmen, andererseits können sich beim Ausfüllen der Tabelle auch Fehler in der Grammatik und/oder in der Orthographie einschleichen. In beiden Fällen sollte es, wenn die Antwort inhaltlich richtig ist, keinen Punkteabzug geben, da ja das *Leseverstehen* getestet wird und nicht irgend etwas anderes.

Probleme der Bewertung

Bitte fassen Sie nun in der folgenden Übersicht noch einmal die Charakteristika sowie die Vor- und Nachteile der verschiedenen in den Kapiteln 3.4.1 und 3.4.2 vorgestellten Aufgabentypen zusammen.

Aufgabe 23

Aufgabentyp	*Charakteristika*	*Vorteile*	*Nachteile*
offene Aufgaben			
Multiple-choice-Aufgaben			
Alternativantwort-Aufgaben			
Zuordnungsaufgaben			

Zusammenfassung: Aufgabentypen

Eine naheliegende Frage, die man hier stellen kann, ist die Frage nach einem möglichen Zusammenhang zwischen Textsorte und Aufgabentyp oder zwischen Aufgabentyp und Art des *Leseverstehens*.

Zusammenhang zwischen Textsorte/ Aufgabentyp/Art des *Leseverstehens*

In der Tat eignen sich bestimmte Aufgabentypen besonders gut für bestimmte Texte oder bestimmte Texte für bestimmte Aufgabentypen. Ebenso eignet sich ein bestimmter Aufgabentyp eher für eine bestimmte Art des *Leseverstehens* als ein anderer. Die folgende Übersicht möchte solche Zusammenhänge aufzeigen. Sie bezieht sich aber nur auf die in Kapitel 3.4.2 gezeigten Beispiele, ist also keineswegs erschöpfend. Grundsätzlich gilt – eine genaue Planung des Testziels (und des Lesezwecks) vorausgesetzt –, daß unterschiedlichste Aufgabenstellungen zur Erreichung des angestrebten Testziels verwendet werden können.

Wenn Sie sich weitere Anregungen dazu holen wollen, empfehlen wir Ihnen das Buch von Peter Doyé (1988): *Typologie der Testaufgaben für den Unterricht Deutsch als Fremdsprache.*

Literaturhinweis

Übersicht

Texte	Aufgabentyp	Art des Leseverstehens
Meinungsäußerungen mehrerer Personen (z. B. in Umfragen, Interviews)	Zuordnungsaufgaben	Global- und Detailverstehen
längere geschlossene Texte (z. B. Erzählung, Bericht, Sachtext)	offene Aufgaben	Global-, Detail- und selektives Verstehen
	Multiple-choice-Aufgaben	Detailverstehen
	Alternativantwort-Aufgaben	Global- und Detailverstehen
Texte, die man in realen Alltagssituationen überfliegt, um schnell eine bestimmte Information zu finden (z. B. Fahrpläne, Fernsehprogramme, Veranstaltungskalender)	Zuordnungsaufgaben offene Aufgaben	selektives Verstehen

Mit den Aufgaben 24, 25 und 26 möchten wir Sie nun einladen, das Erstellen von Testaufgaben selbst auszuprobieren. Beginnen wir mit dem ersten Schritt! Entscheiden Sie, welcher Aufgabentyp geeignet ist.

Aufgabe 24

Auf Seite 31 haben wir den Text „Typisch deutsch" mit einer Multiple-choice-Aufgabe abgedruckt. Welcher andere Aufgabentyp wäre für diesen Text auch noch gut geeignet? Kreuzen Sie an:

Fragen zum Text ☐
Zuordnungsaufgabe ☐
Alternativantwort-Aufgabe ☐

Aufgabe 25

Auf den Seiten 39 und 40 haben wir zwei weitere Texte abgedruckt.
Überlegen Sie:
Welche Aufgabentypen sind für diese beiden Texte geeignet?

	Text: „So ist es jeden Abend"	Text: „Azubi bei VW"
Fragen zum Text	☐	☐
Multiple-choice-Aufgabe	☐	☐
Zuordnungsaufgabe	☐	☐
Alternativantwort-Aufgabe	☐	☐

Aufgabe 26

Wir möchten Ihnen nun vorschlagen, folgende Aufgaben zu den obengenannten Texten zu erstellen:

– *zu „Typisch deutsch?" (S. 31): Alternativantwort-Aufgabe,*

– *zu „So ist es jeden Abend" (S. 39): Zuordnungsaufgabe,*

– *zu „Azubi bei VW" (S. 40): Multiple-choice-Aufgabe.*

»So ist es jeden Abend«

Im Sommer ist es schön, weil wir dann abends in den Garten gehen. Dann grillen wir immer, und mein Vater macht ganz tolle Salate und Saucen.
Nicola, 9 Jahre

Bei uns möchte jeder abends etwas anderes. Ich möchte mit meinen Eltern spielen, meine Mutter möchte sich mit meinem Vater unterhalten, und mein Vater will die Nachrichten sehen. Deshalb gibt es immer Streit.
Holger, 11 Jahre

Bei uns gibt es abends immer Streit. Mein Vater kontrolliert meine Hausaufgaben und regt sich über meine Fehler auf. Meine Mutter schimpft über die Unordnung im Kinderzimmer. Dann gibt es Streit über das Fernsehprogramm. Mein Vater will Politik sehen und meine Mutter einen Spielfilm. So ist das jeden Abend.
Heike, 11 Jahre

Mein Vater will abends immer nur seine Ruhe haben. Wenn wir im Kinderzimmer zu laut sind, sagt er immer: »Entweder ihr seid still oder ihr geht gleich ins Bett!«
Susi, 8 Jahre

Ich möchte abends gern mit meinen Eltern spielen. Mutter sagt dann immer: »Ich muß noch aufräumen« oder »Ich fühle mich nicht wohl«. Und Vater will fernsehen.
Sven-Oliver, 8 Jahre

Bei uns ist es abends immer sehr gemütlich. Meine Mutter macht ein schönes Abendessen, und mein Vater und ich gehen mit dem Hund spazieren. Nach dem Essen darf ich noch eine halbe Stunde aufbleiben.
Petra, 9 Jahre

Meine Mutter möchte abends manchmal weggehen, ins Kino oder so, aber mein Vater ist immer müde. Oft weint meine Mutter dann, und mein Vater sagt: »Habe ich bei der Arbeit nicht genug Ärger?«
Frank, 10 Jahre

Wenn mein Vater abends um sieben Uhr nach Hause kommt, ist er ganz kaputt. Nach dem Essen holt er sich eine Flasche Bier aus dem Kühlschrank und setzt sich vor den Fernseher. Meine Mutter sagt dann immer: »Warum habe ich dich eigentlich geheiratet?«
Brigitte, 10 Jahre

Aufderstraße u. a. (1993a), 65

Jugendmagazin

Azubi* bei **VW**

In Wolfsburg möchten fast alle Jugendlichen gern bei VW arbeiten.
Mit etwa 60 000 Mitarbeitern ist die Firma weit und breit der
größte Arbeitgeber. Einer der "Azubis" ist Holger (20). Seit zwei
Jahren lernt er Autoschlosser. Dreieinhalb Jahre dauert die Aus-
5   bildung. Damals haben mit Holger noch ca. 5 000 andere Jugendliche
einen Arbeitsplatz bei VW gesucht, aber nur 600 hat man genommen.
Alle haben einen schweren Test mit Mathematikaufgaben und technischen
Fragen machen müssen. Holger gefällt es bei VW. Er lernt viel und
verdient auch schon ganz gut.
10 1 843 "Azubis", die 30 verschiedene Berufe lernen, hat die Volkswagen
AG heute. 100 von ihnen lernen Autoschlosser wie Holger. Zur Zeit
arbeitet er sechs Monate in der Reparaturwerkstatt. Dort beginnt
sein Arbeitstag um 7.30 Uhr. Auch Holgers Vater arbeitet bei VW.
Das ist typisch für eine Wolfsburger Familie. Einen Tag in der
15 Woche hat Holger Unterricht in der Berufsschule in Wirtschafts-
kunde, Politik, Deutsch, Fachzeichnen und Fachrechnen. Auch in der
Fabrik gibt es noch einen halben Tag theoretischen Unterricht.
Nach der Reparatur kommt Holger in die Produktion. Das bedeutet
harte Schichtarbeit: von 5.30 bis 14 Uhr oder von 14 bis 22.30 Uhr.
20 Nach diesem Zeitrhythmus läuft das Leben in Wolfsburg.
Auch in der Freizeit interessiert sich Holger für Autos und Motoren.
Er fährt ein neues Motorrad, eine Honda CBX-500, und hat sogar
genug Geld für ein Auto. Nach der Arbeit besucht er meistens seine
Freunde. Um 18 Uhr holt er seine Freundin Rita ab, und alle gehen
25 ins Café, in die Diskothek oder sehen Videofilme. "Es gibt hier
nicht viel zu tun für junge Leute. Die Stadt ist etwas langweilig,"
meint Holger. Doch die Hauptsache ist, einen guten Job zu haben.

* Auszubildender - magang

Bartels (1989), 87

Vergleichen Sie nun die von Ihnen erstellten Testaufgaben mit den Vorschlägen im Lösungsschlüssel.

3.4.3 Bewertung des *Leseverstehens*

Bei der Bewertung der Leistungen im *Leseverstehen* wird jeder Aufgabe ein bestimmter Punktwert zugeteilt. So kann man z. B. bei Alternativantwort-Aufgaben jeder Aufgabe einen Punkt geben, bei Multiple-choice-Aufgaben erhält jede Aufgabe zwei Punkte, bei Zuordnungsaufgaben entweder einen oder mehrere Punkte – je nach Anzahl der Zuordnungen. Wenn in einem Raster Spalten ausgefüllt werden müssen (Test B, S. 36), können zwei Punkte vergeben werden. Bei Fragen zum Text können Sie einfache Fragen mit einem Punkt versehen und komplexere Fragen mit zwei Punkten.

Die vom Schüler erreichte Gesamtpunktzahl kann dann mit Hilfe einer Notenskala in Noten umgerechnet werden. Dazu müssen Sie zunächst die Bestehensgrenze festlegen (in vielen Tests liegt sie bei 50% oder 60%). Von dieser unteren Grenze ausgehend, legen Sie dann Stufen fest für die Noten, z. B. von *befriedigend* bis *sehr gut*. Wenn also in Ihrem Test zum *Leseverstehen* insgesamt maximal 20 Punkte zu erreichen sind, und wenn Sie eine Bestehensgrenze von 60% (d. h. von mindestens 12 erreichten Punkten) ansetzen, dann haben Sie folgende Notenskala:

20 – 18 Punkte	=	*sehr gut*
17 – 15 Punkte	=	*gut*
14 – 12 Punkte	=	*befriedigend*
11 Punkte und weniger	=	*nicht bestanden*

3.4.4 Weitere Möglichkeiten, das *Leseverstehen* zu testen

Die verschiedenen Formen und Möglichkeiten, das *Leseverstehen* in Lernfortschrittstests zu testen, sind natürlich mit den vier Grundtypen (offene Aufgaben, Multiple-choice-Aufgaben, Alternativantwort-Aufgaben, Zuordnungsaufgaben), die wir Ihnen in den Kapiteln 3.4.2 und 3.4.3 gezeigt haben, nicht erschöpft. So listet Peter Doyé in seinem 1988 erschienenen Buch *Typologie der Testaufgaben für den Unterricht Deutsch als Fremdsprache* 21 unterschiedliche Typen von Testaufgaben zum *Leseverstehen* auf. Bei näherer Betrachtung wird allerdings deutlich, daß es sich hierbei in großen Teilen um Variationen der in dieser Studieneinheit vorgestellten Grundtypen handelt. Wir können Ihnen nun nicht alle Beispiele aus Peter Doyés Buch zeigen, möchten aber die von ihm aufgestellte Übersicht hier abdrucken, damit Sie eventuell für die Gestaltung Ihrer Lernfortschrittstests auf diese Variationen der Grundtypen zurückgreifen können. Dafür ist es hilfreich, wenn Sie sich zunächst einmal verdeutlichen, zu welchen der vier Grundtypen die in Doyés Übersicht angeführten Aufgabenformen jeweils gehören.

weitere Aufgabentypen: Variationen

Bitte ordnen Sie die Testaufgaben in der folgenden Liste den vier Grundtypen zu (soweit sie diesen entsprechen). Notieren Sie dafür im Kasten „Grundtyp"

- *OA für offene Aufgaben,*
- *RF für Richtig/Falsch-Aufgabe (= Alternativantwort-Aufgabe),*
- *MC für Multiple-choice-Aufgabe,*
- *ZO für Zuordnungsaufgabe.*

<u>Aufgabe 27</u>

Typen von Testaufgaben zur Prüfung des *Leseverstehens*

Testvorlage	Anforderung an den Schüler	Schüleraktivität	Grundtyp
1. Bild und schriftliche Äußerungen dazu	Entscheidung über die Richtigkeit der Äußerungen in bezug auf das Bild	Ankreuzen im Alternativverfahren	
2. Schriftlicher Text und schriftliche Äußerungen dazu	Entscheidung über die Richtigkeit der Äußerungen	Ankreuzen im Alternativverfahren	
3. Fragen und jeweils mehrere Antworten dazu	Entscheidung für eine der Antworten	Ankreuzen im Antwort-Auswahl-Verfahren	
4. Mehrere Bilder und eine schriftliche Äußerung dazu	Entscheidung für eines der Bilder	Ankreuzen im Antwort-Auswahl-Verfahren	
5. Ein Bild und mehrere schriftliche Äußerungen dazu	Entscheidung für eine der Äußerungen	Ankreuzen im Antwort-Auswahl-Verfahren	
6. Schriftlicher Text und schriftliche Äußerungen dazu	Entscheidung für eine der Äußerungen	Ankreuzen im Antwort-Auswahl-Verfahren	
7. Einleitender Satz oder Satzteil mit mehreren Ergänzungen zur Auswahl	Entscheidung für eine der Ergänzungen	Ankreuzen im Anwort-Auswahl-Verfahren	
8. Schriftlicher Text und Tabelle dazu	Entscheidung über das Vorkommen bestimmter Sachverhalte im Text	Ankreuzen der zutreffenden Sachverhalte in der Tabelle	
9. Schriftlicher Text	Entscheidung über die Wichtigkeit der verschiedenen Aussagen	Unterstreichen wichtiger Textteile	
10. Schriftliche Texte und Bilder	Entscheidung über das Zueinanderpassen von Texten und Bildern	Zuordnen der Bilder zu den Texten	
11. Schriftliche Texte und Überschriften dazu	Entscheidung über das Zueinanderpassen von Texten und Überschriften	Zuordnen der Überschriften zu den Texten	
12. Schriftlicher Text und Satzanfänge und -enden	Entscheidung über das Zueinanderpassen von Satzteilen in bezug auf den Text	Zuordnen der Satzteile zueinander	
13. Personenbeschreibungen und Stichwörter dazu	Entscheidung über das Zueinanderpassen von Beschreibungen und Stichwörtern	Aufschreiben der Namen der zu den Stichwörtern passenden Personen	

Testvorlage	Anforderung an den Schüler	Schüleraktivität	Grundtyp
14. Fragen und Antworten	Entscheidung über das Zueinanderpassen der Fragen und Antworten	Zuordnen der Antworten zu den Fragen	
15. Situationsbeschreibungen und mündliche Äußerungen	Entscheidung über das Zueinanderpassen der Beschreibungen und Äußerungen	Zuordnen der Äußerungen zu den Beschreibungen	
16. Schriftlicher Text und Landkarte mit Legende	Übertragen des Textinhalts in Symbole	Eintragen der Symbole in die Landkarte	
17. Schriftlicher Text	Übertragen in muttersprachliche Äußerungen	Schriftliches Übersetzen in die Muttersprache	
18. Schriftlicher Text	Herausfinden der wesentlichen Inhalte	Zusammenfassung des Inhalts in der Muttersprache	
19. Schriftlicher Text und muttersprachliche Fragen dazu	Herausfinden der gefragten Inhalte	Beantworten der Fragen in der Muttersprache	
20. Ungeordnete Satzteile	Entscheidung über die Abfolge der Textinhalte	Ordnen der Textteile	
21. Schriftlicher Text und ungeordnete Sätze dazu	Entscheidung über die Abfolge der Textinhalte	Ordnen der Sätze	

nach: Doyé (1988), 43f.

Anmerkung zu den Punkten 18 und 19: Beim Deutschunterricht im Heimatland der Lernenden werden durch die Verwendung der Muttersprache bei der Aufgabenform *Fragen zum Textinhalt* einige Nachteile dieses Aufgabentyps vermieden: das Abschreiben ganzer Textteile, grammatische Fehler und/oder ungenaue Formulierung aufgrund sprachlicher Probleme. Der Vorteil: Die Lernenden können differenziert ausdrücken, was sie verstanden haben.

Grundsätzlich kann man sagen, daß der Phantasie bei der abwechslungsreichen Gestaltung von Testaufgaben für Lernfortschrittstests zum *Leseverstehen* (wie ja auch bei der Gestaltung von Leseaufgaben im Unterricht) so lange keine Grenzen gesetzt sind, solange eine eindeutige Bewertung des Testergebnisses gewährleistet ist. Wichtig ist in jedem Fall der Bezug zu vorangegangenen Unterrichtsaktivitäten: die Testform, das Testziel, die Anforderungen an die Schüler und die Art der Schüleraktivität muß den Schülern aus dem vorangegangenen Unterricht bekannt sein.

Phantasie und Abwechslung

Inspirieren lassen kann man sich hier auch von neueren Deutschlehrwerken, in denen man neben den zahlreichen Variationen zu den vier Grundtypen auch andere Aufgabentypen zum *Leseverstehen* findet. Viele dieser Aufgaben eignen sich auch gut für Tests. So zum Beispiel:

➤ Thema des Textes erkennen: Überschrift finden,
➤ Überschriften zu einzelnen Abschnitten finden (zuordnen),
➤ durcheinandergewürfelte Textteile wieder in die richtige Reihenfolge bringen,

➤ Bilder (oder Begriffe, Schlagwörter, Schlagzeilen) den entsprechenden Textabschnitten zuordnen,

➤ Lücken im Text ergänzen (z. B. sinntragende Substantive streichen und wieder einsetzen lassen, evtl. mit den ungeordnet vorgegebenen Substantiven),

➤ den letzten Satz oder Teilsatz oder den letzten Abschnitt eines Textes streichen und von den Schülern ergänzen lassen,

➤ Erkennen von im Text enthaltenen Informationen: *Wird das im Text gesagt?*

usw.

Die beiden letzten Aufgaben dieses Kapitels möchten Sie dazu einladen, an einem kleinen Textstück, das Sie schon kennen, mit verschiedenen Aufgabenformen zu experimentieren. Als Textvorlage dient die Werbeanzeige für das Strandhotel Hiddensee aus *Themen neu*, Kursbuch 1. In Kapitel 3.4.1 (S. 28) haben wir den Aufgabentyp *offene Aufgaben* an diesem Text erprobt. Aber man kann auch andere Testaufgaben zu diesem Text entwerfen.

Zum Beispiel:

Erkennen von im Text enthaltenen Informationen

Aufgabe 28

Bitte schlüpfen Sie in die Schülerrolle, und lösen Sie die folgende Testaufgabe.

Sind diese Aussagen im Text enthalten oder nicht? Bitte kreuzen Sie an:

	Ja	*Nein*
1. *Auf der Ostseeinsel Hiddensee gibt es keine Autos.*		
2. *Bei Regen kann man im Hallenbad baden.*		
3. *Im Naturschutzgebiet dürfen keine Hotels gebaut werden.*		
4. *Hotelgäste haben es nicht weit zum Strand.*		

Suchen Sie weitere Aussagen für diese Testaufgabe:

– _____

– _____

– _____

– _____

Aufgabe 29

Wenn Sie Lust haben, können Sie an diesem Text noch andere Aufgabenformen ausprobieren. Vorschläge dazu finden Sie im Lösungsschlüssel.

> **Strandhotel Hiddensee**
>
> Urlaub auf der Ostseeinsel Hiddensee ist ein Erlebnis. Es gibt keine Industrie, und Autos dürfen auf der Insel nicht fahren, denn Hiddensee ist ein Naturschutzgebiet. Die Strände sind sauber, die Wiesen und Wälder sind noch nicht zerstört. Hier finden Sie Ruhe und Erholung.
>
> Ein Erlebnis ist auch unser Strandhotel Hiddensee. Es liegt direkt am Strand und bietet viel Komfort. Alle Zimmer haben Bad und WC und einen Balkon. Es gibt ein Hallenbad mit Sauna, einen Privatstrand, eine Terrasse, eine Bar, ein Café, ein Restaurant, eine Diskothek, einen Leseraum, ein Fernsehzimmer ...
>
> **Urlaub in unserem Strandhotel ist ein Erlebnis.**

Schöning & Co/Gebrüder Schmidt/Haus am Hügel, in: Aufderstraße u. a. (1992), 67

Übrigens: Wenn Sie sich mit der Entwicklung des *Leseverstehens* im Deutschunterricht, die ja dem Testen vorangeht, beschäftigen möchten, dann empfehlen wir Ihnen die Fernstudieneinheit *Fertigkeit Lesen*.

3.5 Kleine Typologie von Testaufgaben zum *Hörverstehen*

3.5.1 Hörtexte im Unterricht

Erinnern Sie sich an unser Hörbeispiel von der Deutschen Welle in Kapitel 3.2 (Aufgabe 11, S. 22)? Am Beispiel zweier unterschiedlicher Hörsituationen hatten Sie gesehen, daß für das *Hörverstehen* dasselbe gilt wie für das *Leseverstehen*: so wie es unterschiedliche Leseziele gibt, so gibt es auch unterschiedliche **Hörziele*** und daraus resultierend unterschiedliche **Hörstile**, d. h. unterschiedliche Arten zuzuhören und zu verstehen.

Rückverweis

Hörziele und Hörstile

Mit der folgenden Aufgabe möchten wir dies noch einmal verdeutlichen.

> *Bitte tragen Sie den Hörstil, d.h., wie Sie in der genannten Situation hören (ob sie z.B. genau zuhören, um jedes Detail zu erfassen, oder ob sie nur ganz global hinhören, um den Inhalt in etwa zu erfassen), in die zweite Spalte des Rasters ein. Aus dem Hörstil ergibt sich die Art des Verstehens, die in Hörverstehensaufgaben überprüft wird. Bitte tragen Sie die entsprechenden Angaben in die dritte Spalte ein.*

Aufgabe 30

Hörsituation (z. B. Radiosendung)	Hörstil (wie man hört)	Art des Verstehens
Sie sind allgemein an einem Thema interessiert und möchten nur die Hauptaussagen erfassen.		*Globalverstehen*
Sie interessieren sich für ganz bestimmte Teilinformationen, z. B. interessiert Sie am Wetterbericht nur, ob es in Hamburg immer noch regnet.	selektives Hören	
Sie möchten alle Details einer Sendung der Deutschen Welle über Ihr Heimatland genau mitbekommen.		

Höraufgaben zu verschiedenen Hörstilen

Wenn Sie *Hörverstehen* im kommunikativen Deutschunterricht üben und testen, dann müssen Sie Ihren Schülerinnen und Schülern also Höraufgaben zu den verschiedenen Hörstilen anbieten, d. h. also Aufgaben zum globalen, zum selektiven oder zum detaillierten Hören. Ihre Schüler dagegen müssen lernen, die verschiedenen Hörstile, die sie ja aus ihrer Muttersprache kennen und dort ganz automatisch anwenden, auch in der Fremdsprache anzuwenden. Das heißt zum Beispiel: Ihre Schüler müssen lernen, ihren Hörstil der Aufgabenstellung anzupassen, sie müssen lernen, beim globalen oder selektiven Hören nicht über jedes unbekannte Wort, über jede nicht verstandene Stelle zu stolpern und gleich die Flinte ins Korn zu werfen, nach dem Motto: *Ich verstehe sowieso nichts*; sie müssen lernen, über Unbekanntes hinwegzuhören und sich auf das zu konzentrieren, was sie verstehen.

<u>Rückverweis</u>

Beim *Leseverstehen* haben wir von der „Authentizität der Aufgabenstellung" bei Übungen und Tests gesprochen (siehe dazu Kapitel 3.1 und 3.2, S. 21). Was wir dort gesagt haben, gilt auch bei Übungen und Tests für das *Hörverstehen*. Sie müssen als erstes entscheiden, welche Art von *Hörverstehen* (Globalverstehen, Detailverstehen oder selektives Verstehen) Sie überprüfen möchten, um sodann entsprechende Aufgaben zu den Hörtexten zu entwerfen.

Authentizität von Hörtexten

Beim Einsatz von Hörtexten und Lesetexten im kommunikativen Deutschunterricht gibt es aber noch eine andere Parallele. Neben der Forderung nach der Authentizität der Aufgabenstellung gilt natürlich auch bei Hörtexten die Forderung nach der Authentizität der Hörtexte selbst. Allerdings gibt es nur wenig wirklich authentische Hörtexte, die für den Grundstufenunterricht (vor allem in einem nicht-deutschsprachigen Land) geeignet sind. Originale Rundfunksendungen, Interviews, Hörspiele usw. sind zu schwer. In Frage kommen z. B. Durchsagen an Bahnhöfen oder Flughäfen, Staumeldungen im Verkehrsfunk, einfachere Schulfunksendungen, der Wetterbericht in Radio oder Fernsehen, die Telefonauskunft mit Kino- und Zeitansagen usw. Reale Alltagsdialoge*, eine der wichtigsten Textsorten im Grundstufenunterricht, werden in der Regel jedoch nicht auf Tonband aufgenommen. Deshalb werden solche Hörtexte meist von Lehrbuchautoren erstellt. Dabei kommt es dann sehr darauf an, wie echt die gesprochenen Texte wirklich klingen, ob es den Autoren gelungen ist, Umgangssprache zu simulieren und daß die Aufnahmen gut sind. Daß letzteres oft nicht der Fall ist, wissen Sie als Lehrer besser als jeder andere. Wählen Sie für Ihren Unterricht und für Ihre Tests auf jeden Fall nur gute Tonaufnahmen, und damit meinen wir nicht nur die technische Qualität. Benutzen Sie keine Aufnahmen, die klingen, als wären alle Texte vom Blatt abgelesen. Benutzen Sie nur Aufnahmen, bei denen man den Eindruck hat, die Texte könnten tatsächlich in einem konkreten Kontext so gesprochen worden sein.

Aber – wo finden Sie solche Hörtexte? **Hörtexte finden**

Vielleicht gibt es ja zu dem Deutschlehrwerk, das Sie in Ihrem Unterricht benutzen, gute Hörtexte, die Sie für Tests verwenden können und zu denen Sie nur entspechende Testaufgaben neu erstellen müssen.

Eine andere Möglichkeit ist, die auf Tonkassetten angebotenen Lehrbuchdialoge und Hörtexte aus anderen modernen, kommunikativen Lehrwerken (z. B. *Themen neu, Deutsch aktiv Neu, Sprachbrücke, Sprachkurs Deutsch, Die Suche, Ping Pong, Sowieso* – um nur einige der in der Bundesrepublik Deutschland erschienenen Lehrwerke zu nennen), wo man sich um größtmögliche Authentizität bemüht, zu benutzen. Schließlich möchten wir Sie auf die Fernstudieneinheit *Fertigkeit Hören* hinweisen. Die Begleitkassetten enthalten zahlreiche Hörtexte für die Grundstufe, aus denen Sie für Ihre Zwecke geeignete Texte auswählen können. Diese Fernstudieneinheit können Sie auch zu Rate ziehen, wenn Sie sich intensiver mit Fragen des Hörverstehens und der Schulung des *Hörverstehens* beschäftigen möchten.

Wenn Sie keine Tonaufnahmen zur Verfügung haben, können Sie auch selber kleinere Hörtexte zu Testzwecken vortragen. Das ist besser, als ganz auf Tests zu verzichten. Allerdings sollten Sie sich damit nicht begnügen, da Ihre Schülerinnen und Schüler Ihre Stimme, Ihre Aussprache und Intonation kennen und Sie natürlich besonders gut verstehen. Ihre Schüler müssen sich auch an fremde und durch Medien verfremdete Stimmen gewöhnen, sonst ist der „Hörschock" bei der Begegnung mit „echten" Deutschen und deutschsprachigen Medien groß. **Hörtexte selber vorlesen**

Bei dialogischen Texten können Sie zusammen mit einem Kollegen oder einer Kollegin auch selber eine Hörszene gestalten und aufnehmen. In diesem Fall müssen Sie aber darauf achten, daß – genau wie bei Lesetexten – **der Kontext**, und das heißt, die Situation, in der die Sprecher sich befinden, Ort und Zeit, der Anlaß des Gesprächs, die Gesprächspartner und die Beziehung zwischen den Gesprächspartnern vor dem Hören eindeutig geklärt sind. So wie ja auch in der Realität jedes Sprechen eingebettet ist in einen solchen Kontext, der – bevor überhaupt gesprochen wird – bereits die Grundlage des Verstehens schafft. Bei Tonaufnahmen kann diese Klärung z. B. über einleitende Worte des Lehrers, über den Einstieg mit einer Illustration oder auch über Geräusche auf der Kassette, über die erst mal gesprochen wird, geschaffen werden. **Tonaufnahmen selber machen: der Lehrer als Hörtextproduzent**

Aber – und das ist gerade bei Tests zum *Hörverstehen* wichtig zu wissen – *Hörverstehen* über eine Tonaufnahme ist immer schwieriger als das *Hörverstehen* in der Realität, wo das situative Umfeld, Gestik, Mimik und die Lippenbewegungen der Sprechenden beim Verstehen helfen. Dazu kommt, daß die mangelhafte Qualität von Tonaufnahmen manchmal das Hören erschwert.

Im Grundstufenunterricht ist es deshalb erforderlich, daß die Lernenden die Gelegenheit bekommen, den Text mehrmals zu hören (ganz im Gegensatz zur Alltagsrealität, wo man in der Regel schon beim ersten Hören genügend verstehen muß und bei Nichtverstehen allenfalls hin und wieder nachfragen kann). Bei Tests zum *Hörverstehen* auf der Grundstufe sollten die Lernenden deshalb den Text zuerst einmal als Ganzes hören, dann die Aufgabe(n) lesen (um beim zweiten Hören zielgerichteter hören zu können), dann den Text zum zweiten Mal hören und dabei – oder danach – die Aufgabe lösen. **mehrmaliges Hören des Textes**

Die Aufgabentypen, die in Tests zum *Hörverstehen* auf der Grundstufe häufig verwendet werden, sind weitgehend identisch mit den Grundtypen, die Sie schon beim *Leseverstehen* kennengelernt haben. Beim *Hörverstehen* kommt noch ein fünfter Aufgabentyp hinzu: die graphische Umsetzung von Informationen. **Aufgabentypen**

Als Aufgaben für Hörverstehenstests bieten sich also zunächst folgende Aufgabentypen an:

a) offene Aufgaben,

b) geschlossene Aufgaben:
   – Multiple-choice-Aufgaben,
   – Alternativantwort-Aufgaben,
   – Zuordnungsaufgaben,

c) graphische Umsetzung.

Rückverweis

Hinweis

In den nun folgenden Kapiteln werden wir zunächst diese fünf Aufgabentypen anhand von Beispielen gemeinsam betrachten. Was die Vor- und Nachteile dieser Aufgabentypen betrifft, so entspricht das dem, was wir zu diesem Thema beim *Leseverstehen* in Aufgabe 23 (S. 37) erarbeitet haben.

Die genannten fünf Grundtypen lassen sich wie beim *Leseverstehen* in zahlreichen Varianten realisieren, die Abwechslung in Ihre Tests im Unterricht bringen können. Die Liste dieser Varianten finden Sie in Kapitel 3.5.5 (S. 60f.). Sie stammt ebenfalls aus dem schon erwähnten Buch von Peter Doyé.

In diesem Kapitel haben wir bereits zahlreiche Gemeinsamkeiten zwischen Tests zum *Hörverstehen* und Tests zum *Leseverstehen* festgestellt. Mit der folgenden Aufgabe wollen wir diese Gemeinsamkeiten noch einmal zusammenfassen.

Aufgabe 31

Zusammenfassung: Gemeinsamkeiten zwischen Tests zum *Leseverstehen* und Tests zum *Hörverstehen*

Bitte sehen Sie sich das Kapitel 3.5.1 über Hörtexte im Unterricht noch einmal an.

1. Halten Sie die wesentlichen Gemeinsamkeiten zwischen Tests zum „Hörverstehen" und Tests zum „Leseverstehen" stichwortartig im Raster fest. (Vielleicht finden Sie auch noch ein paar weitere, hier nicht erwähnte Punkte.)

2. Notieren Sie auch die Unterschiede.

	Gemeinsamkeiten	*Unterschiede*
Tests zum „Leseverstehen"		
Tests zum „Hörverstehen"		

3.5.2 Offene Aufgaben zum Hörtext

Die Aufgabenform *Fragen zum Text* ist Ihnen schon aus unseren Ausführungen zu den Tests zum *Leseverstehen* bekannt. Lassen Sie uns noch einmal kurz wiederholen, was Sie über diesen Aufgabentyp schon wissen.

Aufgabe 32
offene Aufgaben

1. Schreiben Sie eine kurze Definition der Aufgabenform „Fragen zum Text".

_____

_____

_____

2. Was stimmt? Kreuzen Sie an.

Die Aufgabenform „Fragen zum Text" eignet sich zur Überprüfung des

Globalverstehens ☐

Detailverstehens ☐

selektiven Verstehens ☐

Aus dem Kursbuch von *Themen 1 neu* stammt der folgende Hörtest mit Fragen.

Aufgabe 33
Hörszene 2

Bitte lesen Sie die Testaufgabe. (Worauf sollen Sie beim Hören achten?)
Hören Sie Hörszene 2, und führen Sie den Test durch.

15. Kommst du zum Abendessen?

Lesen Sie zuerst die Fragen und hören Sie dann das Gespräch.

a) Was trinkt Inge?
b) Was trinkt Markus?
c) Was essen sie als Vorspeise?
d) Was essen sie als Hauptgericht?
e) Was ist die Nachspeise?

Aufderstraße u.a. (1992), 40

Die Transkription der Hörszene 2 finden Sie auf S.140.

Bei dieser Testaufgabe werden die Lernenden dazu aufgefordert, als erstes die Fragen zu lesen, die sie nach dem Hören beantworten sollen. Die Hörziele sind also eindeutig definiert, und die Lernenden wissen, worauf sie achten müssen.

Fragen vor dem Hören: Hörziele definieren

Über die Nachteile der Aufgabenform *Fragen zum Text* beim Überprüfen von Verstehensleistungen haben wir schon in Kapitel 3.4.1 (S.29) gesprochen. Notieren Sie hier noch einmal, was Sie darüber wissen. Können Sie einen Unterschied zwischen *Leseverstehen* und *Hörverstehen* erkennen?

Rückverweis: Nachteile

Nachteile der Aufgabenform „Fragen zum Text" beim Überprüfen von Verstehensleistungen:

1. _____
   _____

2. _____
   _____

Unterschied zwischen „Hörverstehen" und „Leseverstehen":

_____
_____

Aufgabe 34

Die Nachteile der *Fragen zum Text* beim *Hörverstehen* kann man auch schon in dem kleinen Testbeispiel aus dem Anfangsunterricht in Aufgabe 33 ansatzweise erkennen: Es gibt mehrere Möglichkeiten zu antworten (längere oder kürzere Antworten), Rechtschreibfehler können sich einschleichen (*Rotwein, Suppe, Eis mit Früchten*); die

Lernenden müssen nicht nur Verstehensleistungen, sondern auch produktive Schreibleistungen erbringen. Je komplexer und je inhaltsreicher die Hörverstehensaufgaben werden, um so gravierender können sich diese Nachteile auswirken.

3.5.3 Geschlossene Aufgaben

Multiple-choice-Aufgaben

Rückverweis:
Multiple-choice-Aufgaben

Die Multiple-choice-Aufgabe (auch Mehrfachwahl-Aufgabe) haben wir ebenfalls schon im Kapitel zum *Leseverstehen* (Kapitel 3.4.2, S. 31 ff.) betrachtet.

Bitte ergänzen Sie aus Ihrer Erinnerung die Definition dieses Aufgabentyps.

Aufgabe 35

> *Multiple-choice-Aufgaben gehören zum Aufgabentyp* _____
>
> _____ *. D. h., die Schüler müssen die richtige*
>
> *Antwort nicht selbst formulieren, sondern* _____
>
> _____

Der nun folgende Hörtest mit Multiple-choice-Aufgaben (Hörtest A) ist ein Prüfungsbeispiel aus dem *Zertifikat Deutsch als Fremdsprache* (Modellsatz 0.6). Diese Zertifikatsprüfung, auf die wir in dieser Fernstudieneinheit schon wiederholt hingewiesen haben, wurde vom Goethe-Institut und dem Deutschen Volkshochschul-Verband gemeinsam entwickelt. Sie wird in der Bundesrepublik Deutschland, aber auch weltweit, zum Abschluß der Grundstufe eingesetzt.

Bitte schlüpfen Sie zunächst einmal in die Rolle des Testkandidaten bzw. der Testkandidatin, und führen Sie den Hörtest A durch. Lösen Sie bitte danach die Aufgabe 37.

Aufgabe 36
Hörtest A
Hörszene 3

> *Am Weltspartag wurden Leute auf der Straße gefragt: Sparen Sie?*
>
> *Bitte hören Sie den Text der Hörszene 3 auf der Kassette. Lösen Sie danach die Aufgaben zum Text.*
>
> **41. Was ist richtig?**
> Herr Fink, Angestellter, 30 Jahre:
> a) findet, daß Sparen nicht so wichtig ist.
> b) hat von der Bank ein vorteilhaftes Sparangebot bekommen.
> c) spart mit einem festen Ziel.
> d) spart schon lange monatlich eine feste Summe.
>
> **42. Was ist richtig?**
> Frau Huber, Rentnerin, 65 Jahre:
> a) findet Sparen für ältere Menschen wichtig.
> b) hält es nicht mehr für nötig zu sparen.
> c) spart für eine Eigentumswohnung.
> d) spart jeden Monat einen Teil ihrer Rente.
>
> **45. Was ist richtig?**
> Herr Schmid, Automechaniker, 43 Jahre:
> a) finanziert mit dem gesparten Geld größere Anschaffungen.
> b) kann gerade soviel sparen, wie er für seine Urlaubsreisen braucht.
> c) kann nicht sparen, weil er Schulden hat.
> d) spart monatlich eine feste Summe.
>
> Zertifikat DaF 0.6, HV
>
> *Die Transkription der Hörszene 3 finden Sie auf S. 140f.*

Die Lösung der folgenden Aufgabe fällt Ihnen sicher leicht.

Was wird in Hörtest A getestet? Kreuzen Sie bitte an.

Globalverstehen ☐

Detailverstehen ☐

selektives Verstehen ☐

Aufgabe 37

Für Multiple-choice-Aufgaben kann man auch gut Bilder und Zeichnungen verwenden. Die Verwendung von Bildern oder Zeichnungen in der Aufgabenstellung hat den Vorteil, daß die „Leselast" geringer ist. Das ist deshalb ein Vorteil, weil es hier ja nur um das **Hör**verstehen geht und das Risiko, daß die richtige Lösung am mangelnden Leseverstehen scheitert, so gering wie möglich gehalten werden muß. Die Verknüpfung von Multiple-choice-Aufgaben mit Bildern oder Zeichnungen ist deshalb besonders für Hörverstehenstests in der ersten Hälfte der Grundstufe zu empfehlen.

Verwendung von Illustrationen

Die beiden folgenden Beispiele machen das deutlich.

Bitte hören Sie Hörszene 4 und 5 auf der Kassette, lösen Sie dann die Testaufgaben zu den Hörtests B und C. Entscheiden Sie schließlich (Aufgabe 39), bei welchem der beiden Tests das Globalverstehen, bei welchem das Detailverstehen getestet wird.

Aufgabe 38

Sie hören eine Zugdurchsage im Bahnhof:

– *Auf welchem Gleis fährt der Schnellzug 372 ein?*

– *Wann kommt der Schnellzug 372 an?*

Bitte kreuzen Sie an.

GLEIS 1 ☐

GLEIS 5 ☐

GLEIS 7 ☐

☐   ☐   ☐

Hörtest B
Hörszene 4

Formella u. a. (1990), 40

Die Transkription der Hörszene 4 finden Sie auf S. 141.

Hörtest C
Hörszene 5

Sie hören in Hörszene 5 ein Gespräch von drei Personen. Die drei Personen wollen zu einer Party fahren. Welches Verkehrsmittel wollen sie nehmen?

Bitte kreuzen Sie an.

Formella u. a. (1990), 33

Die Transkription der Hörszene 5 finden Sie auf S. 141.

Aufgabe 39

Welcher der beiden Tests (Hörtest B, Hörtest C) überprüft das Detailverstehen, welcher das Globalverstehen? Kreuzen Sie an.

Hörtest B: Detailverstehen   ☐   Globalverstehen   ☐
Hörtest C: Detailverstehen   ☐   Globalverstehen   ☐

Alternativantwort-Aufgaben

Rückverweis:
Alternativantwort-
Aufgaben

Über diesen Aufgabentyp, für den auch die Bezeichnungen Ja/Nein-Aufgaben oder Richtig/Falsch-Aufgaben geläufig sind, haben wir ebenfalls schon im Kapitel über das *Leseverstehen* gesprochen.

Bitte ergänzen Sie aus Ihrer Erinnerung die folgende Definition.

Aufgabe 40

Alternativantwort-Aufgaben gehören zum Aufgabentyp_____

_____. Der Lehrer formuliert Aussagen zum

Textinhalt, die _____.

Der Schüler muß entscheiden, _____.

Wir haben schon darauf hingewiesen, daß der Schwierigkeitsgrad eines Tests nicht nur durch die Textvorlage bestimmt wird, sondern auch durch die Art der Aufgaben, die der Schüler anhand des Textes lösen soll (siehe Kapitel 3.2, S. 23). Multiple-choice-Aufgaben erfordern im allgemeinen ein recht genaues Verstehen des Textes. Alternativantwort-Aufgaben kann man leichter so formulieren, daß sie sich nur auf die wichtigsten Informationen im Text beziehen.

Den folgenden Hörtext haben Sie in Aufgabe 36 (S. 50) schon mit einer Multiple-choice-Aufgabe kennengelernt. Bitte formulieren Sie für diesen Hörtext nun einen Test mit Alternativantwort-Aufgaben zu der Hauptinformation des Textes. (Um Ihnen diese Aufgabe zu erleichtern, haben wir den Text hier abgedruckt. Wenn Sie Aufgaben oder Testaufgaben zu Hörtexten entwickeln, dann ist es jedoch sehr wichtig, daß Sie dies nicht nur auf der Grundlage des verschriftlichten Textes tun, sondern auf jeden Fall den Text anhören und die Aufgaben zunächst nur vom Hörtext her konzipieren. Die Wahrnehmung eines Textes über das Hören oder über das Lesen ist nämlich recht unterschiedlich.)

Rückverweis:
Schwierigkeitsgrad von Aufgabenstellungen

Aufgabe 41

Bitte formulieren Sie für diesen Hörtext nun einen Test mit Alternativantwort-Aufgaben zu der Hauptinformation des Textes. Hören Sie deshalb auch diesen Text erst noch einmal von der Tonkassette (Hörszene 3). Konzipieren Sie die Aufgaben grob, und formulieren Sie sie dann erst mit Hilfe des verschriftlichten Textes aus.

Hörziel: *Globales Verstehen (Hauptinformation der einzelnen Textabschnitte)*

Aufgabentyp: *Alternativantwort-Aufgabe (4 bis 5 Items)*

Hörtext:

Liebe Hörerinnen und Hörer! Man sagt, die Deutschen sparen besonders viel und gern. Heute, am Weltspartag, haben wir Leute auf der Straße gefragt: Sparen Sie?

41. Herr Fink, Angestellter, 30 Jahre:

Ja, sicher spare ich. Vor kurzem habe ich sogar angefangen, monatlich einen festen Betrag auf einem besonderen Konto zu sparen. Das hat mir meine Bank geraten. Die hat mir dafür besonders günstige Zinsen angeboten. Wofür ich das Geld mal verwenden werde, weiß ich jetzt noch nicht genau. Ich habe es einfach gerne, etwas Geld zur Sicherheit zu haben.

42. Frau Huber, Rentnerin, 65 Jahre:

Ach, wissen Sie, das habe ich früher gemacht, als ich noch berufstätig war. So habe ich mir zum Beispiel eine Eigentumswohnung zusammengespart. Jetzt bin ich fünfundsechzig, die Wohnung ist bezahlt, und ich bekomme meine Rente. Da brauche ich nicht mehr zu sparen. Wofür auch? Für den Notfall hab' ich allerdings ein paar Mark auf dem Sparbuch.

45. Herr Schmid, Automechaniker, 43 Jahre:

Ja, also ich spare schon, aber leider nicht regelmäßig. Wenn ich am Monatsende noch was auf dem Konto habe, dann überweise ich es auf mein Sparbuch. So bekomme ich wenigstens das Geld für die Urlaubsreise mit meiner Familie zusammen. Wenn wir uns aber etwas Größeres leisten wollen, sagen wir mal neue Möbel oder so was, dann muß ich das eben auf Kredit kaufen.

Zertifikat DaF 0.6, HV

Testaufgabe: Haben Sie das im Text gehört?

	Ja	Nein
1.		
2.		
3.		
4.		
5.		

Eine andere Form der Alternativantwort-Aufgabe zeigt das folgende Testbeispiel: der letzte Satz des Hörtextes wird weggelassen oder abgebrochen. Als Hörverstehensaufgabe müssen die Lernenden diesen Satz ergänzen, indem sie aus zwei angebotenen Möglichkeiten auswählen. Probieren Sie es selber einmal aus.

Aufgabe 42
Hörszene 6

Bitte hören Sie den Hörtext auf der Kassette, und lösen Sie dann die Testaufgabe.

> *Wie muß der letzte Satz enden?*
> *A ... will auch einen Hund haben.*
> *B ... fällt in einen Hundehaufen.*

van Weeren (1992), 59

Die Transkription der Hörszene 6 finden Sie auf S. 141.

Zuordnungsaufgaben

Rückverweis:
Zuordnungsaufgaben

Mit Aufgabe 43 möchten wir Sie bitten, die charakteristischen Merkmale von Zuordnungsaufgaben (siehe auch Kapitel 3.4.2, S. 34) in einer Definition festzuhalten.

Aufgabe 43

Bitte definieren Sie die Zuordnungsaufgabe noch einmal in einem Satz.

Wie beim *Leseverstehen* eignen sich auch beim *Hörverstehen* Zuordnungsaufgaben z.B. für Textvorlagen, die aus mehreren kürzeren Hörtexten bestehen. Anhand von zwei Beispielen möchten wir Ihnen zeigen, wie Sie solche Aufgaben gestalten können. Das erste Testbeispiel (Hörtest A) haben wir wiederum dem Deutschlehrwerk *Themen neu 1* entnommen. Das zweite Beispiel (Hörtest B) stammt aus den *Übungen für Selbstlerner – Hörverstehen*.

Aufgabe 44

1. *Bitte lösen Sie zunächst einmal die beiden Testaufgaben.*
2. *Überlegen Sie dann:*

   Welche der beiden Testaufgaben testet das selektive Hören, welche das Globalverstehen?

   Globalverstehen: Test _____   selektives Hören: Test _____

Hörtest A
Hörszene 7–10

21. Hören Sie die Gespräche auf der Kassette.

Welche Gespräche passen zu welchen Fotos?

Gespräch Nr. _____ (a)

Gespräch Nr. _____ (b)

Gespräch Nr. _____ (c)

Gespräch Nr. _____ (d)

nach: Aufderstraße u. a. (1992), 43

Die Transkription der Hörszenen 7–10 finden Sie auf S. 141.

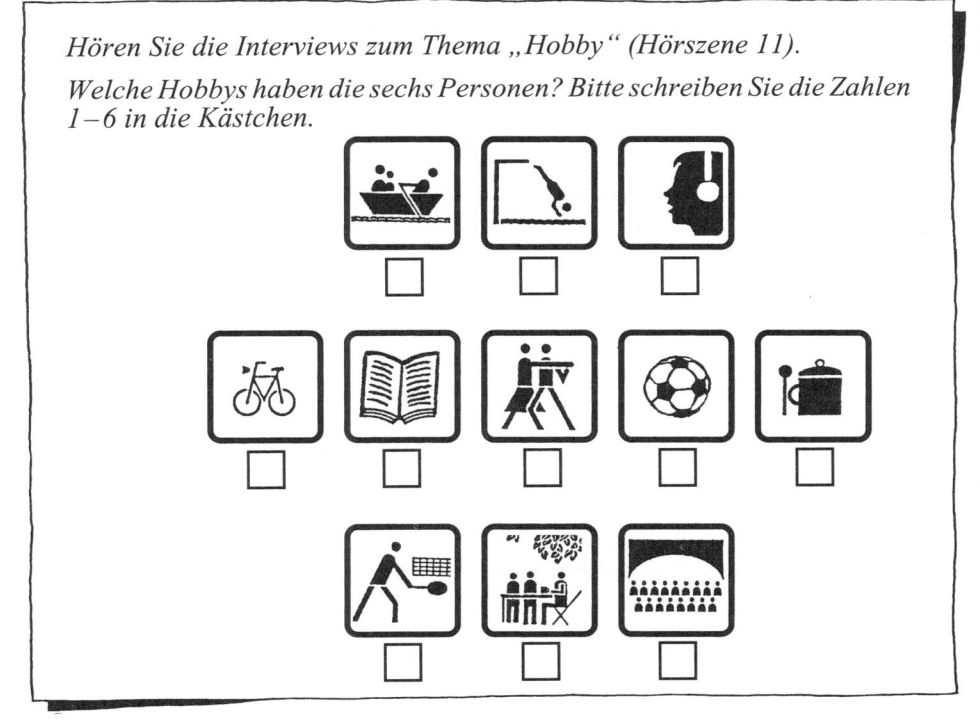

Hören Sie die Interviews zum Thema „Hobby" (Hörszene 11).
Welche Hobbys haben die sechs Personen? Bitte schreiben Sie die Zahlen 1–6 in die Kästchen.

Hörtest B
Hörszene 11

Formella u. a. (1990), 19

Die Transkription der Hörszene 11 (Interview 1–6) finden Sie auf S. 141f.

Bei dieser Form der Zuordnungsaufgabe ist es wichtig, daß Sie in der Aufgabe mehr Bilder anbieten, als Hobbys von den Personen genannt werden. Wenn man das nicht tut, wird die Lösung von Interview zu Interview leichter, und die letzte Lösung ergibt sich von selbst.

Eine andere beliebte Zuordnungsaufgabe besteht darin, Zuordnungen in einem vorgegebenen Raster entweder (in Stichworten) eintragen oder die entsprechenden Rubriken ankreuzen zu lassen.

In den beiden folgenden Aufgaben möchten wir Ihnen diesen Aufgabentyp vorstellen. In Hörtest C, Aufgabe 45, zeigen wir Ihnen ein bereits angelegtes Raster, das mit Hilfe von Stichworten ergänzt werden soll. In Hörtest D, Aufgabe 46, bitten wir Sie, selbst ein Raster zu einer Hörverstehensaufgabe anzulegen, in dem die Zuordnungen durch Ankreuzen markiert werden.

Die Geschichte von Herrn Böse und Herrn Streit, die Sie in Hörtest C hören, stammt aus Lektion 12 des Lehrwerks *Deutsch aktiv Neu IB*.

<u>Aufgabe 45</u>
Hörtest C
Hörszene 12

Bitte hören Sie die Hörszene 12, und ergänzen Sie das Raster.

Monat	Wie sind die Äpfel?	Was macht Herr Böse?	Herr Streit?
Oktober	reif	pflückte alle Äpfel ab	"Dir werde ich's heimzahlen..."
September			pflückte die Äpfel
		pflückte die Äpfel	
Juli			
	so klein wie Rosinen		
Mai			

nach: Roche/Wieland (1994), 116

Die Transkription der Hörszene 12 finden Sie auf S. 142.

> *Auf der Tonkassette hören Sie fünf Interviews zum Thema „Urlaub"
> (Hörtest D). Bitte entwerfen Sie ein Raster, in dem den interviewten Personen Angaben über ihre Reisepläne (Reiseziele, Dauer, Transportmittel, Unterbringung, Urlaubsaktivitäten) zugeordnet werden können. Schüleraktivität: nur ankreuzen!*
>
> *Die Transkription der Hörszene 13 finden Sie auf S. 142f.*

<u>Aufgabe 46</u>
Hörtest D
Hörszene 13

> *Bitte entscheiden Sie nun, welche Art „Hörverstehen" in Test C und Test D getestet wird.*
>
> *Getestet wird _____*

<u>Aufgabe 47</u>

Graphische Umsetzung

Ein Aufgabentyp, der in Tests zum Hörverstehen auf der Grundstufe häufig verwendet wird, ist das (Nach-)Zeichnen bestimmter vom Tonband gehörter Informationen. Auch dieser Aufgabentyp hat den Vorteil, daß die „Leselast" in der Aufgabenstellung gering ist.

graphische Umsetzung

Beliebt für diesen Aufgabentyp sind Wegbeschreibungen wie im folgenden Beispiel.

> *Bitte führen Sie die Testaufgabe zu Hörtest A durch.*
>
> **Die Testaufgabe:**
>
> *Sie hören ein Gespräch.
> Eine Frau sucht den Weg zur Schwimmhalle.
> Bitte zeichnen Sie den Weg in die Karte ein.*
>
> Formella u. a. (1990), 25
>
> *Die Transkription der Hörszene 14 finden Sie auf S. 143.*

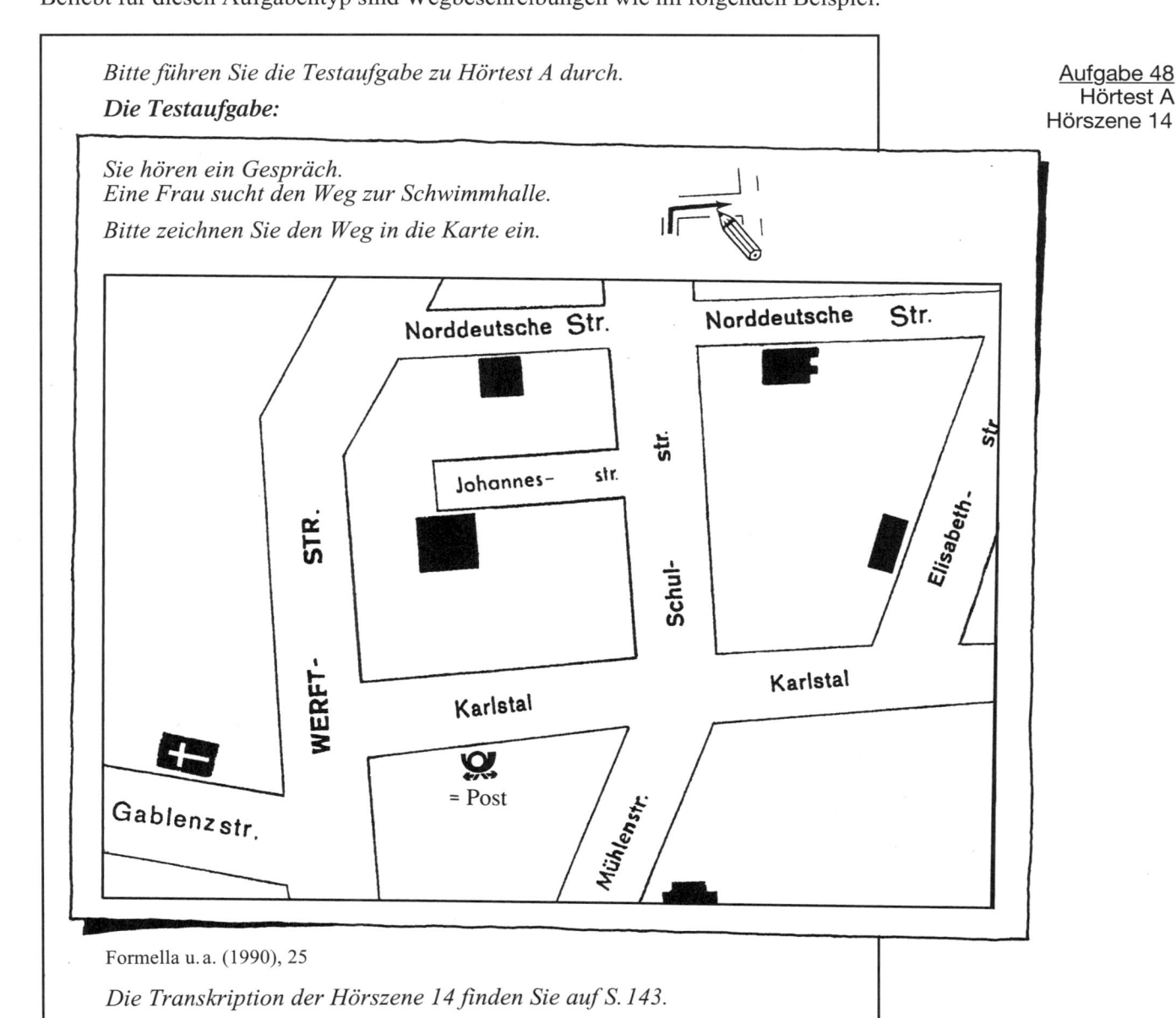

<u>Aufgabe 48</u>
Hörtest A
Hörszene 14

visuelles Diktat

Eine andere Form der graphischen Umsetzung ist das *visuelle Diktat**. Bei dieser Aufgabenform besteht der Hörtext aus einer Bildbeschreibung. Die Hörverstehensaufgabe besteht darin, das Bild nach Gehör frei nachzuzeichnen. Der Inhalt des Bildes kann zum Beispiel eine Landschaft sein, eine Zimmereinrichtung, eine Personenbeschreibung oder die Beschreibung mehrerer Personen, die sich deutlich voneinander unterscheiden, aber auch ein Handlungsablauf. Während dieser Aufgabentyp zur Schulung des *Hörverstehens* auch sehr phantasiereiche und lustige Elemente enthalten kann, muß die Vorlage für einen Test sehr präzise und eindeutig einen klaren Sachverhalt beschreiben, der zeichnerisch ebenso eindeutig umgesetzt und zweifelsfrei bewertet werden kann.

Bei dem folgenden visuellen Diktat aus dem Lehrwerk *Sprachbrücke* ist das der Fall. Sobald Sie die Wechselpräpositionen durchgenommen haben, können Sie es auch in Ihrem Unterricht einmal ausprobieren.

Aber zuerst sollten Sie es an sich selbst ausprobieren!

Aufgabe 49
Hörtest B
Hörszene 15

Hören Sie Hörszene 15, und führen Sie folgende Aufgabe durch.

Ein Bild im Bild ...
Hören Sie bitte! Zeichnen Sie bitte!

nach: Mebus u. a. (1987), 29

Die Transkription der Hörszene 15 finden Sie auf S. 143.

Aufgabe 50

Wenn es gerade zum Lernstoff in Ihrem Unterricht paßt, dann entwerfen Sie doch gleich einmal einen Lernfortschrittstest in Form eines visuellen Diktats für Ihre Lerngruppe. Legen Sie schon beim Konzipieren des Diktats eine genaue Bewertung fest (siehe dazu das folgende Kapitel 3.5.4).

3.5.4 Bewertung des *Hörverstehens*

Wie beim *Leseverstehen* so wird auch bei der Bewertung der Leistungen im *Hörverstehen* jeder Aufgabe ein bestimmter Punktwert (1 Punkt oder 2 Punkte) zugeteilt. Mit Hilfe einer Notenskala können Sie die Punkte dann in Noten umrechnen. In Kapitel 3.4.3 (Bewertung des *Leseverstehens*) haben wir ausführlich dargestellt, wie Sie dabei vorgehen können. Bei dem Aufgabentyp *graphische Umsetzung* wird für jede Wegangabe (d. h. für jeden Richtungshinweis) 1 Punkt vergeben. Das bedeutet z.B. für den Hörtest A auf S. 57:

– *von der Post aus rechts runter gehst*   1 Punkt
– *bis zur Schulstraße*   1 Punkt
– *dann die Schulstraße immer entlang*   1 Punkt
– *noch über die Johannesstraße hinaus*   1 Punkt
– *kommst du an die Norddeutsche Straße*   1 Punkt
– *gehst du rechts*   1 Punkt

Ähnliches gilt für das *visuelle Diktat*: Für jede inhaltliche Angabe, die zeichnerisch umgesetzt werden kann, gibt es einen Punkt.

Schreiben Sie die Bewertung in Punkten für das visuelle Diktat in Aufgabe 49. Rechnen Sie die Punkte dann mit Hilfe einer Notenskala in Noten um.

3.5.5 Weitere Möglichkeiten, das *Hörverstehen* zu testen

Was wir schon im Kapitel 3.4.4 über das *Leseverstehen* gesagt haben, gilt natürlich auch für das *Hörverstehen*: Über die hier beschriebenen grundlegenden Aufgabentypen hinaus gibt es natürlich noch zahlreiche andere Aufgabenformen, die für Tests zum *Hörverstehen* verwendet werden können. Entscheidend für die Auswahl, welche Aufgaben für Tests geeignet sind, ist die Frage, ob die Aufgabenform valide, d. h. dem Testziel angemessen ist (siehe dazu Kapitel 2.1, S. 17) und die Frage, ob die Testform eine eindeutige Bewertung ermöglicht.

In seinem schon wiederholt erwähnten Buch *Typologie der Testaufgaben ...* hat Peter Doyé auch eine Liste mit 19 Typen von Testaufgaben zum *Hörverstehen* zusammengestellt (zum *Leseverstehen* siehe Kapitel 3.4.4, S. 42). Auch bei dieser Sammlung handelt es sich zum großen Teil um Variationen der hier vorgestellten fünf Grundtypen.

Wir möchten Ihnen auch diese Liste zugänglich machen, damit Sie bei der Testerstellung für Ihren Unterricht auf die vielfältigen Variationen zurückgreifen und abwechslungsreiche Tests ausarbeiten können.

Die folgende Aufgabe soll Ihnen den Zugriff auf diese Variationen erleichtern.

Bitte ordnen Sie die Testaufgaben in der folgenden Liste den vier Grundtypen zu (soweit sie diesen entsprechen). Notieren Sie dafür im Kasten „Grundtyp":

– *OA für offene Aufgaben,*
– *RF für Richtig/Falsch-Aufgabe (= Alternativantwort-Aufgabe),*
– *MC für Multiple-choice-Aufgabe,*
– *ZO für Zuordnungsaufgabe,*
– *GU für graphische Umsetzung.*

Typen von Testaufgaben zur Prüfung des Hörverstehens

Testvorlage	Anforderung an den Schüler	Schüleraktivität	Grundtyp
1. Bild und mündliche Äußerungen dazu	Entscheidung über die Richtigkeit der Äußerungen	Ankreuzen im Alternativverfahren	
2. Gesprochener Text und mündliche Äußerungen dazu	Entscheidung über die Richtigkeit der Äußerungen	Ankreuzen im Alternativverfahren	
3. Gesprochener Text und schriftliche muttersprachliche Äußerungen dazu	Entscheidung über die Richtigkeit der Äußerungen	Ankreuzen im Alternativverfahren	
4. Mehrere Bilder und eine mündliche Äußerung dazu	Entscheidung für eines der Bilder	Ankreuzen im Antwort-Auswahl-Verfahren	
5. Gesprochener Text und mehrere mündliche Äußerungen dazu	Entscheidung für eine der Äußerungen	Ankreuzen im Antwort-Auswahl-Verfahren	
6. Gesprochener Text und mehrere schriftliche muttersprachliche Äußerungen	Entscheidung für eine der Äußerungen	Ankreuzen im Antwort-Auswahl-Verfahren	
7. Gesprochene Fragen und mehrere schriftliche Antworten	Entscheidung für eine der Antworten	Ankreuzen im Antwort-Auswahl-Verfahren	
8. Gesprochener Text und schriftliche Stichwörter dazu	Entscheidung über das Vorkommen der genannten Sachinhalte im Text	Ankreuzen der zutreffenden Stichwörter	
9. Gesprochener Text und muttersprachlicher Fragebogen dazu	Zusammenfassung und muttersprachliche Stichwörter	Eintragen muttersprachlicher Stichwörter in Fragebogen	
10. Gesprochener oder gesungener Text	Übertragung in deutsche Stichwörter	Aufschreiben deutscher Stichwörter	
11. Bilder und mündliche Äußerungen dazu	Entscheidung über das Zueinanderpassen von Bildern und Äußerungen	Zuordnen der Äußerungen zu den Bildern	
12. Gesprochener Text und ungeordnete Bilder dazu	Entscheidung über die Abfolge der Textinhalte	Ordnen der Bilder	
13. Gesprochener Text und Zeichenvorlage	Verstehen des Textes	Zeichnen eines Objektes nach Angaben des Textes	

Testvorlage	Anforderung an den Schüler	Schüleraktivität	Grundtyp
14. Gesprochener Text und Landkarte mit Legende	Übertragen des Textinhalts in Symbole	Eintragen der Symbole in Landkarte	
15. Gesprochener Text und Stadtplan	Übersetzen der Textinformationen in schriftliche Informationen	Eintragen der Angaben in den Stadtplan	
16. Gesprochener Text und Zifferblätter von Uhren	Übertragen des Gehörten in Uhrzeiten	Einzeichnen der Uhrzeiger in Zifferblätter	
17. Gesprochene Jahreszahlen	Übertragen des Gehörten in Ziffern	Aufschreiben der Jahreszahlen	
18. Gesprochene Äußerungen verschiedener Personen	Entscheidung über die Richtigkeit der Äußerungen	Markieren, inwieweit die Äußerungen der Personen mit schriftlichen Aussagen übereinstimmen	
19. Deutsche Äußerungen	Übertragen in muttersprachliche Äußerungen	Dolmetschen deutsch-muttersprachlich	

nach: Doyé (1988), 19f.

Zum Abschluß des Kapitels *Kleine Typologie von Testaufgaben zum „Hörverstehen"* möchten wir Sie noch einmal auf die Fernstudieneinheit *Fertigkeit Hören* aufmerksam machen, auch wenn es dort nicht um Tests, sondern um die **Entwicklung des Hörverstehens** im Unterricht geht. Wenn Sie jedoch Anregungen für abwechslungsreiche und anregende Aufgabenformen suchen, die auch für Tests geeignet sein könnten, dann werden Sie dort mit Sicherheit fündig.

Könnte ein Arbeitsblatt und eine Verstehensaufgabe wie die folgende, die aus der Fernstudieneinheit *Fertigkeit Hören* stammt, nicht auch einen erfolgreichen Test abgeben?

Prüfen Sie es.

> 1. *Wo ist der Schatz? Um was für einen Schatz handelt es sich? Hören Sie dazu die Hörszene 16 auf der Kassette.*
> *Bitte schlüpfen Sie nun zum letzten Mal in diesem Kapitel in die Rolle Ihrer Schülerinnen und Schüler, und lüften Sie das Geheimis. Viel Spaß bei dieser Hörverstehensaufgabe.*
>
> 2. *Überlegen Sie sich dann einen möglichen Testablauf in der Klasse und eine Bewertung in Punkten.*

Aufgabe 53
Hörszene 16

Arbeitsblatt

Die Schatzinsel

Auf der Insel ist ein Schatz versteckt. Das haben Hans, Inge und Peter durch einen Zufall in einem alten Buch entdeckt. Der Leuchtturmwärter weiß, wo der Schatz zu finden ist. Aber verrät er den Kindern das Geheimnis?

Dahlhaus (1994), 115

Die Transkription der Hörszene 16 finden Sie auf S. 143f.

4 Tests zur Fertigkeit *Schreiben*

Bevor wir über Tests zur Fertigkeit *Schreiben* reden können, müssen wir erst einmal die Frage stellen, was überhaupt getestet werden soll. Das heißt, die erste Frage, die wir stellen müssen, ist die Frage nach der Rolle des Schreibens im Unterricht.

4.1 Welche Rolle spielt das *Schreiben* im Unterricht?

Die Fertigkeit *Schreiben* spielte in den Lehrwerken der audiolingualen Methode fast keine und in den frühen Lehrwerken des kommunikativ orientierten Deutschunterrichts (z. B. *Themen, Deutsch aktiv, Deutsch konkret*) eine eher untergeordnete Rolle (siehe dazu auch Kapitel 2.2, S. 18). Über diese Aussage wundern Sie sich vielleicht, denn in der Tat: Im Sprachunterricht wird in der Regel ziemlich viel geschrieben: Fragen zum Text, Wortschatzübungen, schriftliche Hausaufgaben usw. Aber geht es dabei wirklich immer um die Fertigkeit *Schreiben*?

Mit dieser Frage werden wir uns in Aufgabe 55 näher befassen. Zuvor aber möchten wir Sie bitten, sich über die beiden folgenden Punkte Gedanken zu machen.

Bitte überlegen Sie:

1. Worum geht es Ihrer Meinung nach bei dem Lernziel „Fertigkeit Schreiben" (häufig auch als „Schriftlicher Ausdruck" bezeichnet)? Was ist das angestrebte Ziel?

2. Worin liegt Ihrer Meinung nach der Grund für die Vernachlässigung der „Fertigkeit Schreiben" im kommunikativen Deutschunterricht?

Aufgabe 54

Um den Unterschied zwischen Schreibaufgaben und Aufgaben zur Fertigkeit *Schreiben* geht es in den Beispielen auf den drei folgenden Seiten. Sie stammen aus dem jeweils ersten Band (Kursbuch und/oder Arbeitsbuch) verschiedener neuerer Lehrwerke. Bei allen Aufgaben werden die Schüler aufgefordert zu schreiben, aber nur bei einigen geht es um die Fertigkeit *Schreiben*. Bei welchen?

Schreibaufgaben im Unterricht: Lernziele

---

1. Bitte führen Sie die Aufgaben a)–i) auf den Seiten 64–67 durch.

2. Überlegen Sie, was das tatsächliche Lernziel der einzelnen Aufgaben ist. Notieren Sie die Lernziele im Raster.

Aufgabe	Lernziel
a)	
b)	
c)	
d)	
e)	

Aufgabe 55

Aufgabe	Lernziel
f)	
g)	
h)	
i)	

28. Schreiben Sie einen Dialog. ⓐ

Ja, bitte schön. – Sind Sie neu hier?
Und was machen Sie hier?
Nein, aus Neuseeland.
Ich bin Programmierer.
Guten Morgen, ist hier noch frei?
Ich heiße John Roberts. Sind Sie aus England?
Ja, ich arbeite erst drei Tage hier.

○ *Guten Morgen, ist hier noch frei?*
☐ *Ja, ...*
○ _____
☐ ...

Bock u. a. (1992), 16

5 Wetter   1. Ergänzen Sie bitte!   2. Wortfamilie „Regen". Schreiben Sie bitte! ⓑ

Substantiv	Adjektiv
die Wolke	
	sonnig
der Wind	
	regnerisch
	trocken
die Kälte	
	warm
	gewittrig
der Wechsel	

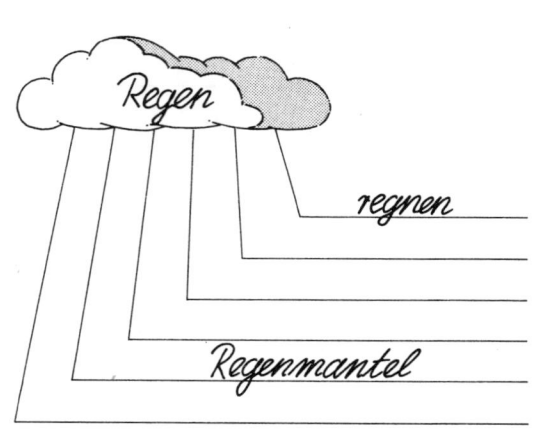

Regen
regnen
Regenmantel

Fuhrmann u. a. (1988), 100

64

22 Richtig schreiben

1. **ss** oder **ß**?   der A ____ istent
   Ergänzen Sie bitte!   hei ____ en
   wi ____ en
   du mu ____ t
   wir mü ____ en
   gewu ____ t
   Abschlu ____ fest
   gese ____ en
   er wei ____

2. **tz** oder **z**?   tan ____ en
   Ergänzen Sie bitte!   benu ____ en
   ergän ____ en
   du sit ____ t
   der Ar ____ t
   überse ____ en
   der Do ____ ent
   die Hoch ____ eit
   si ____ en

Fuhrmann u. a. (1988), 59

---

1. Schreiben Sie bitte die Hauptinformationen zu den Bildern kurz auf!

Welche Personen?   _____
Wo sind sie?   _____
Was möchte A?   _____
Was macht B?   _____
Warum macht er das?   _____
Was passiert dann?   _____
Wie sieht A aus?   _____
Und B?   _____

2. Schreiben Sie bitte eine kleine Geschichte zu den Bildern! Benutzen Sie die Antworten von 1. Stellen Sie Verknüpfungen zwischen den Sätzen her, mit Wörtern wie „aber", „deshalb", „er", ... usw.!

Abel u. a. (1989), 46

✎ **c) Vergleichen Sie die Transportmittel:** *Schreiben Sie.*

1. *Das Fahrrad ist langsamer, aber auch billiger als ...*

2. *Das Flugzeug ist ...*

3. *Zu Fuß gehen ...*

4. _____

5. _____

Eismann u. a. (1994), 172

12. Schreiben Sie einen Brief. (f)

> Tübingen, 2. Mai 1992
>
> Liebe Tante Irmgard,
>
> wir haben jetzt eine Wohnung in Tübingen. Sie hat zwei Zimmer, ist hell und ziemlich billig. Möbel für die Küche haben wir schon, aber noch keine Sachen für das Wohnzimmer. Einen Schrank für das Schlafzimmer brauchen wir auch noch. Hast Du einen? Oder hast Du vielleicht noch Stühle? Schreib bitte bald!
>
> Viele liebe Grüße
>
> Sandra

_____ 19 _____

Lieb _____
ich _____
Sie hat _____
Sie ist _____
Ich habe schon _____
aber ich brauche noch _____

Wohnung	3 Zimmer	Schrank
Garderobe	Bad	Lampe	Küche
Herd	hell	schön	klein	teuer

Bock u. a. (1992), 60

3. Wie kann man auch sagen? Schreiben Sie bitte! (g)
1. Es ist sonnig. _Die Sonne_____
2. Es ist sehr windig. _____
3. Keine Wolken am Himmel! _____
4. Vielleicht regnet es heute. _Heute ist es_____
5. Im Winter gibt es viel Schnee. _____
6. Der Regen beginnt. _Die ersten_____

Fuhrmann u. a. (1988), 100

2. Ordnen Sie bitte die Elemente so, daß sie zu den Kontexten passen! (h)

> Meinen Chef habe ich schon lange nicht mehr gesehen.

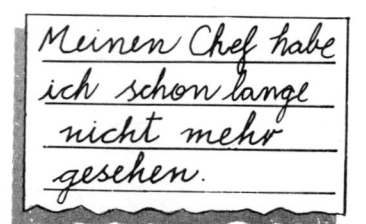

a) habe-meinen Chef-schon lange nicht mehr-ich-gesehen.
   Aber seine Frau treffe ich jeden Tag.

b) braucht-in Fortaleza-man-im Winter-keinen Pullover.
   Aber in Porto Alegre braucht man sogar eine Jacke.

c) sind-die Hotels-in Deutschland-sehr teuer.
   Aber in Frankreich sind sie billiger.

d) trinkt-man-in Italien-den Wein-zum Essen.
   Aber den Kaffee trinkt man nach dem Essen.

e) ziehe-einen Anzug-ich-nur am Sonntag-an.
   An den übrigen Wochentagen trage ich Jeans.

Bornebusch/Harden (1989), 185

66

S 1 Märchen

So beginnen Märchen:
„Es war einmal ein König. Er hatte eine Tochter, die sehr schön war. Aber ..."

eine Prinzessin   eine Königin   ein Prinz ...

eine Frau   Kinder   Geld   Land   ... haben
reich-arm   gut-böse   groß-klein   ... sein

Kennen Sie Märchen?
Schreiben Sie die ersten Sätze:
Es war einmal .....

Eismann u. a. (1994), 78

Die Aufgaben auf den vorangegangen Seiten haben es deutlich gezeigt: Nicht jedes Schreiben im Unterricht hat die Schreibfertigkeit zum Ziel. Um die Schreibfertigkeit, d. h. um Teilfertigkeiten* des Schreibens, geht es – wie wir gesehen haben – nur bei einigen der Aufgaben; bei den anderen soll die Lösung nur schriftlich fixiert werden (vielleicht als Hausaufgabe oder in der Klasse), damit alle Schüler zur gleichen Zeit das gleiche Problem bearbeiten oder zur Leistungskontrolle für alle. Das Schreiben im Unterricht hat also zwei sehr unterschiedliche Funktionen, die man deutlich voneinander unterscheiden muß. Bei vielen schriftlichen Übungen im Unterricht und bei den schriftlichen Hausaufgaben ist das Schreiben oft nur ein **Mittel** zum Zweck. Das Ziel der Übung ist ein anderes. Zum Beispiel kann es das Ziel der Übung sein, den neuen Wortschatz zu üben oder abzufragen (Beispiel b und g), grammatische Strukturen über das Schreiben (motorisch und visuell) zu festigen und zu wiederholen (Beispiel e) oder das Erkennen (und Zuordnen) von dialogischen Mustern (Beispiel a) zu üben usw. In diesen Fällen geht es also gar nicht um die *Fertigkeit Schreiben*, sondern um Schreiben als Mittlerfertigkeit*.

Funktionen des Schreibens im Unterricht

Schreiben als Mittlerfertigkeit

Sicher ist Ihnen bei der Bearbeitung von Aufgabe 55 aufgefallen, daß in einigen Übungsbeispielen verschiedene Teilfertigkeiten der *Fertigkeit Schreiben* geübt werden. Im Lösungsschlüssel wurden sie in der Tabelle angegeben. Diese Teilfertigkeiten wollen wir hier noch einmal zur Vorbereitung auf Aufgabe 56 zusammenstellen.

▶ Beispiel c: Rechtschreibung (ss – ß; tz – z)
▶ Beispiel d: einen zusammenhängenden Text schreiben, mit richtiger Verwendung bestimmter Verweisstrukturen*/Referenzmittel*, hier z. B.: rück- und vorausweisende Pronomina: *Der Mann zeigt seine leeren Taschen, denn er ...* , Konnektoren* (= Satzverknüpfer): <u>denn</u> er hat kein Geld usw.
▶ Beispiel f: einen Brief (in diesem Fall nach einem Muster) schreiben
▶ Beispiel h: richtige Stellung der Satzglieder
▶ Beispiel i: Einüben ritualisierter Textanfänge (hier: *Märchen*)

Vermutlich gibt es auch in dem Deutschlehrwerk, das Sie in Ihrem Unterricht verwenden, zahlreiche Schreibaufgaben, d. h. Aufgaben, bei denen die Schüler aufgefordert werden, etwas zu schreiben. Um welche Art Schreiben handelt es sich dabei? Um Schreiben als Mittel zum Zweck oder um Schreiben als Ziel? Beachten Sie dabei auch mögliche Teilfertigkeiten.

Aufgabe 56

Bitte untersuchen Sie Ihr Deutschlehrwerk unter diesem Gesichtspunkt. Machen Sie dabei eine kleine Statistik. (Es genügt, wenn Sie die Anteile in etwa schätzen.)

1. *Bei wie vielen „Schreibaufgaben" ist das Schreiben nur Mittel zum Zweck?*
2. *Bei wie vielen Schreibaufgaben geht es tatsächlich um Schreiben als Zielfertigkeit, d. h. um die Fähigkeit der Lernenden, in der Fremdsprache zusammenhängende Texte (z. B. Briefe, aber auch andere Textsorten) zu schreiben (zu verfassen)?*
3. *Wie viele Aufgaben gibt es, bei denen Teilfertigkeiten der „Fertigkeit Schreiben" geübt werden?*

Liegen wir richtig mit unserer Vermutung, daß bei der Mehrzahl der „Schreibaufgaben" in Ihrem Lehrwerk das Schreiben nur Mittel zum Zweck ist und die *Fertigkeit Schreiben* nur in seltenen Fällen das Ziel der Schreibaktivitäten ist?

Üben von Teilfertigkeiten

In unseren Übungsbeispielen a) – i) haben wir Ihnen eine Reihe von Aufgaben gezeigt, in denen Teilfertigkeiten einer umfassenden Schreibfertigkeit (zusammenhängende Texte schreiben) isoliert geübt werden sollen. Dieses isolierte Üben von Teilfertigkeiten stellt einen wichtigen Schritt dar auf dem Weg zur *Zielfertigkeit Schreiben*. Um Texte schreiben zu lernen, genügt es nicht, Kenntnisse in Wortschatz und Grammatik anzuhäufen. Die Voraussetzung für das Schreiben zusammenhängender Texte ist die Einsicht in die Struktur von Texten und die bewußte Verwendung textlinguistischer* Elemente. Das muß und kann nicht nur im Muttersprachenunterricht, sondern muß und kann auch im Fremdsprachenunterricht systematisch geübt werden. Tests können die hierbei stattfindenden Lernfortschritte überprüfen.

Verwendung textlinguistischer Elemente

Schreiben als Zielfertigkeit

Die Aufgabenbeispiele oben haben noch etwas anderes gezeigt: Das Schreiben von Briefen ist nur eine Aufgabenform unter anderen, um die Schreibfertigkeit (als Zielfertigkeit*) zu entwickeln. Als eindeutig mitteilungsbezogene Aufgabenform nimmt sie allerdings im kommunikativen Deutschunterricht, der ja von den Mitteilungsbedürfnissen der Lernenden ausgeht, eine wichtige Stellung ein. Die neuere Fremdsprachendidaktik hat jedoch gezeigt, daß es noch andere wichtige Schreibimpulse und Schreibziele gibt, die differenziertere Aufgabenformen erfordern.

Exkurs: Mitteilungsbezogenes *Schreiben** und *Schreiben* als *Prozeß**

In der Fernstudieneinheit *Fertigkeit Schreiben* stellt Bernd Kast eine Typologie von Schreibübungen vor, mit deren Hilfe die Fähigkeit der Lernenden, unterschiedliche Texte in der Fremdsprache zu schreiben, gezielt aufgebaut werden kann. Das *mitteilungsbezogene Schreiben* (z. B. in Form von Postkarten, Briefen, Telegrammen u. ä.) ist dabei nur eine von fünf Kategorien. Darin dokumentiert sich eine Entwicklung der Fachdidaktik seit Mitte der 80er Jahre, die man gerne als Wiederentdeckung des Schreibens im Fremdsprachenunterricht bezeichnen kann. So wird zum Beispiel neben den traditionellen Formen mitteilungsbezogenen Schreibens (Postkarte, Einladung, Glückwunschkarte usw.) in der zweiten Generation der kommunikativen Lehrwerke (*Sprachbrücke, Stufen, Themen neu, Deutsch aktiv Neu, Die Suche, sowieso*) den folgenden Schreibaktivitäten mehr Platz eingeräumt:

Wiederentdeckung des Schreibens im Fremdsprachenunterricht

▶ dem personalen* Schreiben:

Schreiben, um sich und anderen über sich selbst Auskunft zu geben, z.B. in Form von Erlebnisbericht, Lebenslauf, Tagebuch, Festhalten von Gedankensplittern;

▶ dem freien* Schreiben:

assoziatives* Schreiben, Gedichte, Phantasiegeschichten;

▶ dem Ausprobieren unterschiedlicher Textarten:

z.B. Leserbrief an eine Zeitung, Protokoll, Hörspiel, Umfrage, Märchen, Artikel für die Schülerzeitung.

In der oben erwähnten Fernstudieneinheit nennt Bernd Kast neben den unterrichtspraktischen (Hausaufgaben, Festhalten von Lernergebnissen, Tests usw.) und mitteilungsbezogenen Gründen (Briefe schreiben usw.) noch andere wichtige Gründe für das Schreiben (Verfassen von Texten) im kommunikativen Deutschunterricht. So verweist er auf die lernpsychologische Bedeutung des Schreibens und auf das Schreiben als Hilfe bei der **Strukturierung geistiger Handlungen**. Damit lenkt er den Blick auf das *Schreiben als Prozeß* (Kast 1996).

Sicher haben Sie in Ihrem eigenen Unterricht die lernpsychologische Wirkung des Schreibens beobachten können und auch schon öfters genutzt. Wahrscheinlich haben Sie die lernpsychologische Wirkung des Schreibens auch schon an sich selbst beobachtet. Versuchen Sie bitte, sich an Ihre Beobachtungen zu erinnern.

lernpsychologische Wirkung des Schreibens

Lernpsychologische Aspekte des Schreibens im Unterricht:

1. _____

2. _____

3. _____

Aufgabe 57

Wir alle sind es gewohnt, beim Schreiben nach dem Produkt, dem Ergebnis des Schreibens, zu fragen. Ganz deutlich wird das beim Brief: es zählt, was der Adressat in Händen hält, der fertige Brief! Wie viele Entwürfe der Briefeschreiber möglicherweise zu Papier gebracht und wieder zerrissen hat, das interessiert den Empfänger des Briefes in der Regel nicht. Es gibt aber auch Textarten, die nicht so ergebnisorientiert sind und bei denen der **Prozeß des Schreibens** selbst für den Schreibenden das eigentlich Wichtige darstellt. Eine dieser Textarten ist zum Beispiel das Tagebuch.

Schreiben als Prozeß Beispiel: Tagebuch

Haben Sie selbst in Ihrer Jugend Tagebuch geschrieben? Vielleicht schreiben Sie heute noch regelmäßig ihre Beobachtungen, Erlebnisse, Gedanken in solch ein Buch? Was für Erfahrungen machen Sie dabei oder haben Sie dabei gemacht?

Denken Sie an sich, wie Sie Tagebuch schreiben oder früher geschrieben haben. Was geschieht eigentlich dabei? Und welche Anknüpfungspunkte sehen Sie hier für das „Schreiben" im Fremdsprachenunterricht?

Tagebuchschreiben, das bedeutet:

_____

_____

_____

Anknüpfungspunkte für das Schreiben im Fremdsprachenunterricht:

_____

_____

_____

_____

Aufgabe 58

die Rolle des Schreibens im kommunikativen Deutschunterricht

Schreiben ermöglicht dem Schreibenden – das kann man beim Tagebuch-, aber auch beim Briefeschreiben erfahren – sich über sich selbst, über einen Gegenstand, über andere Personen klarer zu werden. Fremdsprachenlernende erproben beim Schreiben von Texten ihre Fähigkeit, die gelernten Redemittel und grammatischen Strukturen zu organisieren, sich der Ordnungsprinzipien der fremden Sprache schreibend zu vergewissern. Im Gegensatz zum gesprochenen Wort hat der Schreibende die Möglichkeit, seinen Text mehrfach zu überprüfen und zu verändern (zu redigieren). Der geschriebene Text (ein Gedicht, ein Erlebnisbericht, ein selbstgeschriebenes Märchen) kann als Ausgangspunkt für weitere Bearbeitungen dienen und von anderen (dem Lehrer und den Mitschülern) gelesen werden. Da in jeden Text, ob er nun in der Muttersprache oder in der Fremdsprache geschrieben ist, immer auch eigene Gedanken, Gefühle, Ansichten des Schreibenden einfließen, gibt der Schreibende also immer auch etwas von sich selbst preis. Findet der Schreiber dann auch Leser (Lehrer/Mitschüler), so erfahren diese immer auch etwas über den Schreibenden. Schreiber und Leser sind also in einem wechselseitigen Kommunikationsprozeß verbunden. Daraus ergibt sich, daß nicht nur das Schreiben von Briefen, sondern auch das Schreiben ganz unterschiedlicher Textarten ein wichtiges Lernziel des kommunikativ orientierten Deutschunterrichts sein kann.

Wie das „Schreiben als Prozeß" im Unterricht konkretisiert werden kann und welche Schreibaufgaben dafür geeignet sind, können Sie in der bereits erwähnten Fernstudieneinheit *Fertigkeit Schreiben* nachlesen.

Literaturhinweis

> Eine Vielzahl motivierender Schreibanlässe und Schreibaufgaben für den Deutschunterricht mit Jugendlichen, die geeignet sind, die Schreibfertigkeit systematisch zu entwickeln, finden Sie in den drei Schreibheften *Schreiben macht Spaß* (1990–93) von G. Neuner und in *Die Schreibschule* (1994) von M. Lackamp und H. Portius Pradelli.

Eine wichtige Konsequenz ergibt sich aus dem oben Gesagten: Wenn man das Augenmerk mehr auf den Prozeß des Schreibens lenkt als auf das Produkt, so rücken die verschiedenen Stadien dieses Prozesses, die allmählichen Lernfortschritte, die verschiedenen linguistischen Teilfertigkeiten bei der Entwicklung einer umfassenden Schreibfertigkeit in den Mittelpunkt der Betrachtung.

Unser Thema in dieser Fernstudieneinheit ist nun nicht die Entwicklung der Schreibfertigkeit, **sondern die Überprüfung von Lernfortschritten** bei diesem Prozeß. Deshalb werden wir im nächsten Kapitel einige Vorschläge für Aufgabenformen zur Überprüfung solcher Lernfortschritte präsentieren.

4.2 Testaufgaben zur Entwicklung einer allgemeinen Schreibfertigkeit

Was wir bei Tests zum *Leseverstehen* und zum *Hörverstehen* gesagt haben, gilt – wenn auch in etwas geringerem Maße – auch für Tests zur *Fertigkeit Schreiben*: für den Unterricht geeignete Aufgabenformen zur Entwicklung der *Zielfertigkeit Schreiben* eignen sich manchmal auch als Testaufgaben. Drei Kriterien müssen bei der Auswahl entsprechender Aufgaben allerdings beachtet werden. An diese drei Kriterien möchte Sie die folgende Aufgabe erinnern. (Wenn Sie dabei Hilfe brauchen, können Sie dazu noch einmal in Kapitel 2.1 auf Seite 17 nachlesen.)

Aufgabe 59

Welche drei Kriterien müssen Testaufgaben erfüllen?

1. _____

2. _____

3. _____

Bitte blättern Sie nun noch einmal zurück zu den Beispielen a) – i) auf den Seiten 64 – 67. Wir wollen uns diese Beispiele noch einmal unter einem anderen Aspekt betrachten. Bei der Analyse (Aufgabe 55) hatten Sie festgestellt, daß die Aufgaben c), d), f), h) und i) offensichtlich dazu dienen, die Schreibfertigkeit (als Zielfertigkeit) zu entwickeln.

Rückverweis

Bitte überlegen Sie: Welche dieser Aufgaben könnte Ihrer Meinung nach ebensogut als Test verwendet werden? Kreuzen Sie an, und begründen Sie Ihre Meinung in Stichworten.

Aufgabe 60

Aufgabe	*Auch als Test verwendbar?*	*Begründung*
c)		
d)		
f)		
h)		
i)		

Wie Sie gesehen haben, sind nicht alle Aufgaben, die zur **Entwicklung** der Schreibfertigkeit eingesetzt werden können, auch als Testaufgaben geeignet. Zum Beispiel darf das, was sinnvollerweise getestet werden soll (im Fall der Aufgabe f) sind es die für diese Textart typischen Satzanfänge) nicht vorgegeben werden.

Beim schrittweisen Aufbau einer umfassenden Schreibfertigkeit müssen also zunächst bestimmte Teilfertigkeiten erarbeitet werden.

Eine besonders wichtige Rolle beim Schreiben zusammenhängender Texte kommt den Verweisstrukturen (auch Referenzmittel genannt) wie z. B. Personalpronomen (*Der Mann ... Er ...*), Relativpronomen (*Der Mann, der ...*) usw. und den Konnektoren (auch Satzverknüpfer/Bindewörter genannt) wie z. B. *weil, deswegen, denn, damit, ob, daß* usw. zu. Diese Wörter helfen, die Textkohärenz*, d.h. den inneren und den textlogischen Zusammenhang von Texten, zu sichern.

Anhand der folgenden Beispiele möchten wir Ihnen Anregungen geben, wie Sie Verweisstrukturen und Konnektoren getrennt (Aufgabe 61 bis Aufgabe 65) oder zusammen (Aufgabe 66) testen können. In diesem Zusammenhang sei auch noch einmal auf die Fernstudieneinheit *Fertigkeit Schreiben* verwiesen.

⟹

Zu geschriebenen Texten gehört auch die Rechtschreibung. Rechtschreibung in der Fremdsprache muß im Unterricht natürlich geübt und besprochen werden. An dieser Stelle möchten wir jedoch dafür plädieren, die Rechtschreibung nicht überzubetonen und lieber Texte, die die Schüler selber geschrieben haben, gemeinsam zu korrigieren und zu redigieren, anstatt langweilige Diktate zu Testzwecken schreiben zu lassen.

Rechtschreibung

Tests zu Verweisstrukturen

Die Verweismittel, zu denen auch die Korrelate* (*Es ging darum, den Kindern klar zu machen, daß ...*) gehören, bilden ein wichtiges Strukturelement von Texten. Das Wissen um die Rolle der Verweismittel in Texten und die Fähigkeit, verschiedene Verweismittel in Texten richtig zu verwenden, sind eine wichtige Teilfertigkeit bei der Entwicklung einer umfassenden Schreibkompetenz. Schon in einem sehr frühen Lernstadium kann die richtige Verwendung einfacher Verweisstrukturen getestet

Verweisstrukturen

71

werden. Als Vorlage dient hier eine Schreibaufgabe aus dem Arbeitsbuch zu *Themen neu 1*. In dieser Übung sollen neu gelernter Wortschatz und Strukturen (die Verben *sein* und *kommen* in der 3. Person Singular) reproduziert werden.

Aufgabe 61

Bitte wandeln Sie diese Übung in einen Lernfortschrittstest für den Anfangsunterricht um, bei dem ausschließlich die Verwendung der richtigen Form der Personalpronomen getestet werden soll.

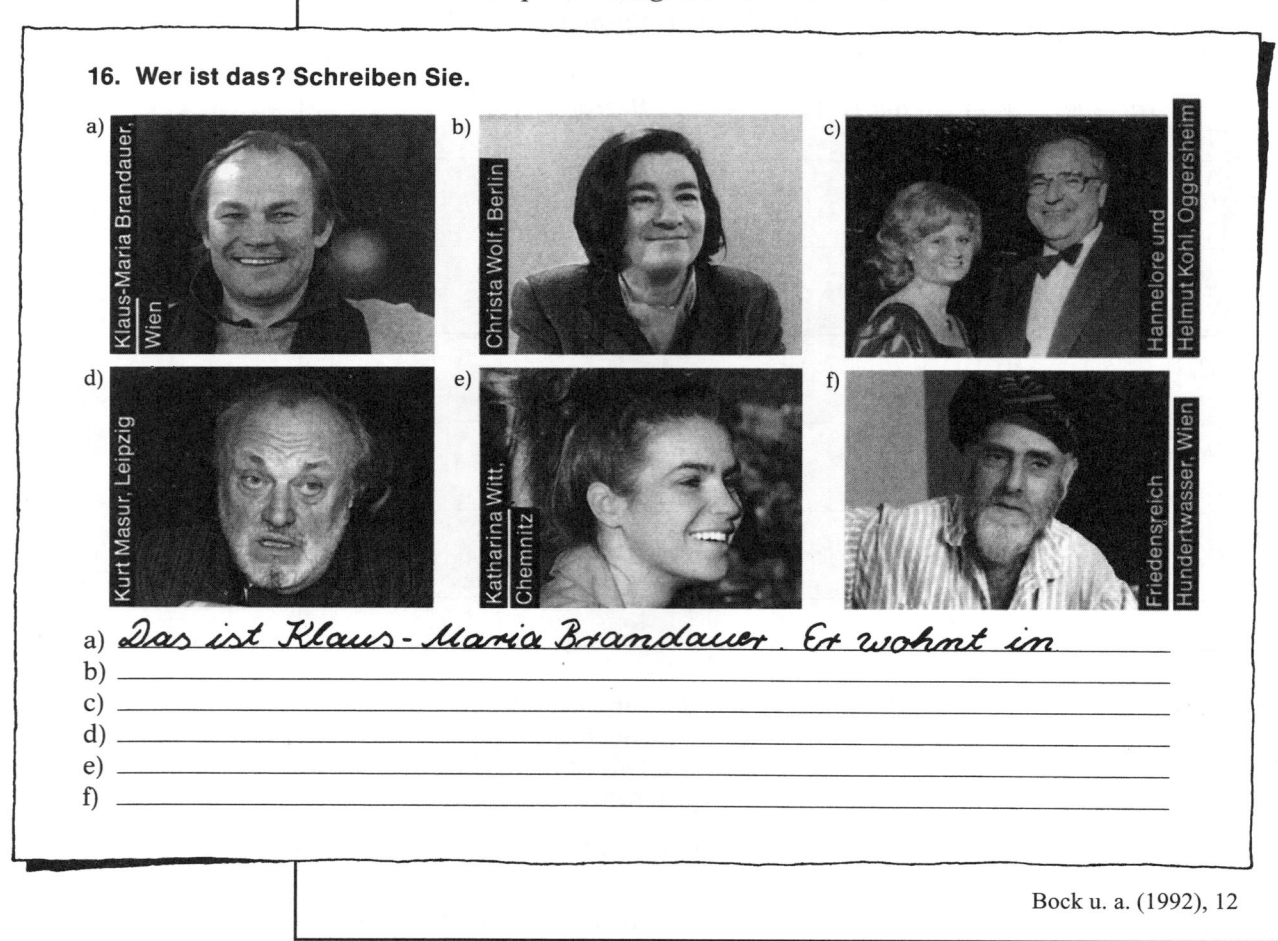

16. Wer ist das? Schreiben Sie.

a) Klaus-Maria Brandauer, Wien
b) Christa Wolf, Berlin
c) Hannelore und Helmut Kohl, Oggersheim
d) Kurt Masur, Leipzig
e) Katharina Witt, Chemnitz
f) Friedensreich Hundertwasser, Wien

a) *Das ist Klaus-Maria Brandauer. Er wohnt in* _____
b) _____
c) _____
d) _____
e) _____
f) _____

Bock u. a. (1992), 12

In einem fortgeschrittenen Lernstadium kann eine Aufgabe zu den Verweisstrukturen komplizierter angelegt sein. Ein Beispiel dafür, wie eine solche Testaufgabe aussehen kann, zeigt die folgende Aufgabe. In diesem Text haben wir sämtliche Verweismittel auf die Hauptperson des Textes gelöscht. Im Test müssen diese Verweismittel wieder eingesetzt werden. Der (Lern-)Fortschritt zu dem Test in der vorangegangenen Aufgabe besteht darin, daß die Lernenden nun unterschiedliche sprachliche Elemente (Nominalgruppe, Personalpronomen Nominativ/Akkusativ, Relativpronomen, Reflexivpronomen, Possessivpronomen) kennen und einsetzen müssen, die alle auf dieselbe Person verweisen.

Aufgabe 62

Bitte lösen Sie die Testaufgabe.

In diesem Test fehlen sämtliche Verweismittel auf eine der beiden Hauptfiguren des Textes, die am Anfang genannt wird. Bitte schreiben Sie die fehlenden Wörter in die Lücken.

Es war einmal ein guter Mensch, _____ freute _____ _____

Lebens. Da kam eine Mücke geflogen und setzte sich auf _____ Hand, um

von _____ Blut zu trinken.

72

> _____ _____ _____ sah es und wußte, daß sie trinken wollte; da dachte _____: „Die arme kleine Mücke soll sich einmal satt trinken", und störte sie nicht. Da stach _____ die Mücke, trank sich satt und flog voller Dankbarkeit davon. Sie war so froh, daß sie es allen Mücken erzählte, wie gut _____ _____ gewesen wäre, und wie gut ihr _____ gutes Blut geschmeckt hätte.

Schwitters (1974), 37

Sie könnten in diesem Text natürlich auch alle Verweismittel auf *die Mücke* streichen und im Test ergänzen lassen. Besonders Fabeln oder fabelähnliche Geschichten, Märchen und Kurz- oder Kürzestgeschichten eignen sich für diese Art von Tests. In solchen Texten ist die Erzählstruktur relativ dicht, Aufbau und Handlungsstruktur sind klar und eindimensional, die Sprache ist einfach und verständlich.

In der zweiten Hälfte der Grundstufe können Sie die Anforderungen noch steigern, indem Sie in einem Text sämtliche Verweismittel auf mehrere Personen entfernen und in der Testaufgabe wieder ergänzen lassen. Das folgende Textbeispiel stammt aus einem Einstufungstest für die gymnasiale Oberstufe in Frankreich. In dem Text gibt es drei Personen: den **Reisenden**, den **Schaffner** und noch einen anderen Fahrgast, der nur als **einer** bezeichnet wird.

> *Bitte arbeiten Sie den Text zu einer Testaufgabe um, in der die Schüler sämtliche Verweismittel (Personalpronomen, Relativpronomen, Possessivartikel, Wiederholung des Nomens, evtl. stellvertretende Nomen) den drei im Text genannten Personen zuordnen sollen.*
>
> > **Der Reisende** im Frühzug suchte wie verrückt nach seinem Fahrausweis, den er nicht finden konnte. Die anderen Fahrgäste, die ihn dabei ironisch ansahen, lächelten, denn er steckte dem Mann zwischen den Lippen. **Der Schaffner**, dem das Ganze allmählich auf die Nerven ging, zog ihm das Ding aus dem Mund, knipste es und gab es ihm zurück. Als er weiterging, sagte **einer** zu dem Reisenden, dessen Gesicht ganz rot geworden war: „Das ist mir auch schon mal passiert und dabei bin ich mir mit der Karte im Mund ganz schön dumm vorgekommen." „Dumm, sagten Sie", meinte der Reisende, „ach, lieber Freund, meine Fahrkarte war ja nicht mehr gültig, deshalb habe ich das Datum weggekaut!"

nach: Einstufungstest Sek. II Frankreich (1993), 17

Aufgabe 63

Konnektoren

Konnektoren, auch Satzverknüpfer oder Bindewörter genannt (z.B. Konjunktionen: *und, aber, denn*; Subjunktionen: *weil, daß, obwohl, bevor* usw.) sind wichtige Strukturelemente von Texten. Sie zeigen z.B. die argumentative Struktur von Texten oder Textteilen (begründend: *denn, weil*; einräumend: *obwohl, obgleich*; chronologisch: *dann, bevor, nachdem* usw.) Beim Aufbau der Schreibfertigkeit kann man die Verwendung von Konnektoren ebenfalls zunächst gezielt üben und testen.

Die folgende Aufgabe aus dem Begleitbuch zu dem Videofilm *Locke und Dabbe* eignet sich auch als Testaufgabe.

Der Brief bezieht sich auf eine Szene des Films, in der Dabbe nicht einschlafen kann. Deshalb probiert er einen Trick: Er läßt vor seinem inneren Auge eine Herde Schafe entstehen und zählt die Schafe. Angeblich macht das müde.

Aufgabe 64

Bitte schlüpfen Sie in die Rolle des Testkandidaten bzw. der Testkandidatin, und lösen Sie die Testaufgabe.

Dabbe schreibt einen Brief. Er schreibt nur einzelne Hauptsätze. Sie können es besser. Verbinden Sie je zwei Sätze miteinander. Wählen Sie passende Konnektoren. Manchmal gibt es mehrere Möglichkeiten.

Die Konnektoren	Hauptsatzkonnektoren:	Nebensatzkonnektoren:
	denn aber und	deswegen/deshalb/darum daß dann weil bis

München, den 18. Januar 1993

Lieber Locke,

heute schreibe ich Dir einen Brief. Ich habe Zeit. –
Wie geht es Dir? Wie geht es Deiner Freundin?
Gestern habe ich das neue Buch von Müller gesehen. Es ist leider sehr teuer. –
Ich habe es gekauft. In dem Buch sind interessante Bilder und Texte. –
In einem Text kann ein Mann nicht schlafen. Er zählt Schafe. –
Er zählt und zählt. Er kann einschlafen. –
Ich freue mich. Du kommst bald wieder.

Herzliche Grüße

Dein Dabbe

Müller/Kast (1993), 96

Auch bei den Konnektoren können Sie mit Lücken arbeiten. Im folgenden Textbeispiel wird allerdings auch eine gewisse Problematik solcher Testaufgaben sichtbar: Wenn die Textteile zwischen den zu ergänzenden Konnektoren zu umfangreich sind, werden die Verstehensanteile möglicherweise zu groß oder, anders ausgedrückt: die Aufgabe wird eigentlich eine Aufgabe zum *Leseverstehen*. Sie müssen sich bei dieser Art Testaufgaben also immer überlegen, wieviel Textverstehen Sie Ihren Schülerinnen und Schülern zumuten können, ohne daß dabei das eigentliche Testziel, nämlich die Verwendung der richtigen Konnektoren, durch mangelndes Leseverstehen verfälscht wird.

Bitte lösen Sie selbst diese Aufgabe.

Aufgabe 65

Textkonnektoren 3

Ergänze bitte die Konnektoren im folgenden Text!

KLAUS:
Mutter und Oma machen alles

„Ich muß im Haushalt eigentlich gar nichts machen. Meine Mutter arbeitet morgens von fünf bis neun bei der Post, und [ ] ist sie den ganzen Tag zu Hause. Dazu kommt, [ ] meine Oma ganz in der Nähe wohnt, die kommt dann und hilft meiner Mutter bei der Hausarbeit.
Das einzige, was ich mache, ist mein Zimmer aufräumen. So das übliche, jeden zweiten oder dritten Tag. [ ] auf meiner Bude mal so richtig Staub gewischt oder Großputz gemacht werden muß, dann macht das auch meine Mutter.
Bügeln muß ich auch nicht, das macht meine Oma, und sie macht es gern, sagt sie immer. Manchmal trage ich halt den Müll runter, [ ] ich trockne mal freiwillig mit ab oder so. Zoff gibt's deswegen nie, [ ] meine Mutter gar nicht verlangt, daß ich was mithelfe. Nicht, [ ] ich ein Junge bin: Meine Schwester macht auch nicht mehr als ich. Meist ist sie sowieso bei ihrem Freund.
Klar: [ ] meine Mutter sagen würde, ich soll ihr mehr helfen, dann würde ich es schon einsehen. Das macht ja schließlich keiner gern."

Bimmel (1990), 13

Wir möchten Ihnen im folgenden noch eine weitere Aufgabe zeigen, in der Verweisstrukturen und Konnektoren in ein und derselben Testaufgabe miteinander verknüpft sind. Diese Testaufgabe zeigt noch eine zusätzliche Weiterung. In allen Lücken sind zwei bis drei Lösungen möglich und unter dem Aspekt der Textkohärenz als richtig zu bewerten, auch wenn es bei näherer Betrachtung durchaus feine stilistische Unterschiede zwischen den Lösungsmöglichkeiten gibt. Da Sprache in Wirklichkeit ja selten so eindimensional funktioniert, wie das unter Testaspekten wünschenswert wäre, lassen sich auf dem Weg zu einer umfassenden Schreibkompetenz hin und wieder auch Testaufgaben vertreten, bei denen Ihren Schülerinnen und Schülern mehr kreativer Freiraum für unterschiedliche und individuelle Lösungsmöglichkeiten bleibt. Um dennoch eine möglichst zuverlässige und objektive Bewertung zu gewährleisten, müssen Sie natürlich bei solchen Testaufgaben darauf achten, daß die Anzahl der möglichen Lösungen sich auf wenige (2–3) Alternativen beschränkt und eindeutige Kriterien für richtig/falsch festgelegt sind. Anderseits bieten solche Testaufgaben aber auch die Chance, am Beispiel der unterschiedlichen Lösungen bei der Besprechung der Testergebnisse auf eventuelle stilistische Unterschiede einzugehen.

Bitte lösen Sie nun selbst die folgende Testaufgabe.
Welche Konnektoren und Verweismittel passen in die Lücken?

Aufgabe 66

> *Es   waren einmal ein Mann und eine Frau,*
> ☐1 *wünschten sich schon lange vergeblich ein Kind.*
> ☐2 *machte sich die Frau Hoffnung,*
> *der liebe Gott werde ihren Wunsch erfüllen.*
> ☐3 *hatten in ihrem Hinterhaus ein kleines Fenster.*
> ☐4 *konnte man in einen prächtigen Garten sehen,*
> ☐5 *voll der schönsten Blumen und Kräuter stand.*
>
> (Aus: Rapunzel – Ein Märchen der Brüder Grimm)

nach: Esa/Graffmann (1993), 33

Zum Abschluß möchten wir Sie bitten, anhand des folgenden Textes selbst einen Test zu Verweismitteln und/oder Konnektoren für Ihre Schüler zu erstellen.

Aufgabe 67

> *Bitte benutzen Sie den folgenden Text als Vorlage für einen Test, mit dessen Hilfe Sie überprüfen können, ob Ihre Schüler in der Lage sind, die passenden Konnektoren und/oder die fehlenden Verweismittel zu ergänzen.*
>
> **Der Wecker im Wald**
>
> Es war einmal ein Mann, der spielte Trompete und bastelte gern an Uhren herum. Einmal ging er im Wald spazieren. Da sah er einen großen Wecker und sagte zu sich: „Den will ich mir mal anschauen." In dem Wecker war ein Loch, da kroch er hinein. Aber in dem Wecker waren keine Zahnräder und Federn und was sonst noch in einen Wecker gehört, sondern eine schöne grüne Wiese, und da dachte der Mann: „Na, hier bleibe ich!"
>
> Aber nach ein paar Tagen gefiel es ihm nicht mehr, und er wollte aus dem Wecker raus. Aber das Loch war nicht mehr da. Der Mann hatte seine Trompete dabei, und jetzt blies er ganz laut und hoffte, daß ihn jemand hören würde, aber es hörte ihn niemand. Und weil er so laut blies, wurden die Zahlen auf dem Zifferblatt verrückt, und der Wecker lief rückwärts.

der Bunte Hund (1986), 7

Schreiben zusammenhängender Texte

Von Zeit zu Zeit wollen Sie natürlich auch überprüfen, inwiefern Ihre Schülerinnen und Schüler in der Lage sind, die verschiedenen Teilfertigkeiten zu integrieren und zusammenhängende Texte zu schreiben.

Hier bietet sich natürlich eine Fülle von Möglichkeiten. Ihre Schüler können zum Beispiel

- ein Märchen erzählen oder nacherzählen,
- einen Zeitungsbericht verfassen,
- einen Brief schreiben,
- einen Bericht über eine Ferienreise, ein Wochenende schreiben,
- von einem Familienfest erzählen,
- die Handlung eines Films wiedergeben,
- den Inhalt eines Buches, das sie gelesen haben, zusammenfassen,
- ein Rezept schreiben,
- eine Bildergeschichte nacherzählen,
- eine Geschichte zu einem Foto erzählen

usw.

Voraussetzungen

Voraussetzung für die Eignung der Aufgabenstellung als Test ist allerdings, daß

- die Themenstellung eindeutig ist,
- das Thema selbst bekannt und
- die Textsorte im vorangegangenen Unterricht behandelt worden ist, also z.B. : die typischen Textmerkmale eines Märchens, eines Zeitungsberichts, einer Zusammenfassung, eines Rezepts oder eines Briefes,
- die Testaufgabe so strukturiert ist, daß die Schüler wissen, was und wieviel von ihnen verlangt wird,
- die Testaufgabe so strukturiert ist, daß es zu vergleichbaren Testergebnissen kommt, die entsprechend benotet werden können,
- Sie also zum Beispiel auch angeben, wie lang der gewünschte Text in etwa sein soll (40 Wörter, 100 Wörter …).

Kapitel 4.3.2 dieser Fernstudieneinheit enthält ausführliche Hinweise zur Steuerung von Schülerleistungen bei Testaufgaben zu Briefen und Postkarten. Wesentliche Punkte daraus sind auch auf die Produktion von Texten ganz allgemein übertragbar. Wir möchten Sie deshalb auf die Ausführungen dort verweisen.

Hinweis

Bevor wir dieses Kapitel beenden, zeigen wir Ihnen noch zwei Beispiele, bei denen die Textproduktion mit Bildern gesteuert wird. Zahlreiche weitere Anregungen zu einer gesteuerten Textproduktion finden Sie in der Fernstudieneinheit *Fertigkeit Schreiben*. Allerdings eignen sich nicht alle dort gezeigten Aufgaben auch als Tests. Das gilt natürlich besonders für Aufgaben zum entwickelnden, kreativen Schreiben.

Steuerung der Textproduktion mit Hilfe von Bildern

Textproduktion mit Hilfe von Bildern

Beispiel A:

Die Schüler bekommen eine Bildergeschichte, in unserem Beispiel *Der Schmöker* aus der Serie *Vater und Sohn* von e. o. plauen. In der Klasse werden Redemittel zu den Bildern gesammelt: *der Hocker, die Mutter bringt das Essen, Wo ist Christian? Christian liegt auf dem Boden.* usw. Alle wichtigen Wörter und Redemittel sind den Schülern nun bekannt.

Bildergeschichte

Die Testaufgabe lautet: *Schreiben Sie die Geschichte zu den Bildern.*

Dabei wenden die Schüler die vorher gelernten Schreibtechniken bewußt an: Verbindung der Sätze mit Konnektoren, Verwendung von Verweismitteln usw.

Die Testergebnisse sind vergleichbar, da Testumfang und -inhalt durch die Bildgeschichte festgelegt sind.

Bitte schreiben auch Sie die Geschichte zu den Bildern.

Aufgabe 68

plauen (1987), in: da Luz Videira Murta (1991), 47

Einzelbild

Beispiel B:

Die Testvorlage ist ein einzelnes Bild. In der Klasse werden von allen gemeinsam Assoziationen zu diesem Bild gesammelt, zum Beispiel: *kaputte Schuhe, Loch, alter Mann, wandern, müde, schlafen, weglaufen, Schuster, ...*

Bei dieser Vorgehensweise gibt es meist ganz unterschiedliche, überraschende Assoziationen, die dann zu ganz unterschiedlichen Geschichten führen können. Die besten Ergebnisse werden erzielt, wenn jeder Schüler, jede Schülerin „seine" bzw. „ihre" Geschichte schreiben kann. Deshalb sollten die Schülerinnen und Schüler aus der Menge der gesammelten Assoziationen diejenigen auswählen können, die sie am meisten inspirieren. Geben Sie je nach der Menge der gesammelten Assoziationen eine bestimmte Anzahl (5 oder 7 oder 8 Stichwörter) vor, die jeder Schüler auswählen kann. Geben Sie auch die gewünschte Gesamtlänge des Textes vor.

Die Testaufgabe lautet dann zum Beispiel:

Aufgabe 69

Beispiel

Wählen Sie von den Assoziationen fünf Stichwörter aus, und schreiben Sie die Geschichte dazu. Schreiben Sie nicht mehr als 80 – 100 Wörter.

müde   kaputte Schuhe

Schuhe erzählen eine Geschichte ...

alter Mann

Loch

wandern

Schreiben Sie bitte die Geschichte!

schlafen

Fuhrmann u. a. (1988), 109

Schuster   weglaufen

Diese Testaufgabe ist offener als die Bildergeschichte von *Vater und Sohn*, da jeder Schüler, jede Schülerin seine bzw. ihre persönliche Auswahl treffen kann. Dennoch ist die Textproduktion in Inhalt und Umfang ausreichend gesteuert: die gemeinsam gesammelten Assoziationen bilden eine gemeinsame Grundlage, die Anzahl der auszuwählenden Stichworte ist vorgegeben und die Wortmenge ist begrenzt. Die weiter oben vorgestellten Testaufgaben zu den Konnektoren und Testaufgaben wie diese stellen einen wichtigen Zwischenschritt dar auf dem Weg zu Tests zum freien *Schriftlichen Ausdruck*.

Vielleicht haben Sie ganz andere Assoziationen zu diesem Bild? Dann schreiben Sie doch mal Ihre Assoziationen auf, und schreiben Sie danach Ihre Geschichte zu den Schuhen (90 bis 100 Wörter).

Aufgabe 70

Mit Aufgabe 71 schließen wir dieses Kapitel ab. Die Testvorlage stammt aus den Tests zu *Deutsch aktiv Neu*. Wir haben Sie Ihnen schon einmal in Kapitel 2.1 (S. 16) als Beispiel für einen Test zur *Fertigkeit Schreiben* im kommunikativen Deutschunterricht gezeigt. Bei diesem Beispiel geht es um das Verfahren, mit Hilfe inhaltlicher Leitpunkte* die Textproduktion zu steuern (siehe dazu auch Kapitel 4.3.1). Den Lernenden sind aus der entsprechenden Lektion sowohl die Thematik (*Vermißtes Kind*) als auch die Textsorte (*Zeitungstext mit Schlagzeile*) vertraut.

Rückverweis

Hinweis

Bitte schreiben auch Sie den Zeitungstext mit Hilfe der vorgegebenen Leitpunkte.

Aufgabe 71

3. Hund rettet Kind!
   So lautet die Überschrift (Schlagzeile) in der Zeitung. Hier sind die Protokollnotizen der Polizei mit den ungefähren Zeiten und Ereignissen:

   14.30 UHR: Kind zu Spielplatz gegangen
   14.45 UHR: weggelaufen Richtung Fluß
   16.00 UHR: Kind nicht zurück; Mutter ruft Polizei an
   16.30 UHR: Kind gefunden; naß; Hund hat es aus dem Fluß geholt
   17.00 UHR: Krankenhaus: keine schweren Verletzungen; leicht unterkühlt

Sie sind Reporter(in). Schreiben Sie einen kurzen Artikel für die Zeitung.

Roche/Wieland (1994), 155

4.3 Testaufgaben zum mitteilungsbezogenen Schreiben: Briefe und Postkarten

4.3.1 Briefe im kommunikativen Deutschunterricht

Erinnern wir uns: In Kapitel 4.1 haben wir zwei unterschiedliche Funktionen von Schreiben im Unterricht beobachtet, das **Schreiben als Mittel zum Zweck** (z. B. schriftliche Wortschatzkontrolle, Grammatikübungen, Dialoge schreiben usw.) und das **Schreiben als Ziel**. Letzteres bezeichnet Schreibaktivitäten, deren Inhalt und Ziel die Produktion schriftlicher Texte ist.

Rückverweis

Im kommunikativen Fremdsprachenunterricht, der die natürlichen Mitteilungsbedürfnisse der Lernenden berücksichtigt, spielen mitteilungsbezogene Texte wie Briefe (persönlich-informell), Anfragen zur Informationsbeschaffung (formell), kurze Nachrichten oder Postkarten an Freunde oder Bekannte (Glückwunschkarten, Grüße aus dem Urlaub, Einladungen), evtl. das Ausfüllen von Anmeldungsformularen für Sprachferien, Zimmerreservierung usw. eine wichtige Rolle.

Bei unseren folgenden Ausführungen zu den Testaufgaben wollen wir uns vor allem auf das Schreiben von Briefen (bzw. Postkarten) konzentrieren, denn das Schreiben von Briefen ist ein wichtiges Lernziel im kommunikativen Deutschunterricht.

Bedeutung des Briefeschreibens im kommunikativen Deutschunterricht

Dafür gibt es mehrere Gründe:

1. Wenn Deutschlernende in einem nicht-deutschsprachigen Umfeld jemandem außerhalb des Unterrichts etwas auf deutsch mitteilen wollen, dann geschieht dies meist in Form eines Briefes (oder einer Postkarte).

2. Einem Briefpartner oder einer Briefpartnerin zu schreiben entspricht für deutschlernende Jugendliche (und Erwachsene) einer durchaus realen oder doch realistischen Kommunikationssituation.

3. Persönliche Briefkontakte können gegebenenfalls durch den Lehrer vermittelt oder im Rahmen einer Klassenkorrespondenz realisiert werden.

4. In Briefen können die Lernenden etwas über sich selbst mitteilen. In der Rolle des Briefschreibers oder der Briefschreiberin schreiben sie als sie selber.

5. Kleinere Mitteilungen können je nach Bedarf spontan formuliert werden, während Briefe länger und komplexer sind. Testaufgaben zum Briefeschreiben können sorgfältig auf den jeweils gegebenen Sprachstand abgestimmt werden.

6. Und schließlich ein weiterer, nicht unwichtiger Grund: In zahlreichen Prüfungen, so auch im *Zertifikat Deutsch als Fremdsprache* oder im *Österreichischen Sprachdiplom* (ÖSD) ist die Testform für den *Schriftlichen Ausdruck* das Schreiben eines Briefes.

Wenn Sie Ihren Schülerinnen und Schülern helfen wollen, bessere Briefe auf deutsch zu schreiben, empfehlen wir Ihnen das Kapitel 2.5 in der Fernstudieneinheit *Fertigkeit Schreiben*. Hier werden unkonventionelle Aufgabentypen zur Entwicklung dieser Fertigkeit angeboten.

Unser Thema aber sind die Tests. Bevor wir darangehen, mit Ihnen gemeinsam verschiedene Testaufgaben für das Schreiben von Briefen zu betrachten, müssen wir noch einige Voraussetzungen klären.

Voraussetzungen

Voraussetzungen bei Testaufgaben zum Briefeschreiben

Testaufgaben zu entwerfen, die reale Situationen der Kommunikation simulieren, erfordert, daß man sich vor dem Entwerfen der Aufgabe überlegt, in welchen Situationen die Schüler eigentlich auf deutsch Briefe schreiben.

Situationen und Rollen

Doch nicht nur die Situationen sollten realitätsnah sein. Auch die Rollen, die die Schülerinnen und Schüler beim Briefeschreiben einnehmen, sollten Rollen entsprechen, die sie auch im Alltag übernehmen könnten. Sie können z. B. als **Freund, Bekannter, Auskunftsuchender** oder **Auskunftgebender** mit Freunden, Bekannten oder offiziellen Stellen schriftlich kommunizieren. Das Festlegen realitätsnaher Rollen* ist deshalb so wichtig, weil die jeweilige Rolle der Kommunikationspartner das sprachliche Verhalten ganz maßgeblich beeinflußt. Wenn ein Jugendlicher zum Beispiel einem gleichaltrigen Brieffreund oder einer Brieffreundin das eigene Äußere beschreibt (vielleicht ergänzend oder berichtigend zu einem beigelegten Foto), dann schreibt er nicht nur anders, er schreibt vermutlich auch etwas ganz Anderes (z. B. Ärger über die Sommersprossen, die man auf dem Foto so deutlich sieht), als wenn er den Eltern des Freundes, die ihn beim ersten Besuch ohne den Freund am Flughafen abholen werden, eine entsprechende Personenbeschreibung gibt. Jede Kommunikation, ob mündlich oder schriftlich, spielt sich in einem sozialen und situativen Kontext ab. Dieser Kontext bestimmt, welche Inhalte und welche sprachlichen Mittel angemessen sind.

Kontext

Unter Punkt 4 unserer Aufzählung oben haben wir hervorgehoben, daß Jugendliche (und Erwachsene) beim Schreiben an einen Brieffreund oder beim Schreiben im Rahmen der Klassenkorrespondenz als sie selbst schreiben können. Ihre Rolle beim Schreiben ist in diesem Fall also klar definiert: sie sind sie selbst. Auch die Kommunikationspartner sind eindeutig definiert: es sind der Brieffreund oder die Brieffreundin, im Falle der Klassenkorrespondenz andere deutschlernende oder deutschsprachige Jugendliche. Ebenso wichtig wie die Rollen der Kommunikationspartner (wer schreibt wem?), die Situation (der Anlaß) – im obigen Beispiel „Kontaktsituation" – ist das Ziel (die Absicht) des Schreibens. In unserem Beispiel oben sind die Ziele wahrscheinlich ganz unterschiedlich: So kann es Absicht des Briefschreibers sein, sich dem Briefpartner über das Äußere auch ein Stück persönlich zu vermitteln, während der Brief an die Eltern dazu dient, möglichst präzise diejenigen äußerlichen Merkmale zu erwähnen, die auf jeden Fall das Erkennen sichern.

Wer schreibt **wem, in welcher Situation, mit welchem Ziel**? Diese Punkte müssen also in der Testaufgabe möglichst genau definiert werden.

Um möglichst realitätsnahe schriftliche Kommunikationssituationen* für Deutschlernende geht es in der folgenden Aufgabe.

Schüler schreiben in Briefen als sie selbst

Ziel/Absicht

Zusammenfassung

Aufgabe 72

Bitte ergänzen Sie, und finden Sie weitere realitätsnahe Schreibsituationen und Schreibziele für Lernende in einem kommunikativen Deutschunterricht. Nennen Sie auch die jeweiligen Rollen der Kommunikationspartner.

Wer? (Rolle des/der Schreibenden)	*Wem?* (Rolle des/der Kommunikationspartner/in)	*In welcher Situation?* (Anlaß)	*Zu welchem Zweck?* (Absicht/Ziel)
Brieffreund	*Brieffreundin*	*erster Kontakt*	*sich gegenseitig vorstellen; erstes Kennenlernen*
Schülerin	*Deutschlehrer*		
			möchte wissen, ob es im Juli noch Platz in der Jugendherberge in Heidelberg gibt

4.3.2 Leitpunkte und Vorgaben bei Tests zum Briefeschreiben in der Grundstufe

In diesem Kapitel möchten wir mit Ihnen gemeinsam erarbeiten, wie die Leistungsanforderungen bei Tests zum Briefeschreiben dem fortschreitenden Sprachstand der Lernenden angepaßt und differenziert werden können.

Leitpunkte

Eine Möglichkeit, die es erlaubt, schon sehr früh im Unterricht Testaufgaben zum Briefeschreiben einzusetzen, besteht darin, „Leitpunkte" zum Inhalt des Briefes vorzugeben. Mit „Leitpunkten" meinen wir genaue Angaben dazu, **was** im Brief geschrieben werden soll. Diese Leitpunkte können auf einer frühen Stufe so formuliert werden, daß sie sehr viel sprachliches Material für das Schreiben des Briefes vorgeben. Wir möchten dieses Verfahren mit einem Beispiel aus den *Übungen und Tests* zu dem indonesischen Deutschlehrwerk *Kontakte Deutsch 1* verdeutlichen. Das Beispiel ist den Tests zu Lektion 2 entnommen.

Beispiel:

Beispiel

> Schreiben Sie einen Brief an einen deutschen Brieffreund (eine deutsche Brieffreundin) über Ihre Schule.
>
> Schreiben Sie etwas über:
>
> 1. Wie die Schule heißt und wo sie liegt, wie viele Lehrer und Schüler sie hat, wie groß sie ist.
>
> 2. Wie viele Schüler (Schülerinnen) die Klasse hat, wie viele Stunden Unterricht Sie pro Tag (pro Woche) haben. Haben Sie jeden Tag und auch nachmittags Unterricht? Haben Sie Angst vor Mathematik (Physik, Englisch)?
>
> 3. Wie viele Stunden Deutsch Sie pro Woche haben, wie das Deutschbuch heißt, wer der Deutschlehrer (die Deutschlehrerin) ist, Hausaufgaben und Klassenarbeiten in Deutsch.
>
> Vergessen Sie auch nicht Datum, Anrede, Gruß und Unterschrift!

nach: Bartels (1989), 28

Zwischenbemerkung:

Anrede und Grußformen

Die Testaufgabe enthält einen Hinweis auf Datum, Anschrift, Anrede, Gruß usw. Bevor die ersten Brieftests gemacht werden, müssen natürlich die Schreibweise von Datum und Anschrift, unterschiedliche Formen für Anrede und Gruß sowie die Großschreibung der Personalpronomen (*Du, Dich, Ihr, Euch* usw.) im Unterricht behandelt worden sein. Auch bei den Formeln für Anrede und Gruß kommt es darauf an, **wer wem** schreibt.

Kommen wir zurück zu den Leitpunkten:

Flexibilität der Leitpunkte

Das Verfahren, anhand von Leitpunkten einen Brief zu schreiben, ist eine sehr flexible Aufgabenform, weil sie gut dem Niveau der Lernenden angepaßt werden kann. In der ersten Hälfte der Grundstufe muß noch sehr viel sprachliches Material vorgegeben werden, um die Textproduktion der Schüler zu unterstützen. Gegen Ende der Grundstufe können – und sollten – die Leitpunkte so formuliert werden, daß sie zwar die Textproduktion steuern, daß die Schüler aber nicht mehr die Formulierungen der Leitpunkte in ihren Briefen übernehmen können. So könnte man z. B. gegen Ende der Grundstufe die gleiche Aufgabe wie im obigen Beispiel stellen, aber die Leitpunkte anders formulieren.

Aufgabe 73

> *Bitte formulieren Sie die Leitpunkte aus dem (Test-)Beispiel oben so um, daß sie für fortgeschrittenere Deutschlernende geeignet sind. Den ersten Punkt haben wir vorgegeben.*

> Schreiben Sie einen Brief an einen deutschen Brieffreund
> (eine deutsche Brieffreundin) über Ihre Schule.
>
> Schreiben Sie etwas über:

1. *Ihre Schule: Name, Lage, Größe, Anzahl der Lehrer und der Schüler*

2. _____

_____

3. _____

_____

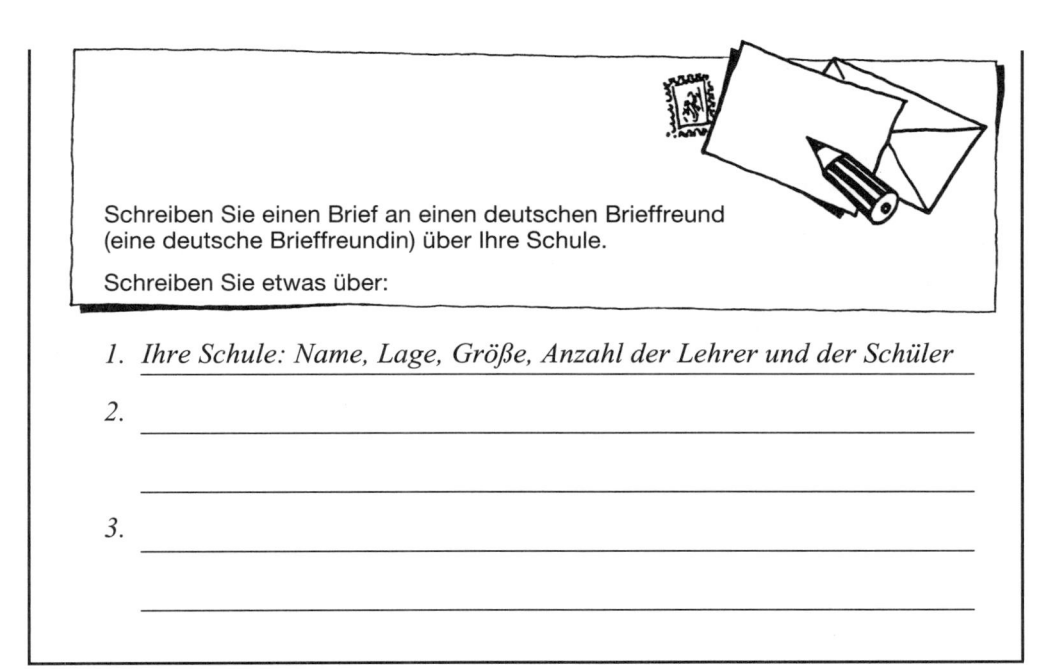

Werden die Leitpunkte so abstrakt formuliert, dann sind die Anforderungen an die schriftliche Leistung natürlich viel höher.

Leitpunkte zum Briefeschreiben spielen nicht nur bei Testaufgaben eine wichtige Rolle. Auch bei Aufgaben zum Aufbau der Schreibkompetenz* stützen sie die Textproduktion. Indem die Inhaltspunkte vorgegeben werden, sind die Lernenden von der häufig alle Aufmerksamkeit absorbierenden Frage befreit: *Was – um Himmels willen – soll ich nur schreiben?* Statt dessen können sie sich auf die sprachlichen (textlinguistischen) Aspekte des Briefeschreibens konzentrieren. Bei Testaufgaben kommt ein weiterer Aspekt hinzu. Die Leitpunkte stecken den inhaltlichen Rahmen ab. So weiß jeder Schüler und jede Schülerin, was und wieviel etwa von ihm oder ihr erwartet wird. Indem alle Schüler zu gleichen Inhaltspunkten schreiben, bleiben die Ergebnisse in Inhalt und Umfang vergleichbar, und es können gleiche Bewertungsmaßstäbe zugrunde gelegt werden (zur Bewertung schriftlicher Aufgaben siehe Kapitel 8).

Verwendet man die Testaufgabe *Brief mit Leitpunkten* in Lernfortschrittstests auf einer etwas fortgeschritteneren Stufe (also ungefähr ab der Mitte der Grundstufe), muß man bei der Formulierung der Leitpunkte darauf achten, den Lernenden nicht zu viel sprachliches Material vorzugeben, sondern sie durch die Leitpunkte nur inhaltlich zu lenken. Bei der Formulierung der inhaltlichen Vorgaben (oder der Leitpunkte) muß man auf bestimmte Dinge achten, die wir an dem folgenden Beispiel eines Tests verdeutlichen möchten. Worum es hier geht, werden Sie leicht merken, wenn Sie in die Rolle des Testkandidaten oder der Testkandidatin schlüpfen.

<u>Hinweis</u>

Leitpunkte auf einer fortgeschrittenen Lernstufe

> *Bitte führen Sie die Testaufgabe durch. Schreiben Sie den Brief.*
>
> *Sie möchten im Sommer einige Tage in Hamburg verbringen und haben über Freunde die Adresse und die Preise eines Hotels in Hamburg bekommen.*
>
> *Schreiben Sie an das Hotel „Alsterblick" und sagen Sie,*
>
> 1. *daß Sie ein Zimmer für drei Nächte buchen möchten;*
> 2. *wann Sie ankommen und wann Sie abfahren werden und welche Art von Zimmer Sie wünschen (Dusche etc.);*
> 3. *daß Sie dem Brief einen Scheck über die Kosten der ersten Übernachtung beilegen.*

<u>Aufgabe 74</u>

<u>Beispiel</u>

Sie haben beim Schreiben des Briefes sicher gemerkt, daß Ihnen die Formulierung bei den Leitpunkten 1 und 3 keine besonderen Schwierigkeiten bereitet hat: Sie konnten die

Leitpunkte fast wortwörtlich in Ihren Brief übernehmen (Leitpunkt 1: *Ich möchte ein Zimmer für drei Nächte buchen.* Leitpunkt 3: *Ich lege dem Brief einen Scheck über die Kosten der ersten Übernachtung bei.*). Eine solche Formulierung der Leitpunkte ist also ungeschickt, da eine fast wortwörtliche Verwendung durch die Schüler keine verläßliche Auskunft über ihre tatsächlichen Fähigkeiten gibt.

Schwierigkeiten hatten Sie dagegen wahrscheinlich bei Leitpunkt 2. Hier sind zu viele Vorgaben gebündelt. Eine solche Bündelung kann bei der Bewertung der Briefe Schwierigkeiten bereiten. Geht eine Schülerin zum Beispiel nicht auf alle Punkte ein, ist oft schwer zu entscheiden, ob die von ihr gegebenen Informationen ausreichen. Wie wäre hier zum Beispiel folgende Antwort zu bewerten: *Ich komme am 12. Juni abends an und möchte ein schönes Zimmer mit Dusche?*

Auch ist bei Leitpunkt 2 die Formulierung der Vorgabe nicht ganz eindeutig. Was heißt *Dusche etc.*? Bezieht sich das *etc.* auf zusätzliche Einrichtungsgegenstände im Badezimmer, etwa eine Toilette, oder bezieht es sich auf genauere Angaben zu der Art des gewünschten Zimmers? Betrachten Sie noch einmal Ihre Formulierung zu diesem Punkt: Wie haben Sie sich entschieden? Die Leitpunkte im Testbeispiel oben müssen also anders formuliert werden.

Aufgabe 75

> *Bitte formulieren Sie die Leitpunkte um. Formulieren Sie sie so,*
> - *daß die Leitpunkte von den Schülern nicht direkt in den Brief übernommen werden können,*
> - *daß die Leitpunkte nicht mehr als eine inhaltliche Vorgabe enthalten (Tag der Ankunft und Tag der Abreise werden dabei zusammengefaßt und zählen als eine Vorgabe).*

Mit der Aufgabe 76 werden wir unsere Betrachtung der inhaltlichen Leitpunkte abschließen.

In unserem Beispiel auf S. 83 und in Aufgabe 73 haben wir Ihnen gezeigt, wie man die Formulierung von Leitpunkten dem fortschreitenden Lernstand der Schüler anpassen kann. Während den Lernenden auf einer frühen Lernstufe durch eine umfassende Formulierung der Leitpunkte sprachliches Material zur Unterstützung der Textproduktion an die Hand gegeben wird, wird diese Unterstützung im Laufe der Grundstufe immer mehr zurückgenommen, um die Eigenleistung der Lernenden zu erhöhen. Gegen Ende der Grundstufe haben die Leitpunkte dann nur noch die Funktion, die Textproduktion inhaltlich zu steuern. Dieses Vorgehen können Sie nun mit Hilfe der folgenden Aufgabe selbst ausprobieren.

Aufgabe 76

> *Bitte entwerfen Sie zwei unterschiedliche Tests zum Thema „Tagesablauf".*
>
> *Kommunikativer Rahmen: Jemand schreibt seinem Briefpartner oder seiner Briefpartnerin etwas über seinen Tagesablauf an einem ganz normalen Wochentag und an einem ganz normalen Sonntag. Er bittet den Briefpartner (die Briefpartnerin), ihm auch etwas darüber zu erzählen.*
>
> *Test 1 soll schon in in der ersten Hälfte der Grundstufe des Deutschunterrichts eingesetzt werden. Test 2 erst gegen Ende der Grundstufe.*
>
> *Bitte schreiben Sie auch einen entsprechenden Vorspann, in dem der kommunikative Rahmen definiert wird.*

weitere Vorgaben: Vorspann

In der vorangegangenen Aufgabe haben Sie bereits eine weitere Form von Vorgaben selbst formuliert, den Vorspann*. Während die inhaltlichen Leitpunkte den Text Schritt für Schritt strukturieren, steckt der **Vorspann** den kommunikativen Rahmen ab, in dem der Brief geschrieben wird, d. h., er nennt die Kommunikationspartner (in Aufgabe 76 zum Beispiel *Brieffreund* und *Brieffreundin*), den kommunikativen Rahmen* (d. h. die Situation, aus der heraus geschrieben wird, hier: näheres Kennenlernen) und die Kommunikationsabsicht* (hier: etwas über sich selbst mitteilen).

Der folgende Vorspann stammt aus einem Test zum Abschluß der Grundstufe 1:

> *Sie machen einen Sprachkurs:*
> *Ein Kollege in Ihrer Klasse heißt Carlo.*
> *Carlo ist schon nach Italien zurückgefahren.*
> *Schreiben Sie ihm eine Karte.*

1. Bitte analysieren Sie diesen Vorspann. Bestimmen Sie

– *die Kommunikationspartner:*
_____

– *den kommunikativen Rahmen (die Situation):*
_____
_____

– *die Kommunikationsabsicht (Ziel des Schreibens):*
_____
_____

2. Der obengenannte Test bietet noch weitere Hilfen zum Schreiben. Bitte analysieren Sie, wie hier die Textproduktion gesteuert wird, und überprüfen Sie Ihre Ergebnisse von 1. Schreiben Sie den gewünschten Text.

> *München, 20. 6. 95*
>
> Lieber Carlo,
> unsere ganze Klasse ist heute im Biergarten, unser Lehrer natürlich auch.
> Wir _____
> _____
>
> Das Wetter _____
> _____
>
> Alle sind _____
> _____
>
> Nächste Woche _____
>
> Wie geht es Dir? Was _____ ?
>
> Viele Grüße von _____ und den anderen.

Prüfung Grundstufe I 01, SA

Aufgabe 77

Den Vorspann wie auch die inhaltlichen Leitpunkte können Sie bei Lernfortschrittstests zunächst auch in der Muttersprache der Lernenden formulieren. Damit wird sichergestellt, daß Ihre Schüler nicht an der Testaufgabe scheitern, weil sie Vorspann oder Leitpunkte nicht verstanden haben. Außerdem könnten Sie durch den Einsatz der Muttersprache auch verhindern, daß die Schüler das sprachliche Material für ihre Formulierungen verwenden können.

Mit den folgenden drei Beispielen zeigen wir Ihnen weitere Möglichkeiten, Testvorgaben zu gestalten.

Verwendung der Muttersprache

Bitte schlüpfen Sie wieder in die Rolle des Testkandidaten oder der Testkandidatin, und schreiben Sie die geforderten Briefe und Postkarten. Dabei können Sie an sich selbst erfahren, wie die unterschiedlichen Formen von Vorgaben die Textproduktion steuern. Die Vorgaben für die beiden Briefbeispiele in Aufgabe 78 stammen aus dem argentinischen Lehrwerk *Deutsch 1* für Jugendliche, das Postkartenbeispiel haben wir in dem Arbeitsbuch zu *Themen neu 2* (hier auf S. 88) gefunden.

Aufgabe 78

Brief 1

Bitte schreiben Sie die beiden folgenden Briefe.

Hier siehst du vier Jugendliche. Wer von den Jungen und Mädchen paßt zu dir? Schreib ihm oder ihr einen Brief über dich. (Name, Alter, Größe, Hobby usw.) Vergiß nicht Datum, Anrede und Gruß.

Name: Uwe Greier
Alter: 15 Jahre
Größe: 180 cm
Geschwister: 1 Bruder
2 Schwestern
Hobby: Fußball, Gitarre
Lieblingsfächer: Deutsch, Technisches Zeichnen
Berufswunsch: Bauingenieur

Name: Gabriele Becker
Alter: 15 Jahre
Größe: 172 cm
Geschwister: keine
Hobby: Tanzen, Musik hören
Lieblingsfächer: Deutsch, Englisch, Mathematik
Berufswunsch: Architektin

Name: Ilka Grönecke
Alter: 14 Jahre
Größe: 170 cm
Geschwister: 1 Bruder, 1 Schwester
Hobby: Volleyball, Lesen
Lieblingsfächer: Mathematik, Physik
Berufswunsch: Elektrotechnikerin

Name: Christof Hamel
Alter: 14 Jahre
Größe: 170 cm
Geschwister: 2 Brüder
Hobby: Briefmarken, Lesen
Lieblingsfächer: Chemie, Englisch
Berufswunsch: Chemielaborant

nach: Heck-Saal/Mühlenweg (1990), 68
(Qualität der Fotos wie auf der Originalseite)

Schreibe einen Brief an deinen Brieffreund oder deine Brieffreundin. Brief 2

Lieb_____ _____,

ich heiße _____.

Ich bin _____ Jahre _____ und _____ cm _____.

Ich habe _____ _____ und _____ _____. (Bruder / Schwester)

Wir wohnen in _____.

Meine Hobbys: Ich _____ und _____.

Ich _____ auch gern _____ und _____. Und Du?

_____!

_____

Heck-Saal/Mühlenweg (1990), 122

Sie haben die beiden Briefe geschrieben. Die Kommunikationspartner (wer schreibt wem?), Anlaß und Ziel der Schreiben waren identisch. Nur die Art der Vorgaben war unterschiedlich. Dieser Unterschied ist Gegenstand der folgenden Aufgabe.

Bitte charakterisieren Sie die Vorgaben in Brief 1 und Brief 2. Worin unterscheidet sich die Art der Textsteuerung in diesen beiden Tests?

Aufgabe 79

Eine andere Möglichkeit, die Textproduktion in einem Test zu steuern, wäre z. B. eine aufbauende Übungssequenz mit abschließendem Test. Was damit gemeint ist, möchten wir anhand des folgenden Postkartenbeispiels aus dem Arbeitsbuch zu *Themen neu 2* zeigen.

Die vorgegebene Übungssequenz kann zweifach genutzt werden:

A. zum gestuften Aufbau einer Schreibkompetenz (für Postkarten oder Briefe),

B. zu einem abschließenden Test, der den erzielten Lernfortschritt überprüft.

Beispiel

16. Schreiben Sie.

a) Andrew Stevens aus England schreibt an seinen Freund John:
- ist seit 6 Monaten in München
- Wetter: Föhn oft schlimm
- bekommt Kopfschmerzen
- kann nicht in die Firma gehen
- freut sich auf England

Schreiben Sie die zwei Karten zu b) und c).
Lieb...
ich... Hier... so..., daß...
Dann... Deshalb...

Lieber John,

ich bin jetzt seit sechs Monaten in München. Hier ist der Föhn oft so schlimm, daß ich Kopfschmerzen bekomme. Dann kann ich nicht in die Firma gehen. Deshalb freue ich mich, wenn ich wieder zu Hause in England bin.

Viele Grüße,
Dein Andrew

b) Herminda Victoria aus Mexiko schreibt an ihre Mutter:
- studiert seit 8 Wochen in Bielefeld
- Wetter: kalt und feucht
- ist oft stark erkältet
- muß viele Medikamente nehmen
- fährt in den Semesterferien zwei Monate nach Spanien

c) Benno Harms aus Gelsenkirchen schreibt an seinen Freund Karl:
- ist Lehrer an einer Technikerschule in Bombay
- Klima: feucht und heiß
- bekommt oft Fieber
- kann nichts essen und nicht arbeiten
- möchte wieder zu Hause arbeiten

Aufderstraße u. a. (1993b), 75

A. Aufbau der Schreibkompetenz (Postkarten/Briefe)

Als Vorgabe dient die fertig geschriebene Postkarte rechts. Die Auflistung der Inhaltspunkte unter a) links neben der Postkarte macht den Aufbau des Textes für die Lernenden transparent. In der Übungsabfolge wird das Schreiben einer Postkarte auf der Grundlage des Modells geübt. Dieses Modell wird mit Hilfe unterschiedlicher Kommunikationspartner und wechselnder Inhaltspunkte (Aufgabe b) und c)) mehrmals abgeändert.

Die einzelnen Schritte sind:

1. Die Postkarte wird mit Hilfe der Inhaltspunkte unter a) in der Klasse erarbeitet. Dabei werden die Satzanfänge und die logischen Verknüpfungen (Konnektoren) bewußtgemacht.

Lieber John,

ich bin jetzt seit sechs Monaten in München. Hier ist der Föhn oft so schlimm, daß ich Kopfschmerzen bekomme. Dann kann ich nicht in die Firma gehen. Deshalb freue ich mich, wenn ich wieder zu Hause in England bin.

Viele Grüße,
Dein Andrew

nach: Aufderstraße u. a. (1993b), 75

2. Die Lernenden bekommen bei geschlossenen Büchern nur die Inhaltspunkte der vorgegebenen Postkarte. Sie werden aufgefordert, die Postkarte mit Hilfe der Inhaltspunkte selbständig neu zu schreiben.
3. In der nächsten Unterrichtsstunde (oder als Hausaufgabe) bekommen die Lernenden nur die Inhaltspunkte der Aufgabe b). Sie schreiben die Postkarte in Partnerarbeit. Die Ergebnisse werden in der Klasse besprochen und korrigiert.

B. Der Lernfortschrittstest

In der darauffolgenden Unterrichtsstunde bekommen die Lernenden die Inhaltspunkte c) mit der Aufforderung, die entsprechende Postkarte selbständig zu schreiben.

Aus zwei Gründen haben wir dieses Beispiel hier aufgenommen und ausführlich besprochen: Die Tatsache, daß zu den meisten Lehrwerken keine Tests angeboten werden, erfordert entweder, daß Sie selber Tests entwerfen oder daß Sie Übungen oder Übungssequenzen aus Lehrwerken zu Tests umgestalten. An diesem Beispiel wollten wir darstellen, wie eine Übungssequenz aus einem Lehrwerk so umgestaltet werden kann, daß sie schließlich in einen Test mündet. Dabei wollten wir aber auch noch einmal verdeutlichen, wie Lernfortschritte – hier das Schreiben von Postkarten (oder Briefen) – Schritt für Schritt aufgebaut werden müssen, bevor sie in einem Test überprüft werden können.

Später können die Lernenden auch offenere Postkarten, in denen sie als sie selber schreiben, als Lernfortschrittstests bewältigen. Natürlich muß in jedem Fall der Kommunikationspartner und der kommunikative Rahmen im Vorspann klar definiert werden. Den Einstieg kann man anfangs noch erleichtern, indem man zum Beispiel den ersten Satz der Postkarte vorgibt.

> 1. Überlegen Sie sich nun einige realitätsnahe Kommunikationssituationen, in denen Ihre Schülerinnen und Schüler Postkarten auf deutsch schreiben könnten.
> 2. Entwerfen Sie zu einer der Situationen einen Test mit einem Vorspann und mit den entsprechenden Vorgaben (wahlweise Leitpunkte, Lückentext, den ersten Satz vorgeben, ...).

Aufgabe 80

Wenn Sie wollen, können Sie in Ihrem Unterricht auch das Schreiben von Glückwunschkarten und kleinen Mitteilungen üben. Wenn Sie Tests zu dieser Mitteilungsform machen wollen, so müssen Sie in jedem Fall auch hierfür genaue Hinweise geben.

Zum Beispiel Glückwunschkarten und Einladungen:

➤ *Dein Brieffreund/Deine Brieffreundin wird 13. Schick ihm/ihr einen kleinen Geburtstagsgruß.*

➤ *Ihr Deutschlehrer/Ihre Deutschlehrerin hat Geburtstag. Schreiben Sie ihm/ihr eine kleine Glückwunschkarte.*

➤ *Du wirst 16 und gibst eine Geburtstagsparty. Schreib eine Einladung für alle Klassenkameraden aus dem Deutschkurs (Anlaß, Datum, von wann bis wann, wo, wie kommt man da hin).*

➤ *Schreib einen Neujahrsgruß an die Eltern deiner Brieffreundin/deines Brieffreundes.*

Im folgenden Beispiel dient das Anwortschreiben auf die Glückwünsche als Textvorlage. Die Lernenden sollen nun die Glückwünsche aufgrund der Angaben im Antwortschreiben formulieren. Wenn Sie ein solches Vorgehen wählen, müssen Sie allerdings sicherstellen, daß die Lernenden die Textvorlage richtig verstehen. In diesem Beispiel müssen sie auch die Bedeutung des Wortes *Abitur* kennen.

Glückwunschkarten und Einladungen

Beispiel

> Klagenfurt, den 15.7.90
>
> Lieber François,
> herzlichen Dank für Deine Glückwünsche zu meinem
> Abitur. Ich bin froh, daß ich diese aufregende
> Prüfungszeit hinter mir habe.
> Herzlichst,
>
>   Deine Petra

Aufgabe 2: *Schreiben Sie den Glückwunsch zu dem oben abgedruckten Dankesbrief.*

_____
_____
_____
_____

                                                                    Dein François

Lackamp/Portius Pradelli (1994), 29

kleine Mitteilungen

Auch kleine Mitteilungen können als Testaufgabe dienen. Einheitliche Vorgabenraster machen die Testergebnisse vergleichbar und ermöglichen eine einheitliche Benotung.

Zum Beispiel:

Ihr deutscher Bekannter/Ihre deutsche Bekannte ist bei Ihnen zu Besuch. Heute geht er/sie alleine in die Stadt. Abends um 6 Uhr sollte er/sie wieder zu Hause sein zum gemeinsamen Abendessen. Aber Sie müssen plötzlich weg. Hinterlassen Sie eine kurze Nachricht.

– Entschuldigen Sie sich.

– Schreiben Sie, warum Sie plötzlich weggehen mußten.

– Sagen Sie, wo es etwas zu essen gibt.

– Sagen Sie ihm/ihr, was er/sie so lange machen kann (ein bestimmter Film im Fernsehen? – in die Zeitung schauen? …)

– Sagen Sie, wann Sie zurückkommen.

Aufgabe 81

> *Gibt es realitätsnahe Situationen, in denen Ihre Schüler auf deutsch kleine Mitteilungen schreiben könnten? Zum Beispiel an einen Klassenkameraden oder eine Klassenkameradin, an den Deutschlehrer oder die Deutschlehrerin oder an andere Personen in verschiedenen Kontexten? – Wenn ja, dann entwerfen Sie bitte ähnliche Vorgabentexte wie im Beispiel oben.*

Was muß man also beim Entwerfen von Lernfortschrittstests zum Schreiben von Briefen, Postkarten usw. beachten? In diesem Kapitel haben Sie einige Antworten bekommen. Mit der folgenden Aufgabe möchten wir Sie dazu ermuntern, sich noch einmal einige wichtige Aspekte zu diesem Thema zu vergegenwärtigen und hier zusammenzufassen.

Bitte beantworten Sie kurz die folgenden Fragen:

1. *Welche drei Punkte muß man bei Lernfortschrittstests zum Schreiben von Briefen, Postkarten usw. genau definieren?*

    a) _____

    b) _____

    c) _____

2. *Welche Möglichkeiten gibt es, die Textproduktion der Schüler in Lernfortschrittstests zu steuern?*

    a) _____

    b) _____

    c) _____

    d) _____

    e) _____

3. *Warum ist es so wichtig, die Textproduktion der Schüler in Lernfortschrittstests zu steuern?*

    a) _____

    b) _____

4. *Wie kann man die inhaltlichen Vorgaben den Lernfortschritten der Schüler anpassen?*

    a) _____

    b) _____

Aufgabe 82
Zusammenfassung

Im Kapitel 4.3 ging es um das mitteilungsbezogene Schreiben in Briefen, Postkarten und anderen kleineren Mitteilungen. Dabei haben wir immer wieder betont, wie wichtig es ist, die Lernenden in realitätsnahen Kommunikationssituationen als sie selber schreiben zu lassen. In Prüfungen zum *Schriftlichen Ausdruck*, in denen Prüfungsaufgaben in Form von Briefen gestellt werden, z. B. im *Zertifikat Deutsch als Fremdsprache*, wird das von den Schülern auch verlangt. Die realitätsnahen schriftlichen Kommunikationssituationen sind jedoch – und das ist in diesem Kapitel auch deutlich geworden – besonders in Unterrichtssituationen, in denen Schüler in ihrem Heimatland Deutsch lernen, auf einige wenige Situationen beschränkt. Deshalb möchten wir Sie dazu ermuntern, Ihre Schülerinnen und Schüler im Unterricht durchaus auch Phantasiebriefe schreiben zu lassen, in denen sie unterschiedliche Rollen einnehmen. Zum Beispiel:

Phantasiebriefe

▶ Leserbriefe zu einem Zeitungstext im Lehrbuch,

▶ bei der Lektüre literarischer Texte: Briefe aus der Perspektive verschiedener literarischer Figuren,

▶ Phantasiebriefe an beliebte Persönlichkeiten (Filmstars, Liedermacher, Schriftsteller usw.),

▶ Phantasiebriefe an die Traumfrau oder den Traummann,

- Briefe an die eigenen Klassenkameraden aus unterschiedlichsten Anlässen,
- Briefe an deutsche „mythologische Figuren", z. B. an den Weihnachtsmann oder an den Osterhasen (natürlich, nachdem die Schüler mit diesem Brauch bekannt gemacht worden sind)

usw.

In allen diesen Briefen geht es um mitteilungsbezogenes Schreiben, um Lernfortschritte bei der Produktion von Texten, die Ihre Schülerinnen und Schüler möglicherweise ganz besonders motivieren. Und wenn Sie wollen und die Schüler daran Spaß haben, können Sie natürlich auch Phantasiebriefe zum Gegenstand von Lernfortschrittstests machen. Natürlich unter Berücksichtigung einiger wichtiger Aspekte, die wir in Kapitel 4.3 gemeinsam erarbeitet haben.

5 Tests zur Fertigkeit *Sprechen*

5.1 *Sprechen* – Mittlerfertigkeit oder Zielfertigkeit?

Haben Sie selbst schon einmal Tests zum Überprüfen der Sprechfertigkeit Ihrer Schüler im Unterricht durchgeführt? In der Tat machen Lehrer selten in ihrem Unterricht Lernfortschrittstests zum Überprüfen der Sprechfertigkeit. Wahrscheinlich bewerten auch Sie die mündlichen Leistungen Ihrer Schülerinnen und Schüler anhand ihrer mündlichen Äußerungen während des Unterrichts. Haben Sie sich schon einmal Gedanken darüber gemacht, worauf sich diese mündlichen Leistungen während des Unterrichts beziehen? Meist sind es doch Antworten auf Ihre Fragen (z.B. zum Verständnis eines Wortes, eines Satzes, einer Textstelle, eines Grammatikproblems), Übungssätze aus dem Buch, oder Sie kontrollieren mündlich die Ergebnisse einer Übung z.B. bei Stillarbeit oder Hausaufgaben. In all diesen Fällen ist Sprechen nicht Zielfertigkeit, sondern eben nur Mittlerfertigkeit. Die Unterscheidung in **Mittlerfertigkeit** und Zielfertigkeit, auf die wir auch schon in Kapitel 4.1 bei den Tests zur *Fertigkeit Schreiben* eingegangen sind, gilt gleichermaßen beim Überprüfen der Sprechfertigkeit. Wenn Sie Ihren Unterricht nach kommunikativen Lernzielen ausrichten, dann müssen Sie auf jeden Fall auch das *Sprechen* als Zielfertigkeit testen und bewerten.

Zielfertigkeit vs.
Mittlerfertigkeit
<u>Rückverweis</u>

Um Sprechen als Zielfertigkeit oder Mittlerfertigkeit geht es in der folgenden Aufgabe. Sie stammt aus der Fernstudieneinheit *Fertigkeit Sprechen*. Wir haben Sie von dort übernommen, weil sie sich gut für unsere Zwecke hier eignet.

In welchen der folgenden Fälle würden Sie Sprechen als Mittlerfertigkeit, in welchen als Zielfertigkeit ansetzen?

a) Ein Lehrer überprüft, ob der Schüler Vokabeln zu Hause gelernt hat. Er gibt ein Wort in der Muttersprache vor, der Schüler nennt ein deutsches Äquivalent.

b) Ein Schüler entschuldigt sich bei seiner Lehrerin auf deutsch, weil er in der Stunde vorher einen Arzttermin hatte.

c) Eine Schülerin liest einige der im Deutschlehrbuch abgedruckten Sätze vor.

d) Ein grammatischer Lückentext wird schriftlich bearbeitet. Anschließend lesen die Schüler die Ergebnisse ihrer Arbeit vor.

e) Ein Schüler erzählt der Klasse (auf deutsch) vom Inhalt eines Filmes, den nur er gesehen hat.

f) Eine Schülerin erklärt einem deutschen Touristen, der nach dem Weg fragt, wie er am besten zum Bahnhof kommt.

Welche Beispiele gehören Ihrer Meinung nach zu:

Sprechen als Zielfertigkeit: _____

Sprechen als Mittlerfertigkeit: _____

Begründen Sie Ihre Wahl.

_____
_____
_____

<u>Aufgabe 83</u>

Neuf-Münkel/Roland (1994), 10; Erprobungsfassung

Übungen in Lehrbüchern

Bei Übungen zum Sprechen in Lehrbüchern ist es nicht immer ganz einfach, sich klarzumachen, bei welchen Übungen es sich wirklich um Sprechen als Zielfertigkeit handelt. Entscheiden Sie selbst!

Aufgabe 84

Bei welchem der beiden folgenden Übungsbeispiele aus „Themen neu", Band 1, handelt es sich um eine Übung zum Sprechen als Zielfertigkeit, bei welchem nicht? Begründen Sie Ihre Antwort, und nennen Sie das Ziel der jeweiligen Übung.

Beispiel 1

3. Dialogübung.

○ Krüger...
☐ Hier ist Gerd. Grüß dich!
   Du, Sybille, was hast du eigentlich Mittwoch nachmittag gemacht? Wir waren doch verabredet.
○ Mensch, tut mir leid. Das habe ich total vergessen. Da habe ich ferngesehen.

Montag	Freitag	morgen
Dienstag	Samstag	mittag
Mittwoch	Sonntag	nachmittag
Donnerstag		abend

spazierengehen   lesen   wegfahren   lernen
radfahren   arbeiten   Kopfschmerzen
tanzen gehen   Besuch haben   Sauna   schlafen
schwimmen gehen   fernsehen   einkaufen

Perfekt: Trennbare Verben
einkaufen – ein**ge**kauft
fernsehen – fern**ge**sehen

Aufderstraße u. a. (1992), 83

Beispiel 2

26. Und Sie? Was machen Sie gern in Ihrer Freizeit?

a) Partnerübung.

Lesen Sie gern?

b) Erzählen Sie im Kurs:

Eva liest gern, aber sie sieht nicht so gern fern.

	gern	nicht so gern	nie
lesen			
fernsehen			
spazierengehen			
radfahren			
Ski fahren			
schwimmen			
Tennis spielen			

	gern	nicht so gern	nie
fotografieren			
tanzen			
Freunde treffen			
Filme sehen			
Musik hören			
feiern			
...			

Aufderstraße u. a. (1992), 55

Ziel der Partnerübung in Beispiel 2: Die Schüler sollen das im Unterricht Gelernte nicht nur reproduzieren, sondern frei anwenden, um über sich selbst zu berichten. Dabei können sie sich auch von den vorgegebenen Redemitteln lösen (die Offenheit der Übung wird durch die drei Punkte am Ende der Übung angedeutet). Das Übungsziel *über die eigenen Freizeitaktivitäten berichten* könnte auch Ziel eines informellen Tests zur Sprechfertigkeit sein.

Bei den meisten mündlichen Prüfungen am Ende der Grundstufe (z. B. beim *Zertifikat Deutsch als Fremdsprache*) besteht die Prüfung aus einem Gespräch (Interview) zwischen Prüfer(n) und Kandidat. Dieses Verfahren könnte zwar durchaus auch für Lernfortschrittstests im Unterricht angewendet werden, wäre aber recht zeitaufwendig, wenn alle Schülerinnen und Schüler getestet werden sollen. Ein Test, bei dem zwei Schüler miteinander sprechen, ist zeitökonomischer. Auch findet die Kommunikation auf diese Weise unter natürlicheren Bedingungen statt als in den manchmal eher an ein Verhör erinnernden Prüfungsgesprächen. Tests, in denen zwei Schüler miteinander sprechen, haben außerdem den Vorteil, daß die Schüler leichter sprachlich initiativ werden, also z. B. selbst Fragen stellen und nicht nur reaktiv die Fragen des Prüfers beantworten.

Partnertest

5.2 Testaufgaben zur Fertigkeit *Sprechen* im Anfängerunterricht

In den beiden folgenden Kapiteln werden wir unterscheiden zwischen Testaufgaben für den Anfängerunterricht und Testaufgaben für die zweite Hälfte der Grundstufe – wie wir es zeitweise (besonders in Kapitel 4.3.1 bei den Tests zum Schreiben von Briefen) getan haben. Auch das *Sprechen* ist (wie das *Schreiben*) eine Fertigkeit, die in der Grundstufe erst allmählich aufgebaut werden muß.

Rückverweis

In der Fernstudieneinheit *Fertigkeit Sprechen* finden Sie viele Vorschläge, wie Sie die Sprechfertigkeit im Unterricht aufbauen und weiterentwickeln können. Einige dieser Übungen lassen sich auch gut als Testaufgaben benutzen oder entsprechend abwandeln.

Für Lernfortschrittstests zur Sprechfertigkeit nach den ersten Lektionen eines Lehrwerks müssen Sie Testaufgaben finden, die noch sehr gesteuert sind, und sich auf die **Reproduktion** dessen beschränken, was Sie im Unterricht vermittelt haben. Das schränkt natürlich Ihre Möglichkeiten, realitätsnahe Sprechanlässe zu finden, sehr ein. Gerade auf dieser frühen Stufe des Lernens ist das wichtigste Kriterium zunächst, daß die Schüler Aufgaben lösen müssen, in denen sie **die** sprachlichen Mittel anwenden können, die sie bis zu diesem Zeitpunkt des Unterrichts gelernt haben. Hier wäre also das Nachspielen eines im Unterricht durchgenommenen Dialogs (wie im Beispiel 1, S. 94) eine durchaus geeignete Testaufgabe. Wenn Sie solche Testaufgaben verwenden, müssen Sie vor dem Test den Schülern genügend Zeit geben, den Dialog, der vorgespielt werden soll, gemeinsam einzuüben.

starke Steuerung der Äußerungen im Anfangsunterricht

Eine weitere Möglichkeit, auf diesem Niveau die Sprechfertigkeit Ihrer Schülerinnen und Schüler zu testen, besteht darin, das sprachliche Handeln durch Zeichnungen zu steuern. Dieses Verfahren möchten wir Ihnen an einem Beispiel zeigen, das einem Test für Englisch als Fremdsprache entnommen ist, dem *Cambridge Key English Test*. (Die sprachlichen Impulse haben wir für unsere Zwecke hier übersetzt.) Diese Prüfung setzt ca. 180–200 Unterrichtsstunden voraus und liegt somit auf halbem Weg zum *Zertifikat Deutsch als Fremdsprache*.

Tests mit Hilfe von Zeichnungen

Beispiel

Aus dem Alltag

Frage deinen Partner/deine Partnerin nach seinem/ihrem Tagesablauf:

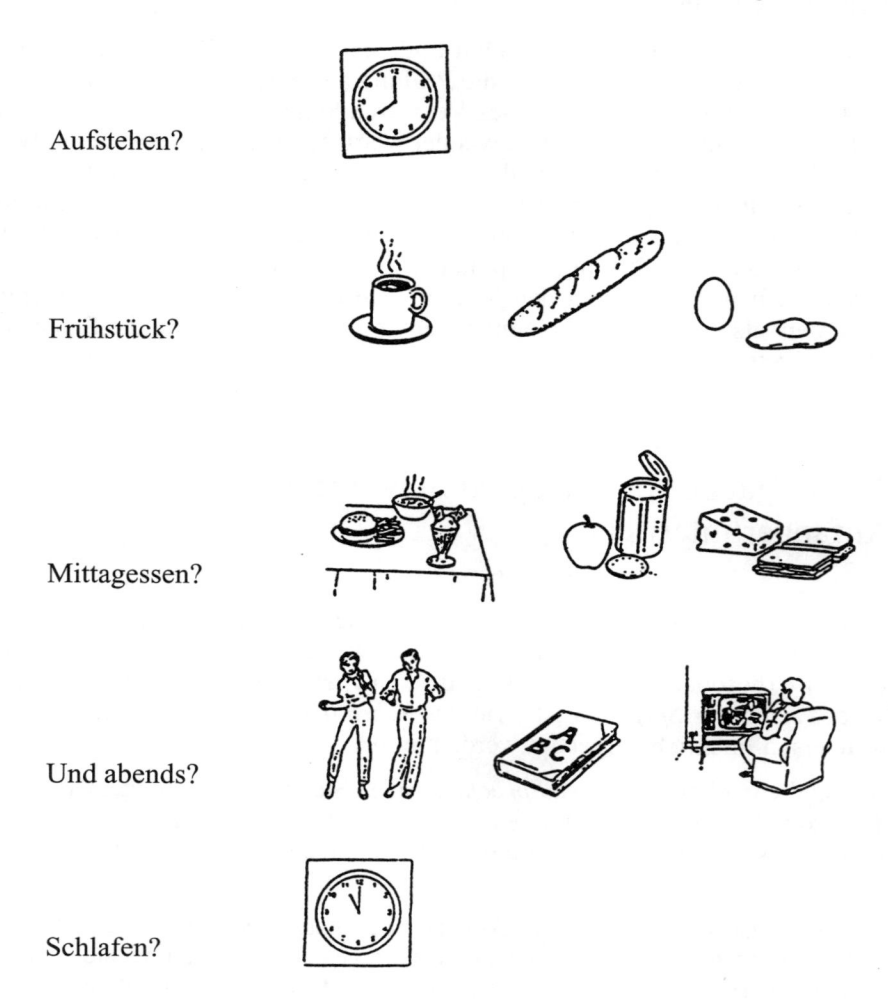

Aufstehen?

Frühstück?

Mittagessen?

Und abends?

Schlafen?

UCLES (1994), 32; übersetzt

Die mündliche Prüfung des *Key Englisch Test* besteht aus zwei Teilen und dauert 8–10 Minuten.

Teil 1:

In diesem Teil unterhält sich der Prüfer jeweils einzeln mit den beiden Kandidaten. Es geht dabei um Sprechhandlungen, die bei einer ersten Begegnung wichtig sind: „sich begrüßen", „nach dem Befinden fragen", „Auskünfte über sich selbst geben" (Name, Adresse, woher man kommt, Beruf, Familie usw.).

Teil 2:

Teil 2 besteht aus zwei Aufgaben: In der einen Aufgabe sprechen die beiden Kandidaten miteinander. Hier geht es darum, Informationen (persönlicher oder sachlicher Art) zu erfragen bzw. zu geben. Als Sprechanlaß dienen Aufgabenkärtchen zu Themen aus dem alltäglichen Bereich wie z.B. *Tagesablauf* (siehe Beispiel), *Hobbys* oder *Aktivitäten in der Freizeit* (Restaurant, Kino etc.). Die Rolle des Prüfers beschränkt sich darauf, den beiden Kandidaten die Aufgabe zu erläutern und evtl. das Gespräch anzustoßen, falls es zum Erliegen kommt.

In der anderen Aufgabe geht es um Fragen bzw. Auskünfte eher sachlicher Natur. Bei dieser zweiten Aufgabe wechseln die Gesprächspartner dann ihre Rolle als Fragender bzw. Auskunftgebender. Insgesamt dauert dieser Teil 3–4 Minuten.

In den Testbuch zu *Deutsch aktiv neu IA*, aus denen wir Ihnen schon einige Beispiele gezeigt haben, gibt es auch Tests zur Zielfertigkeit *Sprechen*.

Tests zu Lehrwerken

Beispiel: Deutsch aktiv Neu

Situation Deutsch 1

- Bitte suchen Sie sich eine Partnerin/einen Partner für die mündliche Prüfung.

- Bitte bereiten Sie eine kurze Vorstellung Ihrer Partnerin/Ihres Partners vor.

- Bitte bereiten Sie *zusammen alle* Situationen vor. Alle Situationen haben Sie im Unterricht in identischer oder ähnlicher Form bereits kennengelernt.

- Die Prüfung dauert circa 20 Minuten. 4 Personen sind anwesend: Sie und Ihre Partnerin/Ihr Partner, Ihre Lehrerin/Ihr Lehrer und eine Kollegin/ein Kollege.

- Beginnen Sie die Prüfung mit einer kurzen gegenseitigen Vorstellung.

- Dann sucht Ihre Lehrerin/Ihr Lehrer 2 Situationen aus (2 aus den 3 verschiedenen Kategorien).

- Viel Spaß und Erfolg!

1. **Fakten wiedergeben und erfragen**

   Unfall

   Vor einer Stunde ist ein schwerer Unfall passiert: 2 Autos, ein Fahrrad und ein Fußgänger waren beteiligt: Person A ist Zeuge, Person B ist Polizistin und muß ein Protokoll machen.

   a) Polizistin: Machen Sie das Protokoll so genau wie möglich. Machen Sie vielleicht auch eine Zeichnung.

   b) Zeuge: Geben Sie der Polizistin alle wichtigen Informationen, die sie braucht. Und mehr.

2. **Auskunft erfragen/geben**

   2.1 *Im Geschäft*

   Eine Kundin sucht Pullover, Jeans, Weste ... , hat aber Schwierigkeiten, sich zu entscheiden. Der Verkäufer macht Vorschläge ...

   a) Kundin: Sie wissen nicht, was sie wollen, können sich nicht entscheiden ...
   (Geld, Farbe, Größe ...)

   b) Verkäufer: Sie sind höflich und hilfsbereit. Aber Ihr Geschäft schließt in 3 Minuten und Sie müssen los (aber das sagen Sie natürlich nicht). Helfen Sie der Kundin, sich schnell zu entscheiden, machen sie Vorschläge ...

Roche/Wieland (1994), 122

In diesen Tests zur *Zielfertigkeit Sprechen* werden Dialogsituationen und bestimmte Rollen vorgegeben. In einigen der Tests sollen die Schüler schriftlich fehlende Dialogteile ergänzen. Einer echten Kommunikationssituation kommt allerdings die folgende Testaufgabe zu Kapitel 5 näher. Die Testaufgabe ist unmittelbar auf die Inhalte der Lektion 5 (Flughafen, Bahnhof: Abfahrts-/Abflugzeiten, Durchsagen usw.) bezogen. Die beiden Schüler erhalten je eine Aufgabenkarte mit den folgenden Angaben:

Aufgabenkarten

Beispiel

D Dialogsituationen

1. *Flugplan*

Abflug Frankfurt/Main	Ankunft Rio de Janeiro
Mo u. Do 22.30 Uhr	7.40 Uhr
Di, Fre–So 22.15 Uhr	8.15 Uhr

Abflug Rio de Janeiro	Ankunft Frankfurt/Main
Di 17.25 Uhr	11.50 Uhr
Mi u. Do 19.40 Uhr	11.50 Uhr
Fre 17.20 Uhr	12.25 Uhr
Sa 21.40 Uhr	14.30 Uhr
So 16.20 Uhr	08.30 Uhr

Flugpreise für Hin- und Rückflug		
Business Class	(ohne zeitliche Beschränkung)	7558,– DM
Spartarif 1	(Aufenthalt 7 Tage)	5869,– DM
Spartarif 2	(Aufenthalt 14 Tage)	2565,– DM
Spartarif 3	(Aufenthalt 7–31 Tage)	1850,– DM

Situation: Im Reisebüro.
Kaufen Sie ein Ticket nach Rio, hin und zurück. Spielen Sie den Dialog.
Rollen: Kunde, Verkäuferin.

Roche/Wieland (1994), 52

Das Beispiel zeigt, daß man auch schon sehr früh Tests zur Zielfertigkeit *Sprechen* durchführen kann. Sicher können Sie im Zusammenhang mit Ihren Lehrwerkslektionen ähnliche Tests entwerfen. Versuchen Sie sich zunächst einmal an der folgenden Aufgabe.

Aufgabe 85

Bitte entwerfen Sie selbst eine Testaufgabe zum „Sprechen". Einen Teil der Testaufgabe haben wir schon für Sie ausgearbeitet: die Aufgabenkarte für Schüler B (d. h. für denjenigen, der die Auskünfte gibt) (vgl. S. 99).

Entwerfen Sie nun die Aufgabenkarte für Schüler A.

Schüler A
Dein Gesprächspartner/Deine Gesprächspartnerin _____

_____
_____
_____
_____

Das möchtest du gerne wissen:

_____
_____
_____
_____
_____

Frag ihn/sie.

> *Schüler B*
>
> *Du hast deinem Gesprächspartner/deiner Gesprächspartnerin erzählt, daß du Samstag abend ins Kino gehen willst. Nun hat er/sie natürlich ein paar Fragen. Du weißt die Antwort auf seine/ihre Fragen. Antworte ihm/ihr, aber zeige ihm/ihr nicht deine Karte.*
>
> *Filmstudio*
> *Marktstraße 112*
>
> *Film: Peters Freunde*
>
> *Zeiten: 15.30 und 20.30*
>
> *Eintrittspreise: DM 10.00/DM 12.00*
>
> *Studenten: DM 8.00*

5.3 Testaufgaben zur Fertigkeit *Sprechen* in der zweiten Hälfte der Grundstufe

Nach der Hälfte der Grundstufe (d. h. nach etwa einem Jahr Deutschunterricht) können Sie Tests zum *Sprechen* einsetzen, bei denen der mündliche Ausdruck weniger gelenkt ist als in den Beispielen oben. Auch bei dem folgenden Beispiel lösen zwei Schüler gemeinsam eine Aufgabe. Jeder Schüler erhält eine Aufgabenkarte mit unterschiedlichen Wochenplänen. Die beiden Gesprächspartner sollen dann einen Termin finden, zu dem sie gemeinsam ins Kino gehen können. Das Beispiel ist dem Buch *Wechselspiel* entnommen, einer Sammlung von Partnerübungen für Anfänger- und Fortgeschrittene, die Ihnen auch Anregungen geben kann für Testaufgaben.

Beispiel

A   Sich verabreden

Sie wollen mit Ihrem Partner/Ihrer Partnerin ins Kino gehen. Hier ist Ihr Terminkalender. Verabreden Sie sich. Notieren Sie, an welchen Tagen und zu welchen Uhrzeiten Sie beide Zeit haben!

	Montag	Dienstag	Mittwoch	Donnerstag	Freitag	Samstag	Sonntag
15°° – 18°°	zur Ballettgruppe		zum Fußballtraining	zum Zahnarzt			
18°° – 20°°		zum Englischunterricht			zum Photokurs		
20°° – 22°°	mit Sabine ins Kino				mit Robert treffen		

nach: Dreke/Lind (1986), 52

B Sich verabreden

Sie wollen mit Ihrem Partner/Ihrer Partnerin ins Kino gehen. Hier ist Ihr Terminkalender.
Verabreden Sie sich. Notieren Sie, an welchen Tagen und zu welchen Uhrzeiten Sie beide Zeit haben!

	Montag	Dienstag	Mittwoch	Donnerstag	Freitag	Samstag	Sonntag
15⁰⁰ – 18⁰⁰		*zur Demonstration gegen Atomkraftwerke*			*zur Gymnastik*	*Tante Gerda besuchen*	*Ausflug mit der Familie*
18⁰⁰ – 20⁰⁰	*zur Theatergruppe*		*zur Theatergruppe*			*zum Tanzkurs*	
20⁰⁰ – 22⁰⁰		*zum Deutschunterricht*		*ins Rockkonzert*			

nach: Dreke/Lind (1986), 53

Bilder   Statt Aufgabenkarten könnte man auch Bilder (Fotos, Kunstbilder, Cartoons) verwenden, über die ein Gespräch in Gang kommen kann (keine Bildbeschreibung!). Besonders geeignet sind z. B. Bilder, die ein wenig rätselhaft sind oder zu denen man gut eine Geschichte erfinden kann. In dem Lehrwerk *Stufen 4* haben wir Foto 1, in einem der Arbeitsbücher zu Band 1 des Lehrwerks *Sprachbrücke* Foto 2 gefunden. Das Bild von dem Reiter (Foto 3) stammt aus *Sprachkurs Deutsch 4*. Es zeigt ein Relief von 1240 mit St. Martin, der seinen Mantel mit einem Bettler teilt. Aber natürlich wird das den Schülern nicht gesagt. Die Testaufgabe lautet: *Sprecht über das Bild (wie es euch gefällt, was es darstellt, was das bedeutet* usw.) – oder: *Erzählt eine Geschichte zu dem Bild*.

Beispiele

Foto 1:

3. Fotogeschichte

a) **Was fällt Ihnen an diesem Foto besonders auf?**

b) **Bitte erzählen Sie eine Geschichte dazu.**

c) <u>Rollenspiel:</u> **Gespräch zwischen einem Interviewer und einer Person auf dem Foto.**

Vorderwülbecke/Vorderwülbecke (1991), 19

Foto 2:

Ein Bild erzählt ...

Abel u. a. (1989), 127

Foto 3:

Häussermann u. a. (1992), 99

Mögliches Vorgehen:

Je zwei Testkandidaten bekommen dasselbe Bild. Um das Gespräch in Gang zu bringen, denkt sich jeder 3–5 Fragen zu dem Bild aus. Die Schüler stellen sich gegenseitig abwechselnd die Fragen, unterhalten sich über das Bild und darüber, wie sie es verstehen. Wenn sich das Bild dazu eignet, kann bei Fortgeschritteneren die Aufgabe auch darin bestehen, gemeinsam eine Geschichte zu dem Bild zu erzählen. Eine andere Möglichkeit besteht darin, zwei oder drei Kandidaten aus einer Serie von mehreren Bildern jeweils eins auswählen zu lassen. Jeder erzählt dann den anderen, warum er oder sie gerade dieses Bild ausgewählt hat.

Wenn Sie sich verschiedene neuere Unterrichtsmaterialien einmal unter dem Aspekt anschauen, welche der darin enthaltenen Übungen zum Aufbau der Zielfertigkeit *Sprechen* Sie auch als Tests in einem kommunikativen Deutschunterricht verwenden könnten, werden Sie bestimmt fündig. Bei der Auswahl sollten Sie jedoch darauf achten, daß es sich wirklich um möglichst authentische Redeanlässe in realitätsnahen Kommunikationssituationen handelt. Auch müssen bei gleichzeitiger Beteiligung mehrerer Schüler die Redeanteile in etwa gleich verteilt sein.

Bei der folgenden Übung zum erzählenden Sprechen (Kommunikationssituation „etwas über eine andere Person erzählen") ist das der Fall.

Beispiel

> **24 Phantasiespiel: Lebensgeschichten**
>
> Sie erfinden zusammen in der Klasse die Lebensgeschichte einer Phantasieperson.
>
> Eine Person in der Klasse beginnt: „Es war einmal ein Mann/eine Frau..., der/die hieß..." Die nächste Person macht weiter und sagt zum Beispiel etwas über das Geburtsdatum. Der/Die nächste macht wieder weiter. Sie können in der Lebensgeschichte etwas erzählen über:
>
> Geburtsdatum/Geburtsort/Muttersprache/Beruf der Eltern/Wohnung der Eltern/Ausbildung/ Träume/Reisen/Auswanderung von... nach.../Hochzeit/Krankheit/Fremdsprachen/Hobbies/ Freunde/Erlebnisse/...
>
> Wenn Ihnen nichts mehr einfällt, dann beenden Sie die Lebensgeschichte mit dem Tod der Phantasieperson. Wer die Geschichte beendet, fängt sofort mit einer neuen Lebensgeschichte an.

Abel u.a. (1989), 127

Literaturhinweis

Weitere Beispiele für Testaufgaben zum Sprechen finden Sie in dem Buch von Peter Doyé (1988), *Typologie der Testaufgaben*, das wir schon mehrmals in dieser Fernstudieneinheit erwähnt haben. Allerdings müssen Sie sich bei den dort vorgestellten Sprechsituationen jeweils überlegen, ob es sich dabei auch tatsächlich um realitätsnahe Kommunikationssituationen für Ihre Schülerinnen und Schüler handelt.

Mit einem Beispiel aus diesem Buch für den Anfängerunterricht möchten wir das Kapitel zum Thema *Sprechen* abschließen. In dem Test wird eine Einkaufssituation simuliert, in die Deutschlernende bei einem Besuch im Zielsprachenland geraten können. Das Beispiel stellt eine Art Überleitung zum nächsten Kapitel dar, in dem es um kombinierte Tests* zu mehreren Fertigkeiten gehen wird: Die Einkaufsliste wird gelesen und umgesetzt in ein Einkaufsgespräch.

Beispiel

> **Beispiel:**
>
> *Stell dir vor, du verbringst deine Ferien bei einer deutschen Familie. Eines Tages bittet dich die Hausfrau, einkaufen zu gehen. Sie gibt dir eine Einkaufsliste und sagt: „Du bekommst all diese Dinge in dem kleinen Tante-Emma-Laden an der Ecke."*
> *Du gehst hin und wirst von einer freundlichen alten Dame begrüßt. Sie sagt: „Guten Morgen! Was wünschen Sie?" Sag ihr, was du haben möchtest.*
>
> 1 Weißbrot
> $\frac{1}{2}$ tb Butter
> 2 Flaschen Apfelsaft
> 3 Büchsen Milch
> 200 g Quark
> 1 grüne Gurke

Doyé (1988), 85

Hinweis

(Ausführungen zur Bewertung des Sprechens finden Sie in Kapitel 8.)

6 Tests, die die Fertigkeiten kombinieren

Bisher haben wir über Tests gesprochen, in denen die Fertigkeiten *Leseverstehen*, *Hörverstehen*, *Schreiben* und *Sprechen* isoliert überprüft werden. In diesem Kapitel betrachten wir Lernfortschrittstests, die diese Fertigkeiten kombinieren („kombinierte Tests"). Die Fertigkeiten zu „kombinieren" bedeutet, daß in einem Test Aufgaben zu zwei oder drei Fertigkeiten gestellt werden, wobei die Fertigkeiten in verschiedenen Kombinationen miteinander verbunden werden können (z. B. *Leseverstehen* und *Schreiben* oder *Leseverstehen*, *Hörverstehen* und *Sprechen*).

Vorüberlegungen

Solche „kombinierten Tests" entsprechen weit mehr als „isolierte Tests" dem tatsächlichen Sprachgebrauch in realen Kommunikationssituationen. In der realen Alltagskommunikation ist z. B. die Fertigkeit *Hören* häufig gekoppelt mit der Fertigkeit *Sprechen* und umgekehrt, aber es gibt noch viele andere und komplexere Kombinationen, z. B. wenn man sich während eines Telefongesprächs Notizen macht (*Hören*, *Sprechen* und *Schreiben*) oder wenn man sich mit Freunden einen Film ansieht, danach über den Film diskutiert (durch Sehen unterstütztes *Hören* und *Sprechen*) und vielleicht dann sogar in einem Brief vom Filmbesuch berichtet und etwas aus dem Film erzählt (*Hören*, *Sprechen*, *Schreiben*). Auch die Fertigkeit *Lesen* tritt in Kombination mit den Fertigkeiten *Schreiben* und/oder *Sprechen* auf, z. B. wenn man einen Brief liest, sich mit jemandem darüber unterhält und schließlich den Brief schriftlich beantwortet oder wenn man eine interessante Information gelesen hat und einem Freund darüber berichtet. In Aufgabe 10 auf Seite 19 dieser Fernstudieneinheit haben Sie eine ganze Reihe solcher Alltagssituationen, in denen Fertigkeiten kombiniert auftreten, notiert. Weil solche „kombinierten Tests" realen Kommunikationssituationen näherkommen als „isolierte Tests", sollten sie im kommunikativen Deutschunterricht nicht fehlen, auch wenn es einer zusätzlichen Anstrengung seitens der Lehrenden bedarf, solche Tests auszuarbeiten.

Rückverweis

In neueren Lehrwerken können Sie manchmal Übungen finden, die verschiedene Fertigkeiten miteinander kombinieren. Allerdings müssen Sie diese Übungen für Testzwecke häufig bearbeiten. Wie man Übungen aus Lehrwerken zu kombinierten Tests umarbeiten kann, zeigen wir Ihnen weiter unten.

Übungen in Lehrwerken

In formellen Abschlußtests/Prüfungen haben sich solche komplexeren kommunikativen Aufgabenstellungen nicht durchgesetzt (ein Beispiel aus einer neueren formellen Prüfung werden wir Ihnen im nächsten Kapitel zeigen), weil kombinierte Tests, bei denen die Fertigkeiten unmittelbar ineinander übergehen, keine zuverlässigen Aussagen über den Grad der Beherrschung der **einzelnen** Fertigkeiten erlauben. Wenn z. B. ein Schüler in einem Test, der *Hören* und *Schreiben* direkt kombiniert (z. B. eine Telefonnachricht hören und Notizen machen), schlechte Resultate erzielt, kann man hinterher nicht feststellen, ob ein schlechtes Ergebnis in der Aufgabe zum *Schreiben* auf mangelndem *Hörverstehen* oder mangelnder Schreibfertigkeit beruht. Dem Vorteil der größeren Authentizität (d.h. Realitätsnähe), den solche kombinierten Tests besitzen, steht also der Nachteil einer geringeren Aussagekraft gegenüber. Diesen Nachteil kann man dadurch etwas auffangen, daß man getrennte Aufgaben zu beiden Fertigkeiten stellt. Wenn der Test wie in dem ebengenannten Beispiel darin besteht, eine telefonische Nachricht für einen Dritten aufzuschreiben, der gerade außer Haus ist, sollte erst das *Hörverstehen* der Nachricht anhand einiger Aufgaben überprüft werden, bevor der Schüler die telefonische Nachricht aufschreibt.

kombinierte Testaufgaben in Abschlußtests

Vorteile/Nachteile

Die geringere Aussagekraft solcher kombinierter Tests zu den **einzelnen** Fertigkeiten, der in formellen Abschlußprüfungen gravierend sein kann, wiegt aber bei Lernfortschrittstests weniger schwer. Sie prüfen Ihre Schüler im Unterricht ja nicht nur einmal, und außerdem hängt nicht alles von diesem einen Test ab. Bei Tests im Unterricht wird der Mangel der geringeren Aussagekraft durch den Vorteil der Authentizität der Testaufgaben ausgeglichen.

Bei Lernfortschrittstests, die die Fertigkeiten miteinander kombinieren, eignen sich am besten Kombinationen von *Leseverstehen* und *Schreiben* bzw. von *Hörverstehen* und *Schreiben*. Auch findet man hierzu am ehesten realitätsnahe Situationen, die in der Testaufgabe simuliert werden können. Möglich sind natürlich auch Kombinationen

kombinierte Tests bei Lernfortschrittstests

Rückverweis

von *Lesen* und *Sprechen* sowie von *Hören* und *Sprechen*. Während man kombinierte Tests zu *Leseverstehen* und *Schreiben* bzw. *Hörverstehen* und *Schreiben* als Klassentest durchführen kann, muß für das *Sprechen* eine andere Organisationsform (einzeln oder in Zweiergruppen) gefunden werden (siehe dazu Kapitel 5).

6.1 Tests zum *Leseverstehen* und *Schreiben*

Beginnen wir dieses Kapitel mit einer kleinen Ideensammlung.

Aufgabe 86

Lese-/Schreibsituationen für verschiedene Lerngruppen

> *Bitte sammeln Sie Lese-/Schreibsituationen, die für kombinierte Lese-/Schreibtests für verschiedene Lerngruppen geeignet sein könnten. Beachten Sie dabei, daß beides, „Leseverstehen" und „Schreiben", als Zielfertigkeit getestet werden soll.*
>
> *Wir beginnen mit einigen Beispielen. Vergleichen Sie dann Ihre Liste mit den Vorschlägen im Lösungsschlüssel.*
>
> ***Lese-/Schreibsituationen für kombinierte Tests:***
>
> – *ein Wohnungsangebot in der Zeitung lesen und (für einen Telefonanruf) die Adresse und die wichtigsten Informationen notieren (oder: bei einem Angebot mit Chiffre schriftlich auf die Anzeige antworten)*
>
> – *ein Telefax lesen und eine Antwort zurückfaxen (oder: eine E-Mail-Botschaft beantworten)*
>
> – *auf einen Artikel in einer Jugendzeitschrift (z. B. „JUMA") einen Leserbrief schreiben*
>
> – _____
>
> – _____
>
> – _____
>
> – _____
>
> – _____

Vermutlich enthält Ihre Liste eine größere Anzahl möglicher Lese-/Schreibsituationen, die zwar durchaus realistisch, aber für die Lebens- und Lernsituation Ihrer Schülerinnen und Schüler nicht sehr wahrscheinlich sind (z. B. auf ein Wohnungsinserat schreiben), es sei denn, Sie unterrichten im Zielsprachenland. Damit geraten wir wieder einmal scheinbar in Konflikt mit einem wichtigen Grundprinzip des kommunikativen Deutschunterrichts, nämlich: alle Aufgabenstellungen sollten sich an den tatsächlichen Kommunikationsbedürfnissen der Lernenden orientieren. Testaufgaben wie zum Beispiel „eine Zusammenfassung über die Handlung eines gelesenen Jugendbuchs schreiben" oder „einen Werbetext für das Buch schreiben" oder „einen Brief an den Autor des Jugendbuchs schreiben" entsprechen nicht unbedingt dem Kommunikationsbedürfnis von Jugendlichen. Dennoch handelt es sich um eine sinnvolle Testaufgabe, da es sich um authentische Textsorten (Resümee, Werbetext, Brief) handelt, die in der Realität des Zielsprachenlandes vorkommen (zum Begriff der *Authentizität von Texten* siehe Kapitel 3.1).

Rückverweis

Textvorlagen finden

Ein kombinierter Test zum *Leseverstehen* und *Schreiben* ist also ein Test, in dem das Verstehen des Textes die Voraussetzung für das Lösen der Schreibaufgabe ist. Wie aber findet man für einen solchen Test entsprechende Textvorlagen? Hier gibt es zwei Wege: Der erste Weg besteht darin, daß Sie sich eine Lese-/Schreibsituation ausdenken, die für Ihre Schülerinnen und Schüler eine kommunikativ denkbare und möglichst interessante Lese-/Schreibsituation darstelllt. Eine solche Situation wird sich häufig genug aus dem aktuellen Unterrichtsgeschehen heraus entwickeln lassen, z. B.

ein Lesetext zu einem im Unterricht behandelten Thema und Schreiben eines Leserbriefs. Ein anderer Weg wäre, in den Ihnen vorliegenden Unterrichtsmaterialien eine geeignete Textvorlage für einen kombinierten Test zu suchen. „Geeignet" bedeutet hier, daß sich sowohl Inhalt als auch Textsorte als **natürliche Auslöser** für eine Aufgabe zum Schreiben eignen. Im folgenden zeigen wir Ihnen ein Beispiel zur Textsorte *Leserbrief*. Die Textsorte *Leserbrief* eignet sich gut als Textvorlage zum *Leseverstehen*, besonders wenn es sich um Leserbriefe aus der Rubrik *Ratgeber* handelt, in denen allgemeinmenschliche Probleme (oder spezifische Probleme von Jugendlichen) beschrieben werden. Leserbriefe sind gleichzeitig ein guter Auslöser für Schreibaktivitäten: man kann einen Antwortbrief (Rat geben) schreiben lassen oder, wenn es z.B. um Meinungen zu einem kontrovers diskutierten Thema geht, einen weiteren Leserbrief zu diesem Thema schreiben lassen.

Leserbrief

Unser Beispiel haben wir einem Prüfungssatz der Prüfung *Österreichisches Sprachdiplom* Grundstufe 2 entnommen, die seit 1994 in Österreich selbst und in österreichischen Kulturinstituten im Ausland angeboten wird. Die Prüfung enthält zwei Prüfungsaufgaben zur Fertigkeit *Schreiben*, in der ersten Aufgabe soll mit Hilfe bestimmter Vorgaben ein Bericht, in der zweiten Aufgabe eine Antwort auf einen Leserbrief geschrieben werden.

Bitte führen Sie die Testaufgabe durch.

Aufgabe 87

Aufgabe 2:

Schreiben Sie eine Antwort auf die folgende Leseranfrage.

Verwenden Sie dafür zwischen 60 und 80 Wörter.

Unser ältester Sohn ist jetzt 19 Jahre alt und verdient schon sehr gut. Da er bei uns wohnt, gab er uns bis jetzt 500 Schilling wöchentlich. Jetzt ist er jedes Wochenende bei seiner Freundin und gibt ihrer Mutter 200 Schilling, und uns gibt er nichts mehr, obwohl er immer noch bei uns wohnt. Er sagt: Ich esse nicht mehr bei euch, also zahle ich auch nichts. Sollen wir das akzeptieren?

Silvia, 38 Jahre

Liebe Silvia, …

Österreichisches Sprachdiplom (1994), SA; Erprobungsfassung

Sicher ist Ihnen aufgefallen, daß die Textvorlage bei dieser Prüfungsaufgabe ein recht einfacher und für dieses Niveau leicht verständlicher Text ist. Als Test zum *Leseverstehen* wäre er für die Prüfung Grundstufe 2 auf jeden Fall zu leicht. Für diese Aufgabe wurde jedoch bewußt eine leichte Textvorlage gewählt, da das Testziel nicht das *Leseverstehen* ist, sondern die *Schreibfertigkeit*. Für die Schreibaufgabe ist das Verständnis des Textes eine unabdingbare Voraussetzung.

Wenn Sie selbst kombinierte Tests von *Leseverstehen* und *Schreiben* ohne eigenständige Überprüfung des *Leseverstehens* durchführen wollen, müssen Sie diesen Punkt beachten.

Erstellen von kombinierten Tests zum *Leseverstehen* und *Schreiben*

Bei den meisten Fremdsprachenlernenden sind die rezeptiven Fertigkeiten (also das *Lesen* und das *Hören*) weiter entwickelt als die interaktiven Fertigkeiten (also das *Schreiben* und das *Sprechen*). Auch Ihre Schüler verstehen sehr viel komplexere Texte als sie selbst schriftlich oder mündlich produzieren können. Wenn Sie kombinierte Tests erstellen wollen, dann müssen Sie also darauf achten, daß nicht nur die Texte und die Aufgaben zum *Leseverstehen* dem Sprachstand der Schüler angemessen sind, auch die Aufgaben zur *Schreibfertigkeit* dürfen keine zu hohen Anforderungen stellen. Und natürlich gilt alles, was wir in Kapitel 4 über Tests zur Fertigkeit *Schreiben* gesagt haben, auch für das *Schreiben* in kombinierten Tests, z.B. dürfen Sie keine Schreibaufgaben stellen, die nicht vorher im Unterricht schon geübt worden sind. Wenn Sie z.B. einen Leserbrief schreiben lassen wollen, dann müssen Sie das Schreiben von Leserbriefen auf deutsch im Unterricht schon einmal geübt haben. (Dasselbe gilt selbstverständlich auch für die Leseverstehensaufgaben.)

Ungefähr ab der Hälfte der Grundstufe beherrschen die Schüler schon genug Deutsch, um auch etwas komplexere Aufgaben zum Schreiben angemessen bearbeiten zu können.

Das erste Beispiel, das wir ausgesucht haben, kann zeigen, wie Sie selbst einen kombinierten Lernfortschrittstest zum *Leseverstehen* und *Schreiben* ausarbeiten können, indem Sie einen schon ausgearbeiteten Test zum *Schreiben* mit einem eigenen Test zum *Leseverstehen* kombinieren. Der Test zum *Schreiben* befindet sich in Lektion 4 der *Übungen und Tests* zu dem indonesischen Deutschlehrwerk *Kontakte Deutsch*, ein Werk, dem wir schon einige Testbeispiele entnommen haben. Als vorgeschalteter Test zum *Leseverstehen* könnte ein Auszug aus einer Broschüre des Goethe-Instituts oder die Anzeige einer Sprachenschule dienen. Zu diesem Text müssen Sie nun selbst entsprechende Testaufgaben entwickeln. Wenn Sie die Anzeige der Sprachenschule benutzen wollen, müssen Sie natürlich den Vorspann des Schreibtests entsprechend abändern.

Sie möchten zu einem Deutschkurs nach München fahren. Es ist Ihre erste Europareise. Sie haben viele Fragen und schreiben an das Goethe-Institut München.

Schreiben Sie etwas über:

1. Namen, Alter und Nationalität.
2. Datum und Dauer von Deutschkursen für Anfäger? Spezialkurse für Indonesier? Kursorte? Wie viele Stunden pro Tag Unterricht und wann?
3. Unterkunft?
4. Besichtigungstouren?
5. Vorschläge? Schnelle Antwort!

Vergessen Sie auch nicht Datum, Anrede, Gruß und Unterschrift!*

Sehr geehrte Damen und Herren,
…
Mit freundlichen Grüßen

Bartels (1989), 57

Und das sind unsere beiden Textvorschläge für die Leseverstehensaufgabe, die diesem Brief vorangehen könnte.

Textvorschlag 1:

Die Sprachkurse

Wir über uns

Erlebtes Deutsch

Am schnellsten und nachhaltigsten lernt man Deutsch dort, wo es gesprochen wird. An einem Goethe-Institut in Deutschland sprechen und verstehen Sie Deutsch von der ersten Stunde an: im Institut und am Kursort. Denn Deutsch lernen an einem Goethe-Institut in Deutschland heißt immer auch Land und Leute kennenlernen. Sprache erleben in internationaler Lernatmosphäre und interkulturellem Gedankenaustausch.

17 Goethe-Institute in Deutschland

Die Institute bieten alles, was Ihren Lernerfolg garantiert: engagierte und erfahrene Lehrkräfte, individuell abgestimmte Kursprogramme, Ausstattung mit moderner Unterrichts- und Selbstlerntechnologie und eine internationale Atmosphäre, in der Sie sich wohl fühlen werden. Mit dem Goethe-Institut als einem Partner, der weltweit den Standard für Deutsch als Fremdsprache setzt.

Gestaffeltes Kurssystem

Die Sprachkurse des Goethe-Instituts basieren weltweit auf dem gleichen gestaffelten Kurssystem (Seite 4 und 5). Ein erfolgreich abgeschlossener Kurs an einem Goethe-Institut im Ausland erlaubt den Besuch eines Anschlußkurses an einem Goethe-Institut in Deutschland - und umgekehrt.

Individuell abgestimmte Sprachkurse

Die Intensivkurse der Goethe-Institute in Deutschland verbinden die Vorteile des Lernens in der Gruppe mit einer Vielzahl von individuellen Lernangeboten. Ihr Sprachkurs wird auf Ihre persönlichen Erfordernisse abgestimmt.

Goethe-Institut (1994), 9/28

Textvorschlag 2

Textvorschlag 2:

[fee-Sprachreisen Anzeige: Mehr Erfolg mit Sprachen. Über 20 Jahre fee Sprachreisen. Intensiv-Sprachtraining, Sprachreisen und High School-Programme der Spitzenklasse.

SPRACHTRAINING FÜR ERWACHSENE
Vorsprung mit Fremdsprachen: Berufsspezifische Einzel-Crash- und Hochintensivkurse für Fach- und Führungskräfte. Intensiv- und Ferienkurse weltweit für alle Sprachinteressierten. Bildungsurlaub.

Neu Ein kostenloser Ratgeber für Sie: Das Konzept zum Steuersparen, der Weg zum Erfolg mit Fachkursen. Tips zum Bildungsurlaub.

SPRACHREISEN FÜR SCHÜLER
Ferienspaß und bessere Noten: Ferien- und Intensivkurse für alle Alters- und Leistungsstufen. Beste Betreuung, lebendiger Unterricht, sehr gute fee-Gastfamilien, tolles Freizeitangebot.

Neu Noch mehr tolle Informationen: fee-Schüler berichten über ihre Kurse und geben wertvolle Tips.

Bitte fordern Sie unsere ausführlichen Unterlagen an:
fee-Sprachreisen · Leibnizstraße 3 · 70193 Stuttgart
Telefon (0711) 638048 · Fax (0711) 6365378]

© fee-Sprachreisen

Aufgabe 88

Bitte entwerfen Sie zu den beiden Texten Leseverstehensaufgaben. Sie können dabei selbst Umfang und Gewichtung der jeweiligen Leseverstehensaufgabe bestimmen.

Diesen Weg von der vorgegebenen Schreibaufgabe zum Lesetext werden Sie wahrscheinlich nicht so oft gehen. Es ist leichter, in Lehrwerken Texte mit Leseverstehensaufgaben oder geeignete Lesetexte zu finden, zu denen Sie Schreibaufgaben entwickeln können.

Das nächste Beispiel aus dem Arbeitsbuch zu dem Lehrwerk *Sprachbrücke 1* zeigt eine Leseverstehensaufgabe zu einer Umfrage, die sich sehr gut als Test eignet: Zunächst soll die Frage, die den Personen gestellt wurde, herausgefunden werden. Die weiteren Lösungen müssen nur angekreuzt werden.

Es fällt Ihnen sicher leicht, hier eine Schreibaufgabe für einen kombinierten Test zu formulieren.

Aufgabe 89

Bitte lösen Sie die Aufgaben zum „Leseverstehen", und formulieren Sie eine an das „Leseverstehen" anschließende Schreibaufgabe.

2   31 Die Mini-Umfrage

1. Die fünf Personen unten antworten auf eine Frage. Lesen Sie die Texte! Schreiben Sie dann bitte diese Frage und arbeiten Sie weiter!

Die Frage heißt: _____ ?

2. Was antworten die Personen?

	Petra Merkle	Walter Schreiber	Christl Fauss	Herbert Mayer	Sabine Schmidt
Ja					
Nein					
Sie/Er weiß es nicht genau.					

3. Wo finden Sie diese Information? Unterstreichen Sie bitte die Wörter/den Satz!

Petra Merkle, Hausfrau
Ich bin schon ein bißchen abergläubisch. Bei der Zahl 13 zum Beispiel habe ich kein gutes Gefühl. Aber wenn es nicht anders geht, wohne ich auch in einem Zimmer Nr. 13 oder fliege sogar an einem Freitag, dem 13.

Walter Schreiber, Techniker
Ich bin nicht abergläubisch, und ich glaube nicht an Glücks- oder Unglückszahlen, an Horoskope und schwarze Katzen.

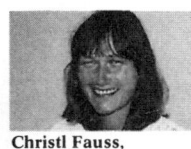

Christl Fauss, Studentin
Abergläubisch bin ich, ganz allgemein. Wenn ich Lotto spiele, benutze ich die Zahl 13 als Glückszahl. Ein Freitag, der auf einen 13. fällt, bringt manchmal Unglück, manchmal aber auch Glück.

Herbert Mayer, Architekt
Ich glaube nicht an Gespenster, bin auch nicht abergläubisch. Wenn etwas passieren soll, passiert es an irgendeinem Tag. Ich habe keine Lieblings- oder Unglückszahlen.

Sabine Schmidt, Verkäuferin
Es fällt mir nicht leicht, darauf zu antworten: Ich bin absolut nicht abergläubisch und mache mir auch keine Gedanken über so etwas. Aber manchmal gibt es doch ein Unglück am 13.

Fuhrmann u. a. (1988), 30

In verschiedenen Lehrwerken haben wir noch Texte in unterschiedlichen Schwierigkeitsgraden gefunden, die gut geeignet sind, Grundlage für kombinierte Lese-/Schreibtests zu sein.

Wir drucken einige der Texte hier ab. Sicher finden Sie ähnliche Textvorlagen in dem Deutschlehrwerk, das Sie im Unterricht benutzen.

Bitte suchen Sie sich einen für Ihre Zielgruppe geeigneten Text aus, und entwickeln Sie zu diesem Text einen Lese-/Schreibtest. Zu jedem der Texte finden Sie einen Vorschlag im Lösungsschlüssel.

Aufgabe 90

Text 1

Text 1

Liebe Ulla,

ich werde dreißig. Das möchte ich gern mit Dir und meinen anderen Freunden feiern. Die Party ist am Freitag, 3.2., um 20.00 Uhr.
Ich lade Dich herzlich ein.
Hast Du Zeit? Bitte antworte mir bis Dienstag oder ruf mich an.

Herzliche Grüße
Dein Bernd

Aufderstraße u. a. (1992), 109

Text 2

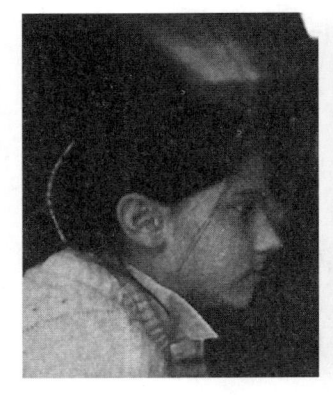

Text 2:

Ich höre einen fremden Text am liebsten zu Hause auf meinem Walkman. Da habe ich Zeit und Ruhe. Mit Radiosendungen habe ich meistens Probleme. Das geht alles so schnell.
Nilgün, 13 Jahre

Wenn wir einen Text gemeinsam in der Klasse hören, dann kann ich Fragen stellen. Das hilft. Ich lerne nicht so gern alleine. Außerdem können wir den Text wiederholen.
Florian, 11 Jahre

Ich spreche oft mit deutschen Touristen. Wenn ich jemanden sehe, dann verstehe ich ihn. Deutsch am Telefon ist ein Problem.
Beatrice, 12 Jahre

Eine Freundin hat mich einmal aus Deutschland angerufen. Das war ein Problem. Ich habe nicht viel verstanden, nur, daß sie mich besuchen will.
Vera, 13 Jahre

Funk u. a. (1994 a), 91

Text 3:

Zu diesem Text könnte man einen kombinierten Lese-/Schreibtest für Fortgeschrittene entwickeln.

Text 3

Ein Glück, daß Schüler Fehler machen

Bei Lehrerfortbildungsveranstaltungen in Indonesien wurde ich deutlicher noch als im europäischen Kontext immer wieder auf das Problem der Fehlerkorrektur angesprochen: einem Menschen offen vor einer Gruppe anderer sagen, daß er oder sie etwas falsch gemacht hat, läßt diesen „sein Gesicht verlieren". Entsprechend schwer fällt es den indonesischen Schülern und Studenten, im Fremdsprachenunterricht den Mund aufzumachen, Fehler zu riskieren. Und ebenso schwer ist es für die Lehrer, da sie ihre Schülerinnen und Schüler ja nicht entmutigen und bloßstellen wollen.

Fehler können die verschiedensten Ursachen haben. In jedem Fall braucht der Lehrer Fehler, um überhaupt zu wissen, welche Akzente er im Unterricht setzen, was er wiederholen, üben, besser erklären muß – das heißt Fehler sind wichtige Etappen auf dem Weg zur Sprachbeherrschung. Der Lehrer braucht die Fehler seiner Schüler, um besser unterrichten zu können.

Aus alledem folgt: Nur in Ausnahmefällen sollten Fehler einzelner Schüler herausgegriffen und vor der Klasse (öffentlich) korrigiert werden. Fehlerkorrektur kann systematisch als gegenseitige Korrektur in Partnerarbeit oder in der Kleingruppe geübt werden – dies fördert das Bewußtsein der Lernenden dafür, daß sie für ihren Lernprozeß mitverantwortlich sind.

Im Plenum sollten Fehler anonym korrigiert werden; d.h., daß der Lehrer Fehler über einige Unterrichtsstunden sammelt und dann in einem systematischen Zusammenhang bespricht, ohne dabei denjenigen zu nennen, der den Fehler gemacht hat.

Jenkins (1992), 82

Eine stets beliebte Textsorte bei Jugendlichen sind Anzeigen für Briefpartnerschaften. Dort erfahren sie etwas über Hobbys und Interessen anderer Jugendlicher. Und viele deutschlernende Jugendliche möchten gerne einen deutschsprachigen Briefpartner oder eine Briefpartnerin finden. Mit einer originalen Anzeige aus der deutschen Jugendzeitschrift *Bravo Girl!* möchten wir dieses Kapitel abschließen. Der Lese-/Schreibtest zu dieser Anzeige ist eine Fortentwicklung einfacherer Testaufgaben zu diesem Thema, wie wir sie schon im Kapitel 4.3.2 (S. 82f.) bei Testaufgaben zum Briefeschreiben im Anfängerunterricht besprochen haben. Dort war die Testform sehr gesteuert (z. B. genaue Vorgaben zum Inhalt des Briefes, oder ein Lückentext). Hier können Sie nun eine komplexere kombinierte Aufgabenstellung zum gleichen Thema entwerfen. Mit der Textsorte *Inserat* als Testvorlage müssen die Lernenden natürlich schon vertraut sein.

Rückverweis

Text 4: Anzeige für Briefpartnerschaft

Text 4

GIRL! Kontakte

Hallo, liebe GIRL!-Leserinnen! Ihr habt bessere Chancen, Eure Flohmarkt- und Kontaktanzeigen ins Heft zu bringen, wenn Ihr sie mit der Schreibmaschine tippt, okay? Schickt sie dann an: Redaktion GIRL!, 80323 München. Eine Rücksendung ist leider nicht möglich!

Hyper, Hyper!
Habt Ihr Lust, einem total ausgeflippten Techno-Girl (16) zu schreiben? Ich freue mich auf witzige Briefe mit Foto! Schreibt an: *Barbara Schacherbauer, Edelbeckstr. 1, 84347 Pfarrkirchen*

Servus, Mädel!
Wenn Du einem 18jährigen, etwas verrücktem, aber wahnsinnig schüchternen Wiener Freude machen willst, dann schreib einen netten Brief mit Foto an: *Roland Bellak, Troststr. 70/21/15, 1100 Wien, Österreich*

Angel!
Wer hat Lust, einem unverbesserlichen Kelly-Fan zu schreiben? Meine Hobbys: Kellys, Basketball, Musik und Feten! Schreibt schnell an: *Anke Dietrich, Wittenfeld 4, 48653 Coesfeld*

Hi, Leute!
16jähriges Zwilling-Mädchen sucht Brieffreunde aus ganz Europa zwischen 15 und 20 Jahren zwecks Federkrieg. Ich antworte auf Deutsch, Französisch und Englisch. Hobbys: Musik, Tanzen, Lesen und Sport. Schreibt bitte mit Foto an: *Modzelewska Marzena, ul. Reymonta 1/2, Dabrowa. Gornicza 41-300, POLEN*

Ran und ab geht's!
Welches Mädchen zwischen 16 und 18 hat Lust, mit mir eine Brieffreundschaft zu starten? Wenn Ihr etwas über mich erfahren wollt, dann schreibt mir: *Robert Böhm, Am Weiher 31, 85435 Erding*

S.O.S.
Ich suche liebe Mädchen, die einem 21jährigen netten Jungen schreiben wollen. Jeder Brief wird beantwortet! Schreibt mit Foto an: *Thomas Starke, Oberdießemer Straße 82, 47805 Krefeld*

Splish, Splash!
Wer hat Lust, zwei 14jährigen, lustigen Wasserratten zu schreiben? Wenn Ihr zwischen 13 und 17 Jahre alt seid, dann holt schnell Zettel und Stift und schreibt (bitte mit Foto) an: *Julia Bernhardt, Richard-Wagner-Straße 13, 67593 Westhofen*

An alle netten Mädels!
16jähriger Basketball-Freak sucht nette Brieffreundinnen aus aller Welt, die gut drauf sind. Ich stehe auf Rap und Tekkno. Weitere Details erfahrt Ihr später. Schreibt bitte schnell mit Foto an: *Andreas Pankau, Weißdornstraße 3, 04209 Leipzig*

Ciao!
Ich (16) suche Mädels für lange, liebe Briefe! Meine Hobbys: Snowboard, Musik u. v. m.! Nur Mut, schreibt mit Foto an: *Oliver Kristahn, Aufkirchner Str. 10a, 82216 Maisach*

Come on!
Brieffreunde gesucht! Mehr über mich erfahrt Ihr im ersten Brief. Ich hoffe, ich beginnt sofort zu schreiben: *Monika Romminger, Blumenstr. 58/1, 70839 Gerlingen*

Hey, Du!
Lustiges Zwillings-Girl sucht Briefkontakte auf der ganzen Welt! Schreibt mit Foto an: *Cordana Luna, Mythenstr. 32, 8840 Einsiedeln, Schweiz*

Help!
Wer rettet meinen Briefkasten? Ich bin 16 Jahre alt und suche nette Brieffreunde. Schreibt mit Foto an: *Anja Renner, Lisztstraße 13/1, 74906 Bad Rappenau*

Hallo!
Ich (16) suche netten Briefkontakt! Meine Hobbys: Musik, Tanzen, Zeichnen, Disco. *Nadja Naef, Obere Haltenstr. 20, 3625 Heiligenschwendi, Schweiz*

Hallo!
Ich (15) will ganz viele Brieffreunde. Mehr im ersten Brief. Schreibt an: *Nadine Gleichmann, Lindenstraße 19, 06577 Etzleben*

Bravo Girl! (1/1995)

6.2 Tests zum *Hörverstehen* und *Schreiben*

Schwierigkeiten

Tests zum *Hörverstehen* und *Schreiben* selbst zu entwerfen ist sehr viel aufwendiger und komplizierter, als kombinierte Tests zum *Leseverstehen* und *Schreiben* zu entwerfen. Die Schwierigkeit liegt zum einen darin, daß es offensichtlich weniger für den Unterricht geeignete „natürliche" Hör-/Schreibsituationen gibt (von den Telefonnotizen für einen Dritten einmal abgesehen), zum anderen findet man infolgedessen in den Lehrwerken nicht sehr viele Hörtexte, die sich als natürliche Auslöser für eine Aufgabe zum Schreiben eignen. Hörtexte selbst zu erstellen, ist für viele Lehrkräfte mit Schwierigkeiten verbunden oder nicht möglich. Allerdings findet man manchmal in speziellen Übungsmaterialien zum *Hörverstehen* Texte, die sich für einen kombinierten Hör-/Schreibtest eignen. Auch Tests zum *Hörverstehen* können manchmal als Ausgangspunkt für Schreibaktivitäten geeignet sein. Falls Sie also Zugang zu solchen Übungs- oder Testmaterialien haben, prüfen Sie sie unter diesem Gesichtspunkt. Mit einiger Phantasie und einem geübten Blick werden Sie sicher immer wieder etwas finden. Vielleicht haben Sie aber auch die Möglichkeit, Muttersprachler etwas auf Band sprechen zu lassen und hin und wieder einen Text auf Kassette aufzunehmen, den Sie als Auslöser für einen entsprechenden Schreibtest nutzen können.

Wir haben in verschiedenen Materialien gesucht, und einige Übungsbeispiele gefunden, die man zu einem kombinierten Hör-/Schreibtest umarbeiten könnte. Wichtig ist bei solchen Tests, daß eine annähernd natürliche Hör-/Schreibsituation zugrundegelegt wird, in der das Gehörte für jemanden aufgeschrieben wird, der das Geschriebene wirklich braucht (das kann man natürlich auch selber sein, z. B. als Student, der in einer Vorlesung mitschreibt).

Das Beispiel zeigt einen Hörverstehenstest aus den in dieser Fernstudieneinheit schon häufig zitierten *Tests* zu *Deutsch aktiv Neu*. Der Hörverstehenstest bezieht sich auf das Rezept zur Herstellung eines Kartoffelbreis in *Deutsch aktiv Neu 1B*, Kapitel 13.

Aufgabe 91
Beispiel
Hörszene 17

Hören Sie zunächst die Hörszene 17, und lesen Sie dazu den vorgegebenen Hörverstehenstest.

Wie könnte die mit diesem Hörtext kombinierte Schreibaufgabe lauten?

A Hören

1. Interview mit Herrn Roscher
   Hören Sie das Interview. Was ist richtig, was ist falsch? Kreuzen Sie an.

	richtig	falsch
1. Zuerst werden die Kartoffeln geschält.		
2. Man soll auf die Qualität der Zutaten achten.		
3. Man braucht keine frische Milch.		
4. Die Kartoffeln werden nicht kleingeschnitten, sonst dauert die Garzeit zu lange.		
5. Muskatnuß und Salz kommen in die Milch.		
6. Man braucht einen Schneebesen, um das Kartoffelpüree schaumig zu schlagen.		
7. „Kartoffelschnee" ist ein anderes Wort für „Kartoffelpüree".		
8. Kartoffelpüree kann als Beilage serviert werden.		

Roche/Wieland (1994), 124

Die Transkription der Hörszene 17 finden Sie auf S. 144f.

In *Themen neu 2* haben wir den folgenden Hörtext, den Sie über Kassette hören können, gefunden. Bitte hören Sie den Text (Hörszene 18).

> *Entwerfen Sie dann einen kombinierten Hör-/Schreibtest zu diesem Hörtext.*
>
> *Die Transkription der Hörszene 18 finden Sie auf S. 145.*

Aufgabe 92
Hörszene 18

6.3 Weitere Kombinationen von Fertigkeiten

Andere Kombinationen von Fertigkeiten sind denkbar. Wenn Sie in Ihren Lehrwerken (und anderen Materialien) unter diesem Gesichtspunkt auf die Suche gehen, können Sie manches finden. Wir möchten Ihnen zur Anregung abschließend noch drei Beispiele mit unterschiedlichen Testkombinationen zeigen.

Leseverstehen und *Sprechen*

Leseverstehen und *Sprechen*

Diese Kombination finden Sie als Übung sehr häufig in Lehrwerken, denn Lehrwerke bestehen zu einem großen Teil aus Texten, und über die Texte wird im Unterricht gesprochen! Zu Tests sind diese Aufgaben in der Regel aber nicht geeignet, da die Schüleräußerungen nicht kontrollierbar sind (und auch nicht sein sollen, damit ein lebendiges Unterrichtsgespräch entstehen kann). Außerdem ist Sprechen in diesem Zusammenhang meist nicht Zielfertigkeit (Sprechen in Kommunikationssituationen), sondern Mittlerfertigkeit (Sprechen über einen Text).

Es gibt jedoch auch Texte, wie z. B. Anzeigen für Veranstaltungen, die als Gesprächsauslöser für einen Test genutzt werden können. Als Beispiel ein Zirkusplakat aus dem Lehrwerk *sowieso 1*:

> *Bitte entwerfen Sie zu dem Zirkusplakat unten rechts einen kombinierten Test zum „Leseverstehen" und zum „Sprechen". (Für Tests zur Fertigkeit „Sprechen" siehe Kapitel 5.)*

Aufgabe 93

Beispiel 1

Funk u.a. (1994 b), 52

Hörverstehen und *Sprechen*

Hörverstehen und *Sprechen*

Der folgende Test funktioniert ganz ähnlich wie der Test zur Zirkusanzeige, der Ausgangspunkt ist jedoch ein authentischer Hörverstehenstext. Der Test kann schon sehr früh im Unterricht eingesetzt werden. Ähnliche Tests können Sie zu einem späteren Zeitpunkt mit schwierigeren authentischen Hörtexten, z. B. längeren Telefondurchsagen, durchführen.

Aufgabe 94
Beispiel 2
Hörszene 19

(Hörverstehen)

1. Was gibt es heute abend im Kino?

27 Was gibt es heute abend im Kino?

Lesen Sie bitte die Fragen!

a) Wann beginnen die Filme?	b) Was gibt es im Kinocenter, im Kino 1?	c) Wo gibt es „Die Farbe Lila"?
20.15 Uhr ☐	„Wenn der Wind weht" ☐	Im Ufa-Palast ☐
20.00 Uhr ☐	„Katzenaugen" ☐	Im Filmhaus, Kino 1 ☐
20.30 Uhr ☐	„Der Name der Rose" ☐	Im Filmhaus, Kino 2 ☐

Hören Sie nun die Telefonansage mit Informationen zum Kinoprogramm! Markieren Sie bitte die richtige Antwort!

Fuhrmann u. a. (1988), 45

Die Telefonansage ist auf Ihrer Kassette die Hörszene 19.
Die Transkription davon finden Sie auf S. 145.

(Sprechen)

2. *Sie und Ihr Partner wollen heute abend ins Kino gehen. Einigen Sie sich auf einen Film. Begründen Sie Ihre Wahl.*

Leseverstehen und *Hören*

Rückverweis

Leseverstehen und *Hören*

Zum Abschluß möchten wir noch einmal einen Lesetext aufgreifen, den wir Ihnen im Kapitel 3.4.1 *Leseverstehen – Offene Aufgaben zum Text*, S. 30, schon einmal präsentiert haben. Dieser Lesetext stammte aus dem Lehrwerk *Themen 1*, erste Fassung von 1984. In Aufgabe 18 dieser Fernstudieneinheit baten wir Sie, zu diesem Text zwei Testaufgaben zu entwerfen, und zwar

a) eine Testaufgabe zum Globalverstehen und

b) eine Testaufgabe zum Detailverstehen.

Als Testform war der Aufgabentyp *Offene Aufgaben zum Text* vorgegeben. Im Lösungsschlüssel (S. 151) haben wir unseren Lösungsvorschlag abgedruckt.

Derselbe Text ist in *Themen neu*, Band 2, Grundlage einer neuen kombinierten Übungssequenz (übrigens ein Beispiel dafür, daß man mit ein und demselben Text ganz unterschiedliche Sachen machen kann!).

Wir drucken den Text und die Aufgaben im folgenden ab. Die Transkriptionen der dazugehörigen Hörtexte finden Sie auf S. 145f.

Mit der Aufgabe 95 beenden wir dieses Kapitel.

Aufgabe 95
Hörszene 20/21

Bitte überprüfen Sie, ob Sie diesen Text und die anschließenden Aufgaben, so wie sie sind, als kombinierten Test zum „Lese- und Hörverstehen" benutzen können. Wenn ja, probieren Sie es aus, und hören Sie dazu die Hörszene 20/21. Wenn Sie der Meinung sind, daß die Aufgaben für einen Test geändert werden müssen, dann ändern Sie die Aufgabenstellungen so um, daß Sie den Test durchführen können.

Beispiel 3

Stellenangebote

ALKO-DATALINE
sucht eine *Sekretärin* für die Rechnungsabteilung

Wir – sind ein Betrieb der Elektronikindustrie
– arbeiten mit Unternehmen im Ausland zusammen
– bieten Ihnen ein gutes Gehalt, Urlaubsgeld, 30 Tage Urlaub, Betriebskantine, ausgezeichnete Karrierechancen
– versprechen Ihnen einen interessanten Arbeitsplatz mit Zukunft, aber nicht immer die 5-Tage-Woche

Sie – sind ca. 25 bis 30 Jahre alt und eine dynamische Persönlichkeit
– sprechen perfekt Englisch
– arbeiten gern im Team
– lösen Probleme selbständig
– möchten in Ihrem Beruf vorwärtskommen

Rufen Sie unseren Herrn Waltemode unter der Nummer 20 03 56 an oder schicken Sie uns Ihre Bewerbung.

ALKO-DATALINE
Industriestr. 27, 63073 Offenbach

Unser Betrieb wird immer größer. Unsere internationalen Geschäftskontakte werden immer wichtiger. Deshalb brauchen wir eine zweite

Chefsekretärin

mit guten Sprachkenntnissen in Englisch und Spanisch. Zusammen mit Ihrer Kollegin arbeiten Sie direkt für den Chef des Unternehmens. Sie bereiten Termine vor, sprechen mit Kunden aus dem In- und Ausland, besuchen Messen, schreiben Verträge, mit einem Wort: Auf Sie wartet ein interessanter Arbeitsplatz in angenehmer Arbeitsatmosphäre. Außerdem bieten wir Ihnen: 13. Monatsgehalt, Betriebsrente, Kantine, Tennisplatz, Schwimmbad.

Böske & Co. Automatenbau
Görickestraße 13, 64297 Darmstadt

Wir sind ein Möbelunternehmen mit 34 Geschäften in ganz Deutschland. Für unseren Verkaufsdirektor suchen wir dringend eine

Chefsekretärin
mit mehreren Jahren Berufserfahrung.

Wir bieten einen angenehmen und sicheren Arbeitsplatz mit sympathischen Kollegen, gutem Betriebsklima und besten Sozialleistungen. Wenn Sie ca. 30 bis 35 Jahre alt sind, perfekt Schreibmaschine schreiben, selbständig und allein arbeiten können, bewerben Sie sich bei:

Baumhaus KG
Postfach 77, 63454 Hanau am Main
Telefon (06181) 3 60 22 39

---

16. Was für eine Sekretärin suchen die Firmen? Was bieten die Firmen?

Alko-Dataline	Böske & Co.	Baumhaus KG
Die Firma bietet: – ein gutes Gehalt – ...	Die Firma bietet: – einen interessanten Arbeitsplatz – ...	Die Firma bietet: – einen angenehmen und sicheren Arbeitsplatz – ...
Die Sekretärin soll: – 25–30 Jahre alt sein – ...	Die Sekretärin soll: – gute Sprachkenntnisse in Englisch und Spanisch haben – ...	Die Sekretärin soll: – mehrere Jahre Berufserfahrung haben – ...

Aufderstraße u. a. (1993 a), 31

18. Petra Maurer beim Personalchef der Firma Böske & Co.

Hören Sie das Gespräch. Was ist richtig?

a) Petra war in den USA
- ☐ bei Freunden.
- ☐ in einem Sprachinstitut.
- ☐ zuerst in einem Institut und dann bei Freunden.

b) Petra kann
- ☐ nur sehr schlecht Spanisch.
- ☐ nur Spanisch sprechen, aber nicht schreiben.
- ☐ Spanisch sprechen und schreiben.

c) Petra hat nur drei Jahre das Gymnasium besucht,
- ☐ weil sie kein Abitur machen wollte.
- ☐ weil sie dort schlechte Noten hatte.
- ☐ weil sie Dolmetscherin werden wollte.

d) Petra ist nach Deutschland zurückgekommen,
- ☐ weil sie kein Geld mehr hatte.
- ☐ weil sie krank war.
- ☐ weil sie nicht länger bleiben wollte.

Aufderstraße u. a. (1993 a), 32

19. Welche Stelle soll ich nehmen?

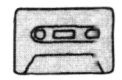

Petra Maurer spricht mit einer Freundin. Hören Sie zu und ergänzen Sie die Notizen. Welche Vorteile, welche Nachteile findet sie bei den Angeboten?

	Alko-Dataline Offenbach	Baumhaus KG Hanau	Böske & Co. Darmstadt
+	kann Chefsekretärin werden	...	...
–	...	...	...

Kollegen sehr nett
erst morgens um 9 Uhr anfangen
3.400 DM brutto
35 km zur Arbeit
muß samstags arbeiten
3.100 DM brutto 13. Monatsgehalt
fast 50 km zur Arbeit
Chef sehr unsympathisch
2.500 DM brutto
Chefsekretärin sehr unsympathisch
gute Busverbindung

Aufderstraße u. a. (1993 a), 33

Die Transkription der Hörszenen 20 und 21 finden Sie auf S. 145f.

116

7 Tests zu *Wortschatz* und *Grammatik*

Wortschatz und Grammatik sind integraler Bestandteil aller sprachlichen Aktivitäten: Lesen, Hören, Sprechen, Schreiben – Wortschatz und Grammatik sind immer dabei! Wer bei isolierten oder kombinierten Tests zu den vier Sprachfertigkeiten gute Ergebnisse erzielt, der braucht also nicht unbedingt gesonderte Tests zu *Wortschatz* und *Grammatik* zu absolvieren.

Daß die Beherrschung des formalen Systems der Fremdsprache im kommunikativen Deutschunterricht kein eigenständiges Lernziel ist, darauf haben wir in dieser Fernstudieneinheit bereits hingewiesen (siehe z. B. in Kapitel 2.1, S. 12, zum Thema *Tests im kommunikativ orientierten Deutschunterricht*). Dieser Tatsache tragen auch einige nationale und internationale Prüfungen Rechnung, wenn sie keine gesonderten Testteile zu *Wortschatz* und *Grammatik* anbieten. Als Beispiele seien hier die *Erweiterte Abschlußprüfung Deutsch* nach der 10. Klasse der „Folkeskole" in Dänemark (siehe dazu die Fernstudieneinheit *Testen und Prüfen in der Grundstufe, Einstufungstests und Sprachstandsprüfungen*) und das seit 1994 international angebotene *Österreichische Sprachdiplom (ÖSD)** genannt. In den Prüfungsbestimmungen zum *ÖSD* heißt es dazu folgerichtig: „Grammatik und Wortschatz werden wie Aussprache, Orthographie etc. als der kommunikativen Kompetenz untergeordnete Bereiche angesehen und werden als solche auch nur implizit mitgeprüft und mitbewertet". Im Gegensatz dazu enthält das *Zertifikat Deutsch als Fremdsprache*, das vom Deutschen Volkshochschul-Verband und vom Goethe-Institut herausgegeben wird, auch einen Testteil *Strukturen/Wortschatz*.

Rückverweis

$\Longrightarrow$

Im Unterricht jedoch werden Sie – wie die meisten Lehrerinnen und Lehrer – nicht darauf verzichten wollen, von Zeit zu Zeit zu überpüfen, ob bestimmte, meist neu eingeführte linguistische Elemente oder der „neue" Wortschatz (der letzten oder der letzten zwei, drei Lektionen) genügend beherrscht werden. Insbesondere der häufig „überraschend" durchgeführte Wortschatztest (meist in Form von abgefragten Wortgleichungen Muttersprache – Fremdsprache) ist eine weltweite Konstante im Fremdsprachenunterricht, die dazu dient, das regelmäßige Wortschatzlernen zu sichern. Natürlich ist es auch für die Lernenden wichtig zu erfahren, in welchen Bereichen der Grammatik und des Wortschatzes sie Defizite haben. Lernfortschrittstests zur *Grammatik* und zum *Wortschatz* haben also auch in einem kommunikativen Unterricht durchaus ihren Platz, vorausgesetzt, es sind nicht die einzigen Lernfortschrittstests, die Sie in Ihrem Unterricht durchführen.

Wir haben sicher nicht unrecht, wenn wir davon ausgehen, daß Sie bereits einige Übung im Erstellen von Tests zu *Wortschatz* und *Grammatik* haben. Tests in diesen beiden Bereichen sind meist leichter und schneller auszuarbeiten als Tests zu den kommunikativen Sprachfertigkeiten: ein bestimmter Wortschatz und bestimmte grammatische Elemente lassen sich leicht isoliert betrachten und testen. Dennoch sind auch bei Tests zu *Wortschatz* und *Grammatik* einige Gesichtspunkte zu berücksichtigen. Dazu kommt: Warum sollte man nicht auch in diesen Bereichen hin und wieder alte, eingefahrene Gleise verlassen und Aufgabenstellungen verwenden, die ein bißchen Abwechslung in den Testalltag bringen? Auch dazu möchten wir mit den folgenden Ausführungen beitragen.

7.1 Ergänzungsaufgaben*

Die Ergänzungsaufgabe ist wohl diejenige Aufgabenform, die am häufigsten bei Grammatik- und Wortschatztests verwendet wird. Deshalb gehen wir kurz auf diesen Aufgabentyp ein. Als Ergänzungsaufgaben bezeichnet man Sätze oder kleinere Texte, in denen bestimmte Lücken* von den Lernenden zu ergänzen sind. Während in älteren Lehrwerken Ergänzungsaufgaben häufig aus unzusammenhängenden Einzelsätzen bestehen, werden in neueren Lehrwerken meist zusammenhängende Texte (narrativ oder in dialogischer Form) mit Lücken angeboten. Der Grund dafür ist die Tatsache, daß Sprache immer situativ (in Kontexten) gebunden vorkommt. Ergänzungsaufgaben sollten heutzutage also in der Regel in Kontexten (Situationen, Dialogen, zusammenhängenden Texten) angeboten werden.

Ergänzungsaufgaben als Grammatiktests zu entwerfen ist nicht besonders schwer: ein mehr oder weniger natürlich wirkender Text mit einer Häufung des gewünschten Grammatikelements wird konstruiert, dieses grammatische Element wird gelöscht und muß dann von den Lernenden wieder eingesetzt werden. Weil dieser Aufgabentyp verhältnismäßig leicht herzustellen ist, findet man ihn häufig zu Übungszwecken in Lehrwerken. Solche Übungen können oft auch für Grammatiktests verwendet werden.

die richtige Lösung erkennen oder produzieren

Die Ergänzungsaufgabe kann zum einen darin bestehen, aus einer Reihe von vorgegebenen Wörtern das jeweils in die Lücke passende Wort auszuwählen. Eine andere Form der Ergänzungsaufgabe besteht darin, die Lernenden die Lücken frei, d.h. ohne Vorgaben, ausfüllen zu lassen. Diese beiden Aufgabenformen (das Auswählen und das freie Ausfüllen) überprüfen nicht das gleiche; im zweiten Fall handelt es sich um das **selbständige Formulieren** der richtigen Lösung, im ersten Fall dagegen um das **Erkennen** der richtigen Lösung. Es handelt sich also um zwei unterschiedliche Anforderungen an die sprachliche Leistung.

Wenn man Ergänzungsaufgaben aus Lehrwerken als Grammatiktests verwenden möchte, muß man die Aufgaben genau dahingehend überprüfen, ob sie zu Testzwecken wirklich geeignet sind. Aus der nun folgenden Betrachtung einiger Ergänzungsaufgaben aus Lehrwerken können wir Gesichtspunkte für die eigene Gestaltung von Ergänzungsaufgaben gewinnen.

Wir zeigen Ihnen hier drei unterschiedliche Ergänzungsaufgaben aus drei verschiedenen Lehrwerken, die für diese Aufgabenform repräsentativ sind. In allen drei Aufgaben geht es um Grammatik.

Aufgabe 96

1. *Bitte lösen Sie die Aufgaben.*
2. *Worin unterscheiden sich die drei Aufgaben?*
3. *Entscheiden Sie, welche der Aufgaben Ihrer Meinung nach für einen Grammatiktest geeignet sind/ist und welche nicht. Begründen Sie Ihre Meinung.*
4. *Würden Sie die Aufgaben unverändert übernehmen, oder sehen Sie die Notwendigkeit, die Aufgabe(n) für Testzwecke zu überarbeiten?*

Beispiel 1

Klaus sucht ein Geschenk für seine Freundin. Peter soll ihm helfen.

Ergänzen Sie bitte das Gespräch!

Klaus: Du, Gerlinde gibt am Samstag ihre Abschiedsparty, was kann ich _____ wohl schenken? Was meinst du?

Peter: Kauf _____ doch eine Kassette! Sie hört gern Musik.

Klaus: Aber auf _____ Regal stehen schon so viele Kassetten.

Peter: Dann schenk _____ doch eine Platte von Madonna.

Klaus: Sie hat leider keinen Plattenspieler. Sie hat _____ verkauft.

Peter: Wie ist es mit einem Buch?

Klaus: Das gefällt _____ bestimmt nicht. _____ liest selten.

Peter: Ich hab eine Idee. Bring _____ doch Blumen mit.

Klaus: Ach, das ist so langweilig!

Peter: Sag mal, sie fotografiert doch gern. Kauf _____ doch ein Fotoalbum.

Klaus: Oh ja, die Idee ist nicht schlecht. Danke für den Tip!

Bartels (1989), 176

118

Beispiel 2

1 Kein Glück gehabt!

Lies den Text, und schreibe die richtigen Verben aus dem Kasten in die Lücken. Höre dann die Kassette und kontrolliere.

zurückgehen anziehen sehen essen
warten sehen kaufen
sein weitergehen trinken sagen

Am Montag waren Karen und Silke auf dem Stadtfest. Es war sehr kalt und sie haben zuerst einen Tee _**getrunken**_. Dann hatten sie richtig Hunger. Sie haben zwei Hamburger _____. Aber die Hamburger waren schon kalt. Dann haben sie einen Stand mit T-Shirts _____. „Toll, die neuen Kevin-Costner-T-Shirts!" Aber nicht billig! 35 Mark! Na, ja, sie haben die T-Shirts _____. „Sie sind ein bißchen groß", hat Karen _____. „Kein Problem! Die T-Shirts sind ganz neu. Die müssen wir haben!". Sie haben die T-Shirts _____. Karen und Silke haben viele interessante Jungen _____. Aber alle sind _____. Heute war nicht ihr Tag. Sie sind zum Bus _____. Sie haben 50 Minuten auf den Bus _____. Im Bus waren Heike und Monika. Oh nein! Sie haben auch Kevin-Costner-T-Shirts gehabt. 10 Mark pro T-Shirt. So ein Mist! Heute _____ nicht ihr Tag.

Funk u. a. (1994a), 62

Beispiel 3

18. Ergänzen Sie „zum Schluß", „deshalb", „denn", „also", „dann", „übrigens", „und", „da", „trotzdem" und „aber".

Warum nur Sommerurlaub an der Nordsee?

Auch der Herbst ist schön. Es ist richtig, daß der Sommer an der Nordsee besonders schön ist. _____(a) kennen Sie auch schon den Herbst bei uns? _____(b) gibt es sicher weniger Sonne, und baden können Sie auch nicht. _____(c) gibt es nicht so viel Regen, wie Sie vielleicht glauben. Natur und Landschaft gehören Ihnen im Herbst ganz allein, _____(d) die meisten Feriengäste sind jetzt wieder zu Hause. Sie treffen _____(e) am Strand nur noch wenige Leute, _____(f) in den Restaurants haben die Bedienungen wieder viel Zeit für Sie. Machen Sie _____(g) auch einmal Herbsturlaub an der Nordsee. _____(h) sind Hotels und Pensionen in dieser Zeit besonders preiswert. _____(i) noch ein Tip: Herbst bedeutet natürlich auch Wind. _____(j) sollten Sie warme Kleidung nicht vergessen.

Aufderstraße u. a. (1993 b), 75

Anhand dieser drei Textbeispiele haben wir einige Forderungen erarbeitet, die Ergänzungsaufgaben als Grammatik- und Wortschatztests erfüllen sollten (siehe dazu auch S. 180/181 im Lösungsschlüssel). Bitte fassen Sie die wichtigsten Punkte hier noch einmal zusammen.

119

Aufgabe 97
Zusammenfassung

Forderungen an Ergänzungsaufgaben als Grammatik- und Wortschatztests:

1. _____

2. _____

3. _____

4: _____

Ergänzungsaufgaben sind **eine** mögliche Testform für Grammatik- und Wortschatztests. Multiple-choice-Aufgaben sind eine andere, häufig verwendete Testform. Multiple-choice-Aufgaben als Tests zu *Wortschatz* und *Grammatik* werden wir im nächsten Kapitel näher betrachten.

Zuvor aber möchten wir Ihnen noch einige Beispiele für alternative Testformen zeigen, mit denen Sie etwas Abwechslung und Phantasie in Ihre Grammatik- und Wortschatztests bringen können. Die Testaufgaben werden durch Illustrationen oder Raster gesteuert.

Aufgabe 98

Lösen Sie die folgenden Übungsbeispiele.

Beispiel 1

14. Beschreiben Sie die Personen.

a) Er hat *einen dicken* _____ Bauch.
   _____ Beine.
   _____ Füße.
   _____ Haare.
   _____ Brille.
   _____ Gesicht.
   _____ Nase.
   _____ Mund.

c) Sie hat _____ Ohren.
   _____ Haare.
   _____ Nase.
   _____ Mund.
   _____ Beine.
   _____ Gesicht.
   _____ Füße.
   _____ Hals.

Aufderstraße u. a. (1993 b), 11

Die richtige Lösung wird nur angekreuzt.

2. **„Uhr"** oder **„Stunde"**? Machen Sie bitte ein ✗!

	Uhr	Stunde(n)	
Der Film beginnt um 20.00			
und ist um 23.00			zu Ende. –
Das sind ja drei			!
Eile mit Weile! Du hast noch eine halbe			Zeit.
Hast du keine			?
Wann mußt du gehen? In eineinhalb			.

Beispiel 2

Fuhrmann u. a. (1988), 47

Testen mit Bilderrätseln

So:

Beispiel 3

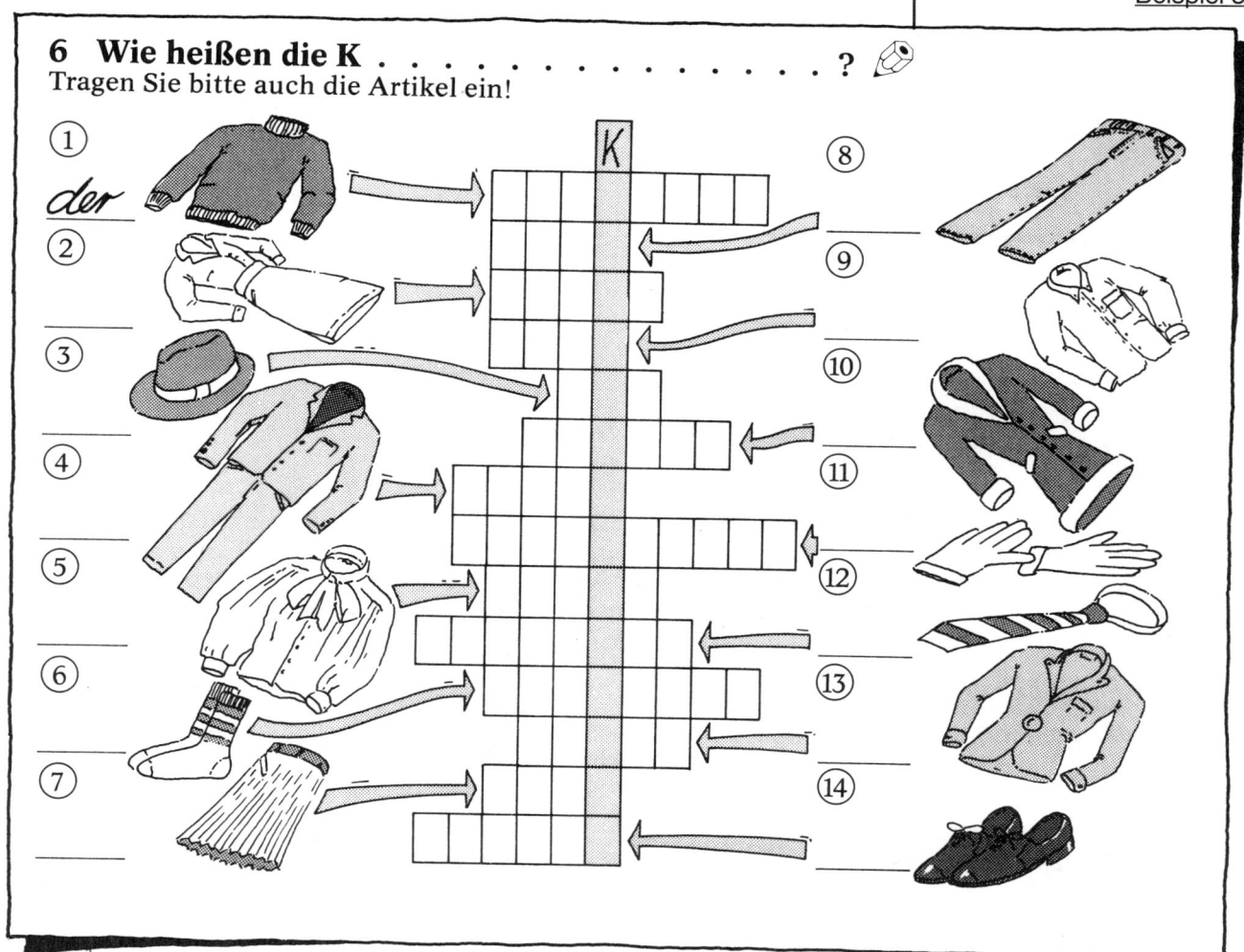

6 Wie heißen die K . . . . ?
Tragen Sie bitte auch die Artikel ein!

Fuhrmann u. a. (1988), 83

121

Beispiel 4

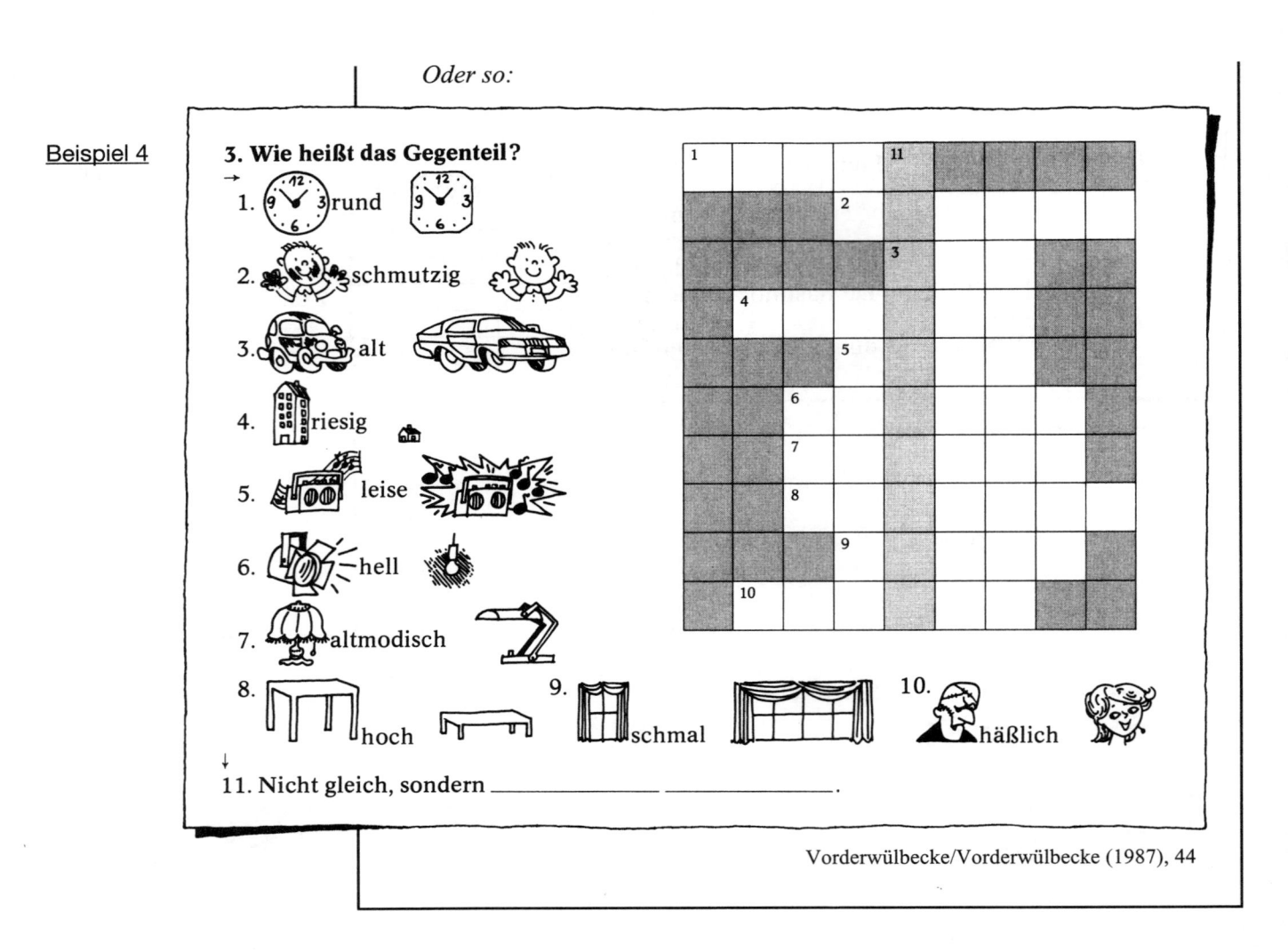

Oder so:

3. Wie heißt das Gegenteil?

→
1. ⏰ rund ⏰
2. 👶 schmutzig 👶
3. 🚗 alt 🚗
4. 🏠 riesig 🏠
5. 📻 leise 📻
6. 💡 hell 💡
7. 💡 altmodisch 💡
8. 🪑 hoch 🪑
9. 🪟 schmal 🪟
10. 👤 häßlich 👤

↓
11. Nicht gleich, sondern _____ .

Vorderwülbecke/Vorderwülbecke (1987), 44

7.2 Multiple-choice-Aufgaben

Von Multiple-choice-Aufgaben war in dieser Fernstudieneinheit schon einige Male die Rede, denn dieser Aufgabentyp ist sehr vielseitig verwendbar: zum Überprüfen des *Leseverstehens* (siehe Kapitel 3.4.2; dort können Sie auf S. 31 ff. detaillierte Ausführungen zu diesem Übungstyp nachlesen), des *Hörverstehens* (siehe Kapitel 3.5.3, S. 50ff.) und nicht zuletzt zum Überprüfen von Wortschatz- und Grammatikkenntnissen.

Rückverweis

Erinnern wir uns:

die richtige Lösung erkennen

Wichtigstes Merkmal dieses Aufgabentyps ist: Die **richtige Lösung muß nicht aktiv produziert**, sondern zwischen mehreren „falschen Lösungen" (zwei oder drei Distraktoren) herausgefunden, also **erkannt** und angekreuzt **werden**. Für die Verwendung dieses Aufgabentyps zu Testzwecken ergeben sich daraus einige Vorteile:

Vorteile für Testzwecke

➤ Bei der Überprüfung rezeptiver Verstehensleistungen wird das Testziel (z. B. verstanden/nicht verstanden) ohne „störende Nebeneffekte", wie z. B. fehlerhafte oder nicht ganz eindeutige sprachliche Formulierungen, des Kandidaten erreicht (es wird ja nur angekreuzt).

➤ Die Testergebnisse sind weitgehend objektiv: Wurde die richtige Lösung angekreuzt, geht man davon aus, daß der Kandidat verstanden hat (allerdings kann das richtige Ergebnis auch ein Zufallstreffer sein, z. B. mit einer Wahrscheinlichkeit von 30% bei drei Distraktoren).

➤ Multiple-choice-Aufgaben können sehr schnell ausgewertet (d. h. korrigiert) werden. Mit Hilfe einer Schablone (einer Klarsichtfolie), auf der Sie die richtigen Lösungen markieren, können Sie „auf einen Blick" die richtigen und die falschen Lösungen erkennen.

Dieser Aufgabentyp bietet aber auch einige Nachteile:

> Nachteile

- Gute Multiple-choice-Aufgaben zu erstellen, ist nicht leicht und erfordert einigen Zeitaufwand. Daß dies nicht nur bei Leseverstehens- und Hörverstehensaufgaben gilt, werden wir Ihnen anhand der Beispiele unten zeigen. Andere Aufgabenformen sind leichter zu erstellen, dafür aber in der Auswertung zeitaufwendiger. Der Aufwand bei der Erstellung von Multiple-choice-Aufgaben lohnt sich eigentlich nur, wenn Sie größere Klassen haben oder Ihren Test immer wieder verwenden können.
- In Wortschatz- und Grammatiktests können Multiple-choice-Aufgaben nur (System-)Wissen überprüfen, aber nicht die aktive Verwendung von Wortschatz und grammatischen Strukturen beim Sprachhandeln.

Wenn Sie sich nun entscheiden, für Ihren Wortschatz- oder Grammatiktest Multiple-choice-Aufgaben zu erstellen, müssen Sie auf bestimmte Dinge achten, damit Ihre Aufgaben auch wirklich das testen, was Sie überprüfen möchten und nicht etwas anderes. Mit anderen Worten: die Multiple-choice-Aufgabe muß „sauber" sein. Was das bedeutet, möchten wir mit Ihnen anhand von einigen Beispielen erarbeiten.

> Hinweise zum Erstellen von Multiple-choice-Aufgaben

Multiple-choice-Aufgaben bestehen, wie Sie ja bereits wissen, im allgemeinen aus **einer richtigen Antwort** und **zwei bis drei Distraktoren** (d. h. falschen Lösungen). Wichtig ist beim Entwerfen der Aufgabe zunächst, daß Sie darauf achten, daß sowohl die richtige Antwort als auch die Distraktoren nur die Grammatik bzw. den Wortschatz testen, daß Sie also in einer Aufgabe nicht beides mischen. Wie steht es damit im folgenden Beispiel?

Bitte beurteilen Sie die folgende Multiple-choice-Aufgabe.

1. Was soll hier getestet werden?

2. Überprüfen Sie, ob alle Distraktoren diesem Testziel entsprechen (d. h., ob die Aufgabe „sauber" ist). Verbessern Sie gegebenenfalls die Aufgabe.

- *Verzeihung, wie _____ Ihr Name?*
  - *a) bist*
  - *b) geht*
  - *c) ist*
  - *d) sind*

3. Formulieren Sie eine entsprechende Regel.

Bei Multiple-choice-Aufgaben zur Morphologie muß man darauf achten, daß _____

> Aufgabe 99
> Aufgaben zur Morphologie

Das gleiche gilt für Multiple-choice-Aufgaben zur Syntax. Auch hier müssen Sie beim Erstellen der Aufgaben darauf achten, daß alle Distraktoren von der Form (d. h. der Syntax) her falsch sind. Wenn Sie die Syntax überprüfen wollen (also das Funktionieren der Satzglieder), sollten Sie deshalb keine Distraktoren verwenden, die Fragen nach der Bedeutung aufwerfen.

> Aufgaben zur Syntax

---

1. Bitte beurteilen Sie das folgende Beispiel unter diesem Gesichtspunkt, und machen Sie gegebenenfalls Verbesserungsvorschläge.

- *Der Urlaub muß dieses Jahr leider ausfallen, _____ wir das Geld für unsere neue Wohnung brauchen.*
  - *a) denn*
  - *b) obwohl*
  - *c) trotzdem*
  - *d) weil*

> Aufgabe 100

> 2. *Formulieren Sie eine entsprechende Regel.*
> *Bei Multiple-choice-Aufgaben zur Syntax muß man darauf achten, daß*
> _____

Was halten Sie von der folgenden Multiple-choice-Aufgabe zur Grammatik? Hier gibt es noch eine besondere Auffälligkeit.

Aufgabe 101

> 1. *Versuchen Sie bitte, die oben erwähnte Auffälligkeit herauszufinden.*
> 2. *Wie denken Sie darüber?*
>
> > – *Nach dem Streik* _____
> > a) *einige Arbeiter haben entlassen.*
> > b) *haben einige Arbeiter entlassen.*
> > c) *sind einige Arbeiter entlassen geworden.*
> > d) *sind einige Arbeiter entlassen worden.*
>
> 3. *Machen Sie gegebenenfalls Verbesserungsvorschläge.*
> 4. *In diesem Beispiel einer Multiple-choice-Aufgabe geht es auch um eine Entscheidung zwischen Aktiv- und Passivformen. Formulieren Sie die Multiple-choice-Aufgabe so um, daß nur Passivformen zur Wahl stehen.*

Natürlich gilt das bisher Gesagte auch für Aufgaben zum Wortschatz.

Aufgabe 102
Aufgaben zum Wortschatz

> *Bitte beurteilen Sie das folgende Beispiel:*
> 1. *Welche Multiple-choice-Aufgabe (A oder B) ist gelungen, welche nicht? Begründen Sie Ihre Entscheidung.*
>
> > – *Mein Kompliment. Sie* _____ *aber gut Deutsch!*
> > A a) *fragen*   B a) *fragen*
> >   b) *hören*   b) *hören*
> >   c) *sagt*   c) *sagen*
> >   d) *sprechen*   d) *sprechen*
>
> 2. *Formulieren Sie eine entsprechende Regel:*
> *Bei Multiple-choice-Aufgaben zum Wortschatz sollten*
> _____

Übrigens: Wenn es um die Entscheidung geht, ob ein grammatisches Element (z.B. Artikel, eine bestimmte Endung, das Wörtchen *zu*) gebraucht werden muß oder nicht, können Sie auch einen „Null-Distraktor"* wählen, z.B.:

> – Ist das _____ Tee oder Kaffee?
> a) –
> b) eine
> c) einer
> d) eines

Der Vollständigkeit halber verweisen wir hier noch einmal auf zwei weitere Gesichtspunkte, die wir schon früher (z.B. auf S. 33 dieser Fernstudieneinheit) erwähnt haben. Ordnen Sie in Multiple-choice-Aufgaben die richtige Antwort und die Distraktoren alphabetisch an, damit die Anordnung der richtigen Lösungen (a), b), c) oder d)) über alle Aufgaben hinweg ständig wechselt und die Schüler nicht dazu verleitet werden, das „geheime Rezept" Ihrer Anordnung von richtigen und falschen Lösungen erraten zu wollen. „Null-Distraktoren" setzen Sie am besten an die erste Stelle (siehe oben).

Wenn Sie einen Lernfortschrittstest mit Multiple-choice-Aufgaben entwickeln, sollten Sie versuchen, die Aufgaben zum Wortschatz oder zur Grammatik in einen größeren Kontext (das muß nicht immer nur ein Dialog sein) einzubetten. Auf diese Art und Weise kann man sich auch bei Grammatik- und Wortschatztests ein wenig am realen Sprachgebrauch orientieren, in dem isolierte Einzelsätze ja eher selten vorkommen. (Allerdings scheint das nicht ganz leicht zu sein: So bestehen z.B. sämtliche Tests zu Wortschatz und Grammatik in den Tests zu *Deutsch aktiv Neu* aus Multiple-choice-Aufgaben mit kontextlosen einzelnen Beispielsätzen.)

Daß es aber durchaus möglich ist, solche Kontexte zu schaffen, möchten wir Ihnen an einem Beispiel zeigen. Das Beispiel ist dem *Zertifikat Deutsch als Fremdsprache* entnommen.

Kontexte schaffen

Bitte führen Sie die Testaufgabe durch. Was wird getestet? Wortschatz oder Grammatik?

Eine Freundin bittet um Hilfe

86. Wenn du in die Stadt fährst, _____ du mir dann etwas mitbringen?
 a) dürftest   b) hättest   c) solltest   d) würdest

87. Natürlich, was hättest du denn _____ ?
 a) gern   b) lieb   c) vielleicht   d) wohl

88. Ich habe _____ Briefmarken mehr.
 a) keine   b) keinen   c) keiner   d) keins

89. Gut, wenn ich Zeit habe, hole ich dir _____ .
 a) diese   b) manche   c) solche   d) welche

90. Das ist nett von dir, _____ ich muß dringend ein paar Briefe abschicken.
 a) denn   b) deswegen   c) weil   d) wegen

Zertifikat DaF 0.6, 21

Aufgabe 103

Zum Abschluß können Sie nun selbst eine Multiple-choice-Aufgabe entwerfen.

Bitte wählen Sie ein (oder mehrere) Grammatik- oder Wortschatzthema (-themen) aus, und entwerfen Sie kontextualisierte Multiple-choice-Aufgaben. Sie können auch Grammatik und Wortschatz wie im Beispiel oben verknüpfen, indem Sie in der einen Aufgabe Wortschatz und in der anderen Grammatik testen.

Sie können sich natürlich auch andere als die hier genannten Themen ausdenken.

Grammatik:

– *Personalpronomen*

– *Deklination von Adjektiven, Possessivartikel/-pronomen usw.*

– *Zeitangaben (mit Wochentagen, Monatsnamen, Jahreszeiten/Uhrzeiten, Datumsangabe)*

– *Konjugation regelmäßiger und unregelmäßiger Verben; Perfekt mit „haben" oder „sein"*

– *Präpositionen (mit Dativ, Akkusativ/mit Dativ oder Akkusativ)*

– *Verben mit Präpositionen (warten auf, schreiben an usw.)*

– *Tempus (Zeitenfolge): Verbformen, Temporalsätze*

– *Konjunktionen/Subjunktionen/Adverbialpronomen (als, wenn, bevor, nachdem, davor, danach)*

…

Aufgabe 104

> *Wortschatz:*
> - *Haus-/Zimmereinrichtung*
> - *Wochentage, Jahreszeiten, Monatsnamen*
> - *Wetter*
> - *Verben: setzen/sitzen – stellen/stehen – liegen/legen*
> ...

Mit der folgenden Aufgabe möchten wir dieses Kapitel beenden.

__Aufgabe 105__

Wie finden Sie die folgende Multiple-choice-Aufgabe zu den Berufsbezeichnungen? Würden Sie sie in Ihrem Unterricht einsetzen?

Wenn Sie nicht einverstanden sind, dann entwerfen Sie eine neue Aufgabe zu Berufsbezeichnungen Ihrer Wahl.

Kreuzen Sie die richtige Lösung an.

1. Wie heißt die Berufsbezeichnung richtig?
   - a Köcherin
   - b Köcher
   - c Köchin
   - d Kochin

2. Wie heißt die Berufsbezeichnung richtig?
   - a Chemger
   - b Chemiker
   - c Chemigraph
   - d Chemmann

3. Wie heißt die Berufsbezeichnung richtig?
   - a Apotheke
   - b Apothekin
   - c Apothekenhelferin
   - d Apothekenhelfin

4. Wie heißt das Studienfach richtig?
   - a Archäolie
   - b Archäomatik
   - c Archäonistik
   - d Archäologie

5. Wie heißt das Studienfach richtig?
   - a Publizistik
   - b Pubertät
   - c Publitik
   - d Publistik

6. Welches Studienfach gibt es?
   - a Polimistik
   - b Volkswirtschaftslehre
   - c Betriebswirtschaftsleere
   - d Völkerrunde

7. Welches Studienfach gibt es?
   - a Psychik
   - b Elektronistik
   - c Gesichte
   - d Jura

Roche/Wieland (1994), 160/161

Bei Aufgabe 100 hatten Sie festgestellt, daß der Distraktor c) der Multiple-choice-Aufgabe eine grammatische Form zur Lösung anbietet, die an sich schon falsch ist (Passiv Perfekt *entlassen geworden*). In der Multiple-choice-Aufgabe zu den Berufsbezeichnungen wimmelt es nur so von Phantasiewörtern, die es in der deutschen Sprache nicht gibt. Haben Sie diese Phantasiewörter als solche erkannt? Ist es zulässig, in Tests zum Wortschatz auch Phantasiewörter als Distraktoren anzubieten?

Was halten Sie von dem Argument, daß diese Phantasiewörter zum Teil tatsächliche Fehler (in einigen Fällen vor allem Aussprachefehler?) widerspiegeln, die die Lernenden machen und daß deshalb ihre Verwendung in einem Test durchaus gerechtfertigt ist? Oder würden Sie zwar bestimmte Phantasiewörter in einem Test dieser Art akzeptieren, andere nicht? Welche? Und warum?

7.3 Der Cloze-Test

Der Cloze-Test gehört eigentlich zu den Ergänzungsaufgaben. Da er sich jedoch wesentlich von der üblichen Form der Lückentexte unterscheidet und eine ganz eigene Testform darstellt, widmen wir ihm hier ein eigenes Kapitel. (Sehr detaillierte Ausführungen zum Cloze-Test finden Sie auch in der Fernstudieneinheit *Testen und Prüfen in der Grundstufe, Einstufungstests und Sprachstandsprüfungen*.

Bei einem normalen Lückentext entscheiden Sie aufgrund Ihres Testziels, welche Wörter Sie im Text löschen, um sie sodann von den Lernenden ergänzen zu lassen. Sie können also ganz gezielt bestimmte grammatische Phänomene oder einen bestimmten Wortschatz testen. Beim Cloze-Test hingegen dient zwar auch ein Text als Testvorlage, aber im Gegensatz zum didaktischen Auswählen der Lücken wird bei diesem Test jedes x-te Wort mechanisch gelöscht. Sie wählen also die Lücken nicht gezielt aus, sondern die Lücken entstehen automatisch nach einer bestimmten Anzahl von Wörtern.

> jedes x-te Wort wird gelöscht

Aufgrund dieses Verfahrens eignet sich der Cloze-Test nicht zur gezielten Überprüfung einer ganz bestimmten Lexik oder Grammatik. Er stellt auch komplexere Anforderungen als ein üblicher Lückentext zu Wortschatz oder Grammatik. Darauf werden wir weiter unten zurückkommen. Der Cloze-Test könnte sich statt dessen als globaler Test zu den grundlegenden linguistischen Kenntnissen der Lernenden am Ende eines größeren Unterrichtsabschnitts eignen, also z.B. am Ende einer Jahrgangsstufe oder eines Kurses. Bei der Wahl Ihrer Textvorlage müssen Sie allerdings darauf achten, daß sie diejenige Lexik und Grammatik enthält, die im Unterricht durchgenommen wurde und als bekannt vorausgesetzt werden kann.

> globaler Test am Ende einer Lernstufe

Wenn Sie eine Textvorlage gefunden haben, die diese Bedingungen erfüllt, müssen Sie entscheiden, wie groß der Abstand zwischen den Lücken sein soll. Meist wird ein Abstand gewählt, bei dem vier bis sieben Wörter zwischen den Lücken liegen, d.h., jedes 5., 6., 7., oder 8. Wort wird gelöscht. Die Größe des Abstandes zwischen den Lücken hat Konsequenzen für den Schwierigkeitsgrad des Tests: je kleiner der Abstand zwischen den Lücken (d.h., je mehr Lücken der Text hat), desto schwerer wird der Test. Probieren Sie es selbst an dem folgenden Beispiel aus (der Satz ist dem Märchen *Der Froschkönig und der eiserne Heinrich* der Brüder Grimm entnommen).

Bitte versuchen Sie, die Lücken zu füllen, und beantworten Sie dann die Frage unten.

1. Jedes fünfte Wort wurde gelöscht:

> In den alten Zeiten, _____ das Wünschen noch geholfen _____ , lebte ein König, dessen _____ waren alle schön, aber _____ jüngste war so schön, _____ die Sonne selber, die _____ so vieles gesehen hat, _____ verwunderte, sooft sie ihr _____ Gesicht schien.

Aufgabe 106

2. Jedes achte Wort wurde gelöscht:

In den alten Zeiten, wo das Wünschen _____ geholfen hat, lebte ein König, dessen Töchter _____ alle schön, aber die jüngste war so _____ , daß die Sonne selber, die doch so _____ gesehen hat, sich verwunderte, sooft sie ihr _____ Gesicht schien.

Brüder Grimm, in: Frank (1985), 69

In welchem der beiden Beispiele ist es Ihnen leichter gefallen, die Lücken zu füllen?

Obwohl es sich bei beiden Beispielen um denselben Text handelt, haben Sie sicher gemerkt, daß es leichter ist, die Lücken zu füllen, wenn der Abstand zwischen den Lücken größer ist, wenn also mehr Text erhalten bleibt. Denn dieser Text hilft, die fehlenden Wörter zu erschließen.

Wie der Text zwischen den Lücken beim Erschließen hilft, möchten wir Ihnen an einem längeren Beispiel zeigen. In diesem Beispiel haben wir jedes achte Wort gelöscht, den ersten Satz aber intakt gelassen. Eine solche Vorgabe ist unbedingt notwendig, denn sie hilft den Lernenden, sich in den Text einzulesen. Der Text ist eine moderne Version des Märchens von *Hänsel und Gretel*.

Aufgabe 107

1. *Lesen Sie den Text erst einmal, ohne die Lücken zu beachten.*
2. *Lesen Sie den Text ein zweites Mal, und versuchen Sie nun, die Lücken auszufüllen.*
3. *Notieren Sie für jede Lücke, was Ihnen geholfen hat, das fehlende Wort zu finden.*

Holger und Gesine

In einem Vor- (genauer gesagt) Hinterort der Großstadt Hamburg wohnte bis letztes Jahr eine sechsköpfige Familie, die so arm war, daß sie sich monatelang kaum noch richtig satt gegessen hatte. Auch die Miete konnte sie nicht mehr _____ (1). Die Arbeitslosenunterstützung des Vaters reichte vorne und _____ (2) nicht. Deshalb entschlossen sich die Eltern schweren _____ (3), die beiden ältesten Kinder in den weit _____ (4) liegenden Stadtpark zu bringen und ihrem Schicksal _____ (5) überlassen. Eines frühen Morgens nahm der Vater _____ (6) und Gesine an die Hand und führte _____ (7) in den verwirrend duftenden Park. Dort setzte _____ (8) sie auf eine Bank und sagte: „Hier _____ (9) ihr sitzen, bis ich euch wieder abhole."

Mai, in: Frank (1985), 64

Lösungsstrategien:

(1) _____

(2) _____

(3) _____

(4) _____

(5) _____

(6) _____

(7) _____

(8) _____

(9) _____

Sie haben beim ersten Lesen des Textes sicher festgestellt, daß Sie den Text trotz der Lücken verstanden haben. Das zeigt, wie sehr der gesamte Kontext und Kenntnisse über das Thema (hier die Ähnlichkeit mit dem Märchen *Hänsel und Gretel*) helfen, einen Text zu verstehen. Deshalb ist es bei Cloze-Tests auch notwendig, einen kleinen Teil des Textes am Anfang intakt, d. h. ohne Lücken zu lassen, damit die Lernenden sich in den Text einstimmen können.

Kontext und Kenntnisse
über das Thema

Beim Ausfüllen der Lücken werden Sie außerdem sicher bemerkt haben, daß Sie – je nach Lücke – unterschiedliche Strategien angewendet haben. Das Ausfüllen einiger Lücken geschieht beim Cloze-Test aufgrund des **gesamten** Textes oder der **Überschrift**. In dem Beispiel *Holger und Gesine* betrifft das die Lücke (6): es waren zwei Kinder, und wie das andere Kind heißt, können die Lernenden aus der Überschrift ersehen.

Überschrift

Eine weitere wichtige Strategie beim Ausfüllen der Lücken betrifft das Erschließen der fehlenden Wörter aus dem näheren und weiteren Umfeld der Lücke aufgrund **semantischer** Regeln. Haben Sie diese Lösungsstrategie auch bei den folgenden Lücken eingesetzt?

semantische Regeln

(1) *[Miete]* **bezahlen**

(2) *[vorne und]* **hinten**

(3) *[schweren]* **Herzens**

(4) *[weit]* **entfernt** *[liegenden Park]*

Eine dritte wichtige Lösungsstrategie ist das Erschließen der Lücken aufgrund **grammatischer** Regeln. Dies betrifft folgende Lücken:

grammatische Regeln

(5) *[entschlossen sich die Eltern ... ihrem Schicksal]* **zu** *[überlassen]*: Infinitiv mit *zu*

(7) *[führte]* **sie**: Pronomen, Plural, Akkusativ

(8) *[dort setzte]* **er**: Pronomen, Singular, Nominativ

(9) *[Hier]* **bleibt** *[ihr sitzen]*: Imperativ, Plural

Wir haben weiter oben von den komplexen Anforderungen gesprochen, die ein Cloze-Test an die Sprachleistung der Lernenden stellt. Diese Anforderungen sind an diesem Testbeispiel deutlich geworden: Es geht beim Cloze-Test nicht nur um Wortschatz- und Grammatikkenntnise (die richtigen Wörter in der richtigen grammatischen Form in die Lücken einsetzen). Dazu kommen das *Leseverstehen* (als globales und detailliertes Textverständnis) sowie die Fähigkeit, Fehlendes aus dem Kontext zu erschließen.

Mit der folgenden Aufgabe schließen wir nun das Kapitel ab.

<u>Aufgabe 108</u>

Lesen Sie den Text „Holger und Gesine" weiter, und machen Sie sich Notizen, welche Strategie Sie diesmal beim Ausfüllen jeder Lücke angewendet haben. Haben Sie über die obengenannten Strategien hinaus noch weitere Strategien angewendet? Welche?

„_____ (10) die Kinder brav und folgsam waren, blieben _____ (11) auf der Bank sitzen. Ihnen gegenüber saß _____ (12) alter Mann und beobachtete alles, sagte jedoch _____ (13) Wort. Gegen Mittag erhob er sich ächzend _____ (14) stöhnend und hinkte, auf einen Stock gestützt, _____ (15).

„Du, Holger, ich habe Hunger", sagte Gesine. „_____ (16) noch ein bißchen, der Papa wird uns _____ (17) holen". Es dauerte nicht lange, da kam _____ (18) alte Mann wieder und setzte sich auf _____ (19) Bank wie am Morgen. Er nickte den _____ (20) Kindern zu. Holger und Gesine nickten freundlich _____ (21).

Mai, in: Frank (1985), 64

Lösungsstrategien:

(10) _____

(11) _____

(12) _____

(13) _____

(14) _____

(15) _____

(16) _____

(17) _____

(18) _____

(19) _____

(20) _____

(21) _____

8 Bewertung des *Schreibens* und des *Sprechens*

In Kapitel 2 (*Unterrichtsziele und Testinhalte*) sind wir auch kurz auf die verschiedenen Gütekriterien eingegangen, denen Tests genügen sollten (s. S. 17). Eines dieser drei Kriterien ist die Objektivität der Bewertung sprachlicher Leistungen. Es leuchtet unmittelbar ein, daß es sehr viel einfacher ist, geschlossene Aufgaben (wie z. B. Multiple-choice-Aufgaben zum *Lese-* und *Hörverstehen*) objektiv zu bewerten als z. B. einen Aufsatz oder ein Prüfungsgespräch. Bei geschlossenen Aufgaben ist die Lösung eindeutig entweder richtig oder falsch, bei der Bewertung schriftlicher und mündlicher Leistungen hingegen geht es immer auch um ein Qualitätsurteil, und Qualitätsurteile sind subjektiv.

Rückverweis

Objektivität

Wie kann man nun die Subjektivität bei der Bewertung des *Schreibens* und des *Sprechens* reduzieren? Eine Möglichkeit besteht darin, die mündlichen und schriftlichen Leistungen mit Hilfe einer Bewertungsanleitung* zu benoten, die genau definiert, worin sich eine gute Leistung von einer weniger guten Leistung unterscheidet. Damit hat man sozusagen einen immer gleichbleibenden „Maßstab", mit dem alle Leistungen „gemessen" werden können, und alle Schüler werden nach den gleichen Kriterien bewertet. Wir werden Ihnen im folgenden zeigen, wie eine Bewertungsanleitung aussehen könnte und worauf man beim Schreiben solcher Anleitungen achten muß. Zunächst aber möchten wir mit der folgenden Aufgabe noch einmal auf das Problem der Subjektivität bei der Notengebung zurückkommen.

Sie haben eine Klasse mit 30 Schülern und Schülerinnen, mit denen Sie einen Test zum „Schreiben" (z. B. Brief an einen Brieffreund/eine Brieffreundin) durchgeführt haben. Nun müssen Sie die schriftlichen Arbeiten korrigieren bzw. benoten.

Aufgabe 109

Sie fangen am gleichen Abend nach dem Test mit den Korrekturen an. Am nächsten Tag korrigieren Sie weiter und sehen sich zwischendurch Ihre Korrekturen/Bewertungen vom Vortag noch einmal an. Dabei merken Sie, daß Sie die Arbeiten vom Vortag strenger korrigiert haben. Woran könnte das liegen? Nennen Sie mögliche Gründe.

1. _____
2. _____
3. _____
4. _____
5. _____
6. _____

Es gibt viele Gründe, warum Ihr innerer „Bewertungsmaßstab"* laufend Schwankungen unterworfen ist. Ihre körperliche und seelische Verfassung hat einen großen Einfluß darauf, wie Sie korrigieren. Auch die Arbeiten selbst können Ihren Bewertungsmaßstab beeinflussen, je nachdem, ob Sie mit den guten oder den schlechten Arbeiten beginnen. Diesen Schwankungen unterliegen alle Korrektoren bzw. Bewerter, auch wenn sie noch so erfahren sind. Wenn Sie sich aber bei der Bewertung der schriftlichen und der mündlichen Leistungen immer auf eine Bewertungsanleitung beziehen, können Sie solche Schwankungen zu einem großen Teil vermeiden, weil Sie sich Ihren einmal definierten Bewertungsmaßstab immer wieder in Erinnerung rufen können.

Ein weiterer Vorteil einer Bewertungsanleitung ist, daß Sie damit Ihre Bewertungen objektivieren, weil Sie jeden Schüler im Hinblick auf die gleichen Kriterien bewerten (d. h. unabhängig von der Person des Schülers).

8.1 Bewertung des *Schreibens*

Rückverweis

Wir hatten in Kapitel 4 (Tests zur Fertigkeit *Schreiben*) die Aufgaben unterschieden in Testaufgaben zur Entwicklung der allgemeinen Schreibfertigkeit (Kapitel 4.2) und in Testaufgaben zum mitteilungsbezogenen Schreiben (Kapitel 4.3). Diese unterschiedlichen Testaufgaben verlangen unterschiedliche Bewertungsverfahren. Beginnen wir zunächst mit der Bewertung von Aufgaben zur Entwicklung der allgemeinen Schreibfertigkeit. Sehen Sie sich deshalb bitte die Aufgaben c), d), f) und h) auf den Seiten 65–66 noch einmal an.

Bewertung der allgemeinen Schreibfähigkeit

Bei diesen Aufgaben wird die Textproduktion mehr oder weniger stark gesteuert. Je gesteuerter die Textproduktion, desto einfacher ist die Bewertung der Lösungen. Bei der Aufgabe c) z. B. geht es nur um die richtige Schreibweise einzelner Wörter, d. h. um die Entscheidung, ob die Lösung richtig oder falsch ist. Bei der Aufgabe d) hingegen wird die Textproduktion zwar durch Bilder gesteuert, die Aufgabe ist aber sehr viel offener und besteht darin, eine kleine Geschichte zu schreiben. Um die Schülerarbeiten zu bewerten, brauchen Sie also Kriterien, mit deren Hilfe Sie die Geschichten Ihrer Schüler bewerten können. Solche Kriterien sind z. B. *Beherrschung der Grammatik, Wortschatzkenntnisse, Beherrschung der Orthographie, Beherrschung der Interpunktion* und *Textaufbau*. Man unterteilt also die Bewertung in die verschiedenen Aspekte, die bei der Textsorte *schriftliches Erzählen einer Geschichte* eine Rolle spielen. Als nächstes muß man dann noch für jedes dieser Kriterien verschiedene Leistungsstufen* (von *sehr guter Leistung* bis *nicht mehr angemessener Leistung*) definieren. Wie eine solche Untergliederung in Leistungsstufen aussehen könnte, möchten wir Ihnen anhand der Kriterien *Grammatik, Wortschatz* und *Orthographie/Interpunktion* verdeutlichen.

Bewertungskriterien

Leistungsstufen

	Grammatik	**Wortschatz**	**Orthographie/ Interpunktion**
sehr gut	keine oder nur vereinzelte Fehler	variationsreich	keine oder nur vereinzelte Fehler
gut	einige Fehler, die jedoch das Verständnis nicht stören	der Aufgabe völlig angemessen	einige Fehler, die jedoch das Verständnis nicht stören
befriedigend	eine Reihe von Fehlern, die das Verständnis aber nur an einigen wenigen Stellen stören	gelegentlich nicht ganz angemessene Wortwahl	eine Reihe von Fehlern, die das Verständnis aber nur an einigen wenigen Stellen stören
nicht bestanden	die Fehler stören das Verständnis erheblich	häufig nicht angemessene Wortwahl	viele und/oder gravierende Fehler
oder: *nicht bestanden*	wegen Themaverfehlung (dann werden für die sprachliche Leistung keine Noten vergeben)		

Wenn Sie für Ihre Tests zum Schreiben eine Bewertungsanleitung entwerfen, müssen Sie sich zunächst darüber klar werden, was Sie als eine befriedigende Leistung ansehen, d. h., was Ihre Schülerinnen und Schüler zum Zeitpunkt des Tests können sollten. Diese Leistungsstufe müssen Sie zunächst im Hinblick auf die verschiedenen Kriterien definieren. Die weiteren Leistungsstufen sind dann Abstufungen nach oben und nach unten. Im Beispiel oben sind wir davon ausgegangen, daß ein Schüler aus der Grundstufe (hier sogar während der ersten Hälfte der Grundstufe) noch eine Reihe von

Fehlern in der Grammatik sowie der Orthographie macht und daß sein Wortschatz Lücken aufweist, daß seine Äußerungen aber trotz Fehlern und gelegentlich falscher Wortwahl insgesamt noch gut zu verstehen sind.

Kehren wir noch einmal zurück zu der Testaufgabe d) auf Seite 65. Wir hatten Ihnen oben an einem Beispiel gezeigt, wie Sie die Leistungen Ihrer Schüler im Hinblick auf die Kriterien *Grammatik*, *Wortschatz* und *Orthograpie/Interpunktion* bewerten können. Alle diese Kriterien sind auch bei der Bewertung der Testaufgabe d) wichtig. Darüber hinaus ist aber auch noch wichtig, wie der Schüler seinen Text aufbaut, d.h., ob seine Sätze logisch und kohärent* miteinander verbunden sind und es keine Brüche in der Erzählung gibt. In der folgenden Aufgabe sollen Sie sich überlegen, wie Sie bei diesem Test die Lösungen Ihrer Schüler im Hinblick auf das Kriterium *Textaufbau* bewerten würden.

> *Entwerfen Sie für die Testaufgabe d) auf S. 65 eine Bewertungsanleitung für das Kriterium „Textaufbau", die – analog zu dem Beispiel oben – vier Leistungsstufen definiert.*

Aufgabe 110

Bei den Testaufgaben zum mitteilungsbezogenen Schreiben (z.B. Briefe oder Postkarten schreiben), die wir Ihnen in Kapitel 4.3.1 (S. 79ff.) vorgestellt haben, kommt bei der Bewertung noch ein weiteres Kriterium hinzu, nämlich das Kriterium der kommunikativen Angemessenheit. Unter „kommunikativer Angemessenheit" verstehen wir folgendes:

Rückverweis

➤ Ist die gegebene Information im Hinblick auf den Adressaten umfassend oder nur minimal (der Adressat wird durch die Testaufgabe vorgegeben)?

➤ Erreicht der Schüler sein kommunikatives Ziel (das ihm durch die Testaufgabe vorgegeben wird) ganz, teilweise oder gar nicht?

➤ Entspricht das sprachliche Register* der kommunikativen Situation und dem Adressaten (Situation und Adressat werden durch die Testaufgabe vorgegeben)?

kommunikative Angemessenheit

Was wir mit „sprachlichem Register" meinen, möchten wir mit einem Beispiel verdeutlichen. In der Prüfung zum *Zertifikat Deutsch als Fremdsprache*, bei der die Aufgabe zum *Schreiben* darin besteht, mit Hilfe von fünf Leitpunkten einen Brief zu schreiben, lautete einer der Leitpunkte für ein Bewerbungsschreiben: *Ihr Alter*. Ein Kandidat schrieb dazu: *Mein Alter immer noch leben und Sie begrüßen*. Über die Verwechslung im Bereich der Lexik hinaus (*Ihr Lebensalter* mit *Ihr Vater*) wird hier die Rollenerwartung verletzt. Ein Bewerber um eine Stelle läßt, zumindest nicht in Deutschland, von seinem Vater grüßen und schon gar nicht bezeichnet er ihn gegenüber Unbekannten als *mein Alter*.

Bei der Bewertung von Tests zum mitteilungsbezogenen Schreiben empfiehlt es sich, den kommunikativen und den formalen Aspekt (d.h. Grammatik, Lexik, Orthographie und Interpunktion) getrennt zu bewerten, da die Schüler manchmal Briefe bzw. Postkarten schreiben, die zwar kommunikativ angemessen, aber sprachlich sehr fehlerhaft sind, wie auch solche, die zwar sprachlich weitgehend korrekt sind, die aber in der Realsituation ihr kommunikatives Ziel nicht erreichen würden (z.B. weil wesentliche Informationen fehlen). Würde die Bewertungsanleitung diese beiden Aspekte *Kommunikation* und *sprachliche Korrektheit* in einer Leistungsstufe zusammen (und nicht getrennt) definieren, dann könnten Sie Briefe nicht angemessen bewerten, bei denen diese beiden Aspekte auseinanderklaffen.

mitteilungsbezogenes Schreiben

Wenn man Tests zum mitteilungbezogenen Schreiben getrennt nach den zwei Aspekten *Kommunikation* und *sprachliche Korrektheit** bewertet, ist es einfacher, den verschiedenen Leistungsstufen Punkte zuzuordnen statt sie wie im Beispiel oben durch Noten zu bezeichnen. Die Punkte, die der Schüler in den beiden Teilen erreicht, können dann zu einem Gesamtergebnis addiert werden, und dieses Gesamtergebnis kann dann, falls nötig, in Noten umgerechnet werden.

Das folgende Beispiel soll Ihnen zeigen, wie eine Bewertungsanleitung für Tests zum mitteilungsbezogenen Schreiben aussehen könnte. Wir haben die Textsorte *Brief* gewählt, bei der das Schreiben durch die Vorgabe von Leitpunkten gesteuert wird

Bewerten der Textsorte *Brief*

(siehe dazu das Beispiel auf S. 82 und Aufgabe 73 auf S. 82/83). Bei der Formulierung für eine befriedigende Leistung (d. h. eine Leistung, die mit 1 Punkt bzw. 2 Punkten bewertet wird) sind wir davon ausgegangen, daß Ihre Schülerinnen und Schüler in der Lage sein sollten, einen kommunikativ angemessenen und verständlichen Brief zu schreiben und daß die Fehler in Grammatik, Lexik und Orthographie ein für die Grundstufe übliches Maß nicht überschreiten.

A. Kommunikative Angemessenheit

3 Punkte: Die Kommunikation ist im Hinblick auf Information und Tonlage* ohne Einschränkungen gelungen. Der Schreiber erreicht sein kommunikatives Ziel (entsprechend der Vorgabe) völlig. Alle Leitpunke sind inhaltlich richtig behandelt.

2 Punkte: Die Kommunikation ist im Hinblick auf Information und Tonlage gelungen. Der Schreiber erreicht sein kommunikatives Ziel (entsprechend der Vorgabe) fast durchgehend. Die meisten Leitpunkte sind inhaltlich richtig behandelt.

1 Punkt: Die Kommunikation ist insgesamt noch gelungen, aber sie ist an mehreren Stellen gestört (Anrede, Schlußformel und/oder gelegentlich falsches Register und/oder unzureichende Information für den Adressaten). Der Schreiber wird aber dennoch eine (der Vorgabe entsprechende) Kommunikation mit dem Adressaten erreichen. Die wichtigsten Leitpunkte sind berücksichtigt.

0 Punkte: Die Kommunikation ist durch Verstöße gegen die Tonlage und/oder unzureichende Information sehr gestört. Das kommunikative Ziel des Schreibers (entsprechend der Vorgabe) wird nicht erreicht.

oder: Das Thema ist völlig verfehlt.

Bei der Vergabe von 0 Punkten wird die schriftliche Arbeit des Schülers nicht mehr nach formalen Kriterien (d. h. der sprachlichen Richtigkeit) bewertet.

B. Sprachliche Richtigkeit

4 Punkte: Der Brief enthält keine oder nur einige wenige Fehler in Syntax, Morphologie und Orthographie (und die wenigen Fehler beeinträchtigen das Verständnis überhaupt nicht). Der Wortschatz ist variationsreich.

3 Punkte: Der Brief enthält mehrere Fehler in Syntax, Morphologie und Orthographie, die jedoch das Verständnis nicht beeinträchtigen. Der Wortschatz ist variationsreich.

2 Punkte: Der Brief enthält mehrere Fehler in Syntax, Morphologie und Orthographie, die jedoch das Verständnis nicht oder höchstens an einigen wenigen Stellen beeinträchtigen. Der Wortschatz ist einfach, aber noch angemessen.

1 Punkt: Der Brief enthält so viele Fehler in Lexik, Syntax, Morphologie und Orthographie, daß das Verständnis stark beeinträchtigt wird.

Die Briefe werden also zunächst anhand des Kriteriums *kommunikative Angemessenheit* bewertet und erst im zweiten Durchgang anhand des Kriteriums *sprachliche Richtigkeit*. Ein Brief, der sein kommunikatives Ziel verfehlt (0 Punkte), bekommt keine Punkte mehr für die sprachliche Korrektheit, wird also insgesamt mit 0 Punkten bewertet.

Es wird Ihnen sicher auch aufgefallen sein, daß wir unter dem Kriterium *sprachliche Richtigkeit* maximal 4 Punkte vergeben haben und unter dem Kriterium *kommunikative Angemessenheit* maximal 3 Punkte. Das hat seinen guten Grund. Den sprachlichen Aspekten etwas mehr Gewicht zu geben als den kommunikativen ist wichtig, weil sonst Schüler zu gut bewertet werden, die einen zwar noch kommunikativ angemessenen (d.h. noch verständlichen), aber sonst sehr fehlerhaften Brief schreiben (das wäre auch auf der Grundstufe keine befriedigende Leistung). Die insgesamt erreichten Punkte (d.h. die Punkte aus A. und B.) können Sie folgendermaßen in Noten umrechnen (falls Sie bei Ihren Schülerbewertungen Noten und keine Punkte vergeben):

Gewichtung

7 Punkte   = *sehr gut*
6 – 5 Punkte = *gut*
4 – 3 Punkte = *befriedigend*

Mit der folgenden Aufgabe möchten wir Sie dazu einladen, die Bewertungsanleitung oben an einem Testbeispiel anzuwenden.

Bitte übernehmen Sie die Rolle des Korrektors, und bewerten Sie die drei Briefe, die zu der Testaufgabe geschrieben wurden: Wie viele Punkte erhält jeder Brief in der Kategorie „kommunikative Angemessenheit" (Kategorie A), und wie viele Punkte erhält er in der Kategorie „sprachliche Richtigkeit" (Kategorie B)?

Aufgabe 111

Die Testaufgabe:

Sie haben letzten Donnerstag bei einer Reise im Zug einen Gegenstand (Regenschirm, Tasche, Jacke oder etwas anderes) liegengelassen. Am Bahnhof erhalten Sie die Auskunft, daß Sie sich schriftlich an das Fundbüro der Bundesbahn, Hauptbahnhof, 60433 Frankfurt wenden müssen.

Schreiben Sie an das Fundbüro, und sagen Sie in Ihrem Brief etwas zu folgenden Punkten:

1. warum Sie schreiben,
2. in welchem Zug Sie den Gegenstand liegengelassen haben,
3. wie der Gegenstand genau aussieht,
4. wohin der Gegenstand geschickt werden soll,
5. und fragen Sie nach den Kosten.

Vergessen Sie auch nicht Datum, Anrede, Gruß und Unterschrift!
Schreiben Sie zu <u>allen</u> Punkten wenigstens 1 – 2 Sätze!

nach: Hinweise zur Durchführung der Prüfungen des GI (1993), 65

Brief 1

Fundbüro im Hauptbahnhof   *15. Dez. 1993*
60433 Frankfurt

Sehr geehrte Damen und Herren,

ich habe letzten Donnerstag im einen Zug nach Frankfurt gefahren, und ich habe viele Sachen in dem Zug vergessen oder liegengelassen. Der Zug fuhr um 10.15 Uhr von Köln nach Frankfurt und ich habe meine Tasche, Jacke und Regenschirm vergessen. Meine Tasche ist klein und die Farbe ist braun, mein schwarze Leder Jacke und meinen blau gestreiften Regenschirm.

Können Sie bitte hinschinkeln meine Jacke, Tasche und Regenschirm im Hauptbahnhof in Frankfurt. Und möchte auch wissen wieviel kostet das?

Mit freundlichen Grüßen

nach: Hinweise zur Durchführung der Prüfungen des GI (1993), 65; (Schülerarbeit ohne Lehrerkorrektur)

Brief 2

Name + Anschrift vorhanden

Fundbüro
Im Hauptbahnhof　　　　　　　　　　　　　　　　　　　　　8. 12. 1993
60433 Frankfurt

Ich habe letzten Donnerstag im Zug nach Frankfurt meinen Gegenstand liegenlassen

Sehr gut Herr und gute Damen,

ich war im die Nummer 1 nach Frankfurt gefahren. Mein sitz ist die Nummer 10.

Von Braunschweig war der Zug um 8 Uhr abfahren. Meine Tasche ist groß rote Farbe und kommt aus Leder. Meine Jake und Halshüte sind hellen grünen Farbe. Auch mein Regenschirm ist rote Farbe.

Wohin sie die Sachen schicken? Wo nehme ich mein Gegenstand? Wie viel Geld ich für mein Gegenstand bezahle? – Wann sie mein Gegenstand haben.

mit freundlichen Grüßen

Unterlagen zur Prüferschulung des GI; (unveröffentlicht)

Brief 3

Name + Anschrift vorhanden

Fundbüro im Hauptbahnhof　　　　　　　　　　　　　　　　8. 12. 1993
60433 Frankfurt

Sehr geehrte Damen und Herren,

ich bin letzten Donnerstag bei einer Reise mit dem Zug nach Frankfurt gefahren. Ich habe eine Tasche, ein Buch und einen Regenschirm im Zug liegenlassen.

Ich habe meinen Gegenstand im Zug 11 zweite Klasse von Braunschweig nach Frankfurt liegenlassen. Ich bin um 19.15 Uhr am Donnerstag mit diesem Zug gefahren.

Ich möchte etwas über meinen Gegenstand information Ihnen geben. Also meine Tasche ist gelb und klein. Mein Buch ist Geschichte von Deutschland und mein Regenschirm ist hellblau.

Wenn Sie meinen Gegenstand finden, schicken Sie bitte mit meiner Adresse. Ich danke Ihnen.

Ich möchte wissen, wieviel Geld Sie für meinen Gegenstand bezahlen? Ich kann dieses Geld durch einen Brief Ihnen schicken. Nochmal vielen Dank. Ich würde mich freuen, wenn sie meinen Gegenstand finden könnten. Vielen Dank!

Mit freundlichen Grüßen

Unterlagen zur Prüferschulung des GI; (unveröffentlicht)

Bewerten anderer Textsorten

Bei der Bewertung von Schülerarbeiten zu den anderen (auf S. 76 genannten) Testaufgaben (z.B. ein Märchen erzählen, einen Zeitungsbericht verfassen, eine Bildergeschichte nacherzählen, die Handlung eines Films wiedergeben etc.) müßten Sie die Bewertungsanleitung oben entsprechend umformulieren, indem Sie z.B. statt des Kriteriums *Kommunikation* das Kriterium *Textaufbau* formulieren.

8.2 Bewertung des *Sprechens*

Was wir zur Bewertung des *Schreibens* gesagt haben, trifft auch für die Bewertung des *Sprechens* als Zielfertigkeit zu (s. Kapitel 5.1, S. 93f.). Auch beim Bewerten der mündlichen Leistungen müssen Sie sich auf eine Bewertungsanleitung stützen, um die Leistungen Ihrer Schüler einigermaßen objektiv bewerten zu können. Bei der Bewertung des *Sprechens* kommt noch hinzu, daß Sie Ihre Entscheidung sehr schnell fällen müssen. Bei schriftlichen Arbeiten ist die Bewertung einfacher, weil Sie sich bei der Bewertung die Schülerarbeiten immer wieder ansehen können.

Wenn Sie die mündlichen Leistungen Ihrer Schüler bewerten, spielen ähnliche Kriterien eine Rolle wie bei der Bewertung schriftlicher Leistungen. Auch hier unterteilt sich also die Bewertungsanleitung in verschiedene Kriterien, wobei für das Sprechen die Kriterien *Grammatik, Wortschatz, Aussprache/Intonation* (d. h. die sprachlichen Aspekte) sowie das Kriterium *Erfüllung der Aufgabenstellung und interaktives Verhalten* (d. h. der kommunikative Aspekt) eine Rolle spielen. Das folgende Beispiel zeigt Ihnen eine Bewertungsanleitung, die diese Kriterien aufnimmt und für jedes Kriterium vier Leistungsstufen definiert.

Bewertungskriterien

Grammatik	3 Punkte	Die Äußerungen sind weitgehend fehlerfrei.
	2 Punkte	Die Äußerungen enthalten einige Fehler, die jedoch das Verstehen überhaupt nicht beeinträchtigen.
	1 Punkt	Die Äußerungen enthalten mehrere Fehler, die jedoch das Verstehen nur an einigen Stellen beeinträchtigen.
	0 Punkte	Die Äußerungen sind aufgrund der Fehler weitgehend unverständlich.
Wortschatz	3 Punkte	Der Wortschatz ist variationsreich, und der Schüler kann ihm fehlende Begriffe angemessen umschreiben.
	2 Punkte	Der Wortschatz ist der Aufgabe angemessen, und der Schüler kann ihm fehlende Begriffe in den meisten Fällen angemessen umschreiben.
	1 Punkt	Der Wortschatz ist einfach (aber noch angemessen), und der Schüler kann ihm fehlende Begriffe annähernd umschreiben.
	0 Punkte	Der Wortschatz ist der Aufgabe nur teilweise angemessen.
Aussprache/ Intonation	3 Punkte	Aussprache und Intonation weisen keine wesentlichen Abweichungen von gesprochener Standardsprache auf.
	2 Punkte	Aussprache und Intonation weisen einige Abweichungen auf, die aber das Verstehen nicht beeinträchtigen.
	1 Punkt	Aussprache und Intonation weisen einige Abweichungen auf, die das Verstehen gelegentlich erschweren.
	0 Punkte	Aussprache und Intonation weisen starke Abweichungen auf, die das Verstehen stellenweise unmöglich machen.
Erfüllung der Aufgabenstellung und interaktives Verhalten	3 Punkte	Die Äußerungen sind inhaltlich voll angemessen, und der Schüler kann das Gespräch ohne Hilfen des Lehrers in Gang halten.

2 Punkte	Die Äußerungen sind inhaltlich angemessen, und der Schüler kann das Gespräch ohne wesentliche Hilfen des Lehrers in Gang halten.
1 Punkt	Die Äußerungen sind inhaltlich meistens angemessen, der Schüler braucht aber ab und zu die Hilfe des Lehrers, um das Gespräch wieder in Gang zu setzen.
0 Punkte	Auch mit häufigen Hilfen des Lehrers kommt kein befriedigendes Gespräch zustande.

Gewichtung

Beim Lesen der Bewertungsanleitung oben wird Ihnen sicher aufgefallen sein, daß wir im Gegensatz zur Bewertung des mitteilungbezogenen Schreibens hier alle Kriterien mit maximal 3 Punkten gleich gewichten. Der kommunikative Aspekt hat aber auch hier trotzdem ein geringeres Gewicht als die sprachlichen Aspekte (*Grammatik*, *Wortschatz* und *Aussprache/Intonation*), weil jeder dieser sprachlichen Aspekte separat bewertet wird (die Punkte sich also addieren!). Sehen Sie sich bitte noch einmal die Bewertungsanleitung zum Schreiben auf S. 134 an. Dort hatten wir die sprachlichen Aspekte (*Lexik, Syntax, Morphologie* und *Orthographie*) bei der Definition der Leistungsstufen zusammengefaßt. Bei der Bewertung der mündlichen Leistungen erleichtert die Trennung die schnelle Entscheidung.

Rückverweis

Wir hatten schon darauf hingewiesen, daß man bei der Definition von Leistungsstufen zunächst von einer befriedigenden Leistung ausgeht, die man dann nach oben und nach unten abstuft. Wie viele Punkte erhält eine befriedigende Leistung in der Bewertungsanleitung oben?

Aufgabe 112

> *Sehen Sie sich die Bewertungsanleitung zum „Sprechen" oben noch einmal an. Lesen Sie auch noch einmal, was wir über die Leistungsstufe „befriedigend" bei der Bewertung des „Schreibens" auf den Seiten 134 und 135 gesagt haben. Wieviel Punkte würden Sie in jeder der vier Kriterien oben für eine befriedigende Leistung vergeben?*

Eine Bewertungsanleitung mit vier definierten Leistungsstufen soll Ihren Bewertungsmaßstab schriftlich fixieren, damit Sie die mündlichen Leistungen aller Schüler mit diesem (immer gleichen) Maßstab „messen" können. Wenn Ihre Schüler z.B. die auf S. 96 und in Kapitel 5.3 (S. 99f.) dargestellten Testaufgaben zum *Sprechen* durchführen, und Sie dabei die Leistungen bewerten wollen, wäre eine Bewertungsanleitung wie im Beispiel oben zu unhandlich. Sie müssen deshalb die Bewertungsanleitung in ein handlicheres Formular übertragen (die voll ausformulierte Bewertungsanleitung nehmen Sie nur immer dann zur Hand, wenn Sie bei Ihren Bewertungen unsicher werden). Das folgende Beispiel setzt die Bewertungsanleitung oben in einen Bewertungsbogen um, den Sie für jeden Schüler ausfüllen.

Bewertungsbogen

Name: _____

Klasse: _____ Datum: _____

Grammatik:	wenige Fehler	3	2	1	0	viele störende Fehler
Wortschatz:	variationsreich	3	2	1	0	nicht angemessen
Aussprache/ Intonation:	gut zu verstehen	3	2	1	0	oft nicht verständlich
Inhalt/ Interaktion:	voll angemessen	3	2	1	0	nicht angemessen

Bei Prüfungen, die international mit hohen Kandidatenzahlen durchgeführt werden, wie z. B. das *Zertifikat Deutsch als Fremdsprache*, müssen Bewertungsanleitungen detailliert und sehr präzise formuliert werden, um unter den vielen Korrektoren/ Bewertern eine möglichst große Übereinstimmung bei der Bewertung schriftlicher und mündlicher Leistungen herzustellen. In der Fernstudieneinheit *Testen und Prüfen in der Grundstufe, Einstufungstests und Sprachstandsprüfungen* finden Sie die Bewertungsanleitungen für das *Zertifikat Deutsch als Fremdsprache*. Wenn Sie jedoch im Unterricht die schriftlichen und mündlichen Leistungen Ihrer Schüler bewerten, reichen auch weniger aufwendige Bewertungsanleitungen (wie die Beispiele oben). Wichtig ist nur, daß Sie eine Bewertungsanleitung ausarbeiten, die die Leistungsstufen von *sehr gut* bis *nicht mehr angemessen* möglichst trennscharf formuliert und Sie diese Anleitung dann bei jeder Bewertung der schriftlichen und mündlichen Leistungen anwenden.

Zum Abschluß des Kapitels, mit dem Sie am Ende dieser Fernstudieneinheit angekommen sind, möchten wir Ihnen noch ein Verfahren vorstellen, mit dessen Hilfe Sie ein Leistungsprofil Ihrer Klasse erstellen können, indem Sie die Ergebnisse der Lernfortschrittstests in einer Übersicht darstellen. Es wird von Jan van Weeren in Heft 7 der Zeitschrift *Fremdsprache Deutsch* vorgestellt und erläutert.

In ein Schema werden waagerecht die Nummern der Testaufgaben, die Sie im Laufe eines bestimmten Zeitabschnitts in Ihrer Klasse durchgeführt haben, und senkrecht die Namen Ihrer Schüler eingetragen. Der Schüler (oder die Schülerin) mit den besten Resultaten wird als erster (erste) aufgeführt, der Schüler mit den schlechtesten Leistungen wird als letzter genannt. Ein Strich besagt, daß der Schüler bzw. die Schülerin y die Aufgabe x nicht befriedigend gelöst hat.

Schüler \ Aufgaben	1	2	3	4	5	6	7	8	9	10
Ida					/					
Emil					/					
Paula		/			/					
Julius			/				/		/	
Anton	/		/		/				/	
Martha		/					/	/		/
Otto			/	/		/		/		/
Dora	/		/		/	/			/	/
Ulrike	/	/	/			/		/		
Gustav	/	/	/		/			/	/	/
Viktor	/	/	/		/		/		/	/

van Weeren (1992), 60

Das Schema gibt auch Aufschluß über die Qualität der Testaufgaben: Aufgabe 1 wurde von allen Schülern gelöst. Sie war offensichtlich leicht, vielleicht zu leicht. Aufgabe 3 war offensichtlich ziemlich schwierig: die Mehrzahl der Schüler konnte sie nicht lösen. Die Aufgaben 2, 4, 6, 8 und 10 trennen deutlich die leistungsstärkeren von den schwächeren Schülern. Aufgabe 5 wiederum wurde ausgerechnet von den besseren Schülern nicht gelöst. Über die Gründe sollte der Lehrer sich Gedanken machen.

Wenn Sie solche Übersichten über einen längeren Zeitraum hinweg erstellen, erhalten Sie einen kontinuierlichen Überblick über die Lernfortschritte einzelner Schüler sowie einer ganzen Klasse.

Nun verabschieden wir uns von Ihnen.
Viel Spaß beim Erstellen von Lernfortschrittstests! Und: Gute Testergebnisse!

9 Transkriptionen der Hörtexte

Hörszene 1

Test 4 a

Eckehard ist zwanzig. Er ist gerade von zu Hause ausgezogen.

○ Eckehard, du hast letztes Jahr Abitur gemacht. Muß man denn nach dem Abitur nicht sofort zur Bundeswehr und Militärdienst machen?
● Normalerweise muß man als Junge schon zur Bundeswehr. Aber wenn man den Militärdienst umgehen will, dann kann man auch Zivildienst machen.
○ Was macht man denn im Zivildienst?
● Ich bin Krankenwagenfahrer im Sanitätsdienst. Es dauert etwas länger als der Militärdienst, aber ist halt ein Dienst am Menschen.
○ Also du machst Krankentransporte?
● Krankentransporte, ja ...
○ Mit dem Krankenwagen?
Du bist vor einiger Zeit von zu Hause ausgezogen. Wann war denn das?
● Ein halbes, dreiviertel Jahr wird das jetzt her sein. Es fing damit an, daß ich Krach mit meinen Eltern hatte –, und dann denk' ich, daß man sich sowieso irgendwann mal selbständig machen sollte, wenn man langsam erwachsen wird.
○ Warum gab's denn Krach mit den Eltern? Was war der Grund?
● Das wird wohl daran gelegen haben, daß meine Freunde abends immer länger blieben, wenn meine Eltern schon im Bett waren, wir laute Musik gehört haben und sie nicht schlafen konnten.
○ Und dann habt ihr euch gestritten, und irgendwann kam der Punkt, wo du gesagt hast: „Also jetzt will ich mich selbständig machen."
● „Jetzt brauch' ich 'ne eigene Wohnung", genau.
○ War das leicht, 'ne eigene Wohnung zu finden?
● Es ist im Moment sehr schwer, 'ne Wohnung zu finden. Es gibt sehr wenige Wohnungen. Die meisten sind zu teuer. Viele Vermieter wollen nicht an junge Leute vermieten. Die Probleme hat man halt, wenn man als junger Mensch 'ne Wohnung suchen möchte.
○ Du bist jetzt in einer Wohngemeinschaft. War das leichter, einen Platz in einer Wohngemeinschaft zu finden?
● Es ist in 'ner Wohngemeinschaft insofern einfacher, weil die Mitglieder in der Wohngemeinschaft auch jünger sind und die gleichen Probleme bei der Wohnungssuche hatten, deswegen wahrscheinlich auch die Wohngemeinschaft gegründet haben – und dadurch kommt man da leichter rein.
○ Und wie findet man einen Platz in einer Wohngemeinschaft?
● Ich hab' auf 'ne Annonce in der Zeitung angerufen, hab' mich mit den Leuten verabredet, mich vorgestellt, und die haben mich dann genommen.
○ Wieviel seid ihr denn?
● Wir wohnen zu viert.
○ Hast du nur positive Erfahrungen gemacht mit der Wohngemeinschaft?
● Es gibt auch negative Erfahrungen. Wenn man allein sein möchte und die anderen hören grade Musik oder machen eine Fete, dann ist halt Krach in der Wohnung, und man kann nicht für sich zurückgezogen im Zimmer sein.
○ Und was sind die positiven Erfahrungen in der Wohngemeinschaft?
● Das Positive ist erstmal, daß es billiger ist, und man hat jemanden, mit dem man sich unterhalten kann.

van Eunen u. a. (1991), 173

Hörszene 2

Kommst du zum Abendessen?

\# Aber jetzt müssen wir wirklich essen, sonst sterbe ich vor Hunger! Was möchtest du denn trinken? Rotwein? Weißwein?
+ Was trinkst du denn?
\# Lieber Rotwein.
+ Also Rotwein.
\# Probier mal! Ist er gut? Nicht zu kalt?
+ Nein, nein. Der Wein ist gut so. Prost Markus, auf dein Wohl!
\# Prost. So, Moment! Gleich kommt die Suppe ...
Also dann: Guten Appetit!
+ Ja, danke! Gleichfalls! – Hmh, die Suppe schmeckt sehr gut!
\# Wirklich?
+ Ja, wirklich. Die Suppe ist phantastisch.
\# Vielen Dank! ...
So, bitte schön!
+ Danke! ... Das Steak schmeckt sehr gut!
\# Und der Salat? Ich finde, er ist ein bißchen zu salzig.
+ Nein, nein! Der Salat ist okay. Du kochst wirklich sehr gut.
\# Nimm doch noch etwas Salat!
+ Nein, danke! Es schmeckt phantastisch, aber ich bin jetzt satt.
\# Aber noch ein Glas Wein?
+ Ja, gern.
\# Zum Nachtisch gibt es Eis mit Früchten.
+ Hmh. Sehr gut.

Aufderstraße u. a. (1994), 122f.

Hörszene 3

Liebe Hörerinnen und Hörer! Man sagt, die Deutschen sparen besonders viel und gern. Heute, am Weltspartag, haben wir Leute auf der Straße gefragt: Sparen Sie?

Nr. 41   Herr Fink, Angestellter, 30 Jahre:
Ja, sicher spare ich. Vor kurzem habe ich sogar angefangen, monatlich einen festen Betrag auf einem besonderen Konto zu sparen. Das hat mir meine Bank geraten. Die hat mir dafür besonders günstige Zinsen angeboten. Wofür ich das Geld mal verwenden werde, weiß ich jetzt noch gar nicht genau. Ich habe es einfach gerne, etwas Geld zur Sicherheit zu haben.

Nr. 42   Frau Huber, Rentnerin, 65 Jahre:
Ach, wissen Sie, das habe ich früher gemacht, als ich noch berufstätig war. So habe ich mir zum Beispiel eine Eigentumswohnung zusammengespart. Jetzt bin ich fünfundsechzig, die Wohnung ist bezahlt, und ich bekomme meine Rente. Da brauche ich nicht mehr zu sparen. Wofür auch? Für den Notfall hab' ich allerdings ein paar Mark auf dem Sparbuch.

Nr. 45 Herr Schmid, Automechaniker, 43 Jahre:
Ja, also ich spare schon, aber leider nicht regelmäßig. Wenn ich am Monatsende noch was auf dem Konto habe, dann überweise ich es auf mein Sparbuch. So bekomme ich wenigstens das Geld für die Urlaubsreise mit meiner Familie zusammen. Wenn wir uns aber etwas Größeres leisten wollen, sagen wir mal neue Möbel oder so was, dann muß ich das eben auf Kredit kaufen.

Zertifikat DaF 0.6, HV

Hörszene 4

Achtung, Achtung am Gleis 5: Der Schnellzug 372 von Kassel, planmäßige Ankunft 11.17 Uhr, verspätet sich in der Ankunft um 10 Minuten und kommt heute nach Gleis 7.
Ich wiederhole: Der Schnellzug 372 von Kassel, planmäßige Ankunft 11.17 Uhr, verspätet sich in der Ankunft um 10 Minuten und kommt heute nach Gleis 7.

Formella u. a. (1990), 97

Hörszene 5

Mann: Wann fängt denn die Party an?
Junge: Um 7. – Und wie kommen wir dahin?
Frau: Wieso? Wir nehmen doch das Auto, oder?
Mann: Wer fährt denn? Ich hab nämlich keine Lust. Sonst kann ich den ganzen Abend nur Orangensaft trinken.
Junge: Mensch, laßt uns doch das Fahrrad nehmen!
Mann: Und wenn es regnet? Dann bin ich schon eher für den Bus oder die Straßenbahn – und zurück mit dem Taxi.
Junge: Oh nein, das ist doch viel zu umständlich. Laßt uns mit dem Fahrrad fahren, ja? Es regnet schon nicht.
Mann: O. k.
Frau: Na ja, wenn's sein muß: einverstanden.

Formella u. a. (1990), 93

Hörszene 6

Interviewerin: Zieh Leine, Bello, heißt es heute! Es geht um den Ärger mit Hunden in der Stadt, und niemand kann diesen Ärger so gut empfinden wie Albert Weiner. Der hat sich so sehr geärgert am Brüsseler Platz über die Hunde hier, daß er im April eine richtige Antihundewoche ins Leben gerufen hat.
Herr Weiner, was ärgert Sie so ungeheuer an Hunden?
Herr Weiner: Tja, diese Antihundescheißwoche war wohl Ausdruck einer im Laufe der Zeit sich angestauten Wut, die man vielleicht dann empfinden kann, wenn man Vater ist und ein Kind hat und dieses Kind ...

van Weeren (1992)

Hörszene 7

Hörtest A

Gespräch Nr. 1

\# Oh, ich glaube, ...
+ Was?
\# Prost, der schmeckt wirklich gut!
+ Prost!
\# Weiße Rosen aus Athen, sagen dir ...
+ Wollen wir tanzen?
\# Oh ja! Komm!

Hörszene 8

Gespräch Nr. 2

\# Also, das Essen, wirklich phantastisch!
+ Nimm doch noch Fleisch!
\# Nein, vielen Dank! Ich bin so satt. Ich kann wirklich nichts mehr essen.
+ Ich auch nicht.
* Ich glaube, wir brauchen einen Schnaps. Was meinst du, Thomas?
\# Oh ja, gerne! ... Ja, der ist schön kalt.
* Prost!
\# Prost!
+ Prost!
* Ah ... das ist gut. Und jetzt noch einen Kaffee ...

Hörszene 9

Gespräch Nr. 3

\# Papa, ich möchte eine Cola.
+ Hier hast du 2 Mark.
\# Uh, ist das warm heute!
* Ja, das macht Durst. Prost!
+ Ja, Prost! Sonst wird das Bier auch noch warm.
* Ah ... gut!
\# Papa, Papa! Die Cola kostet 2 Mark 20.
+ Komm, wir gehen zusammen! Dann hole ich auch noch zwei Bier.

Hörszene 10

Gespräch Nr. 4

\# Bitte schön!
+ Ja, in Ordnung.
\# So, zum Wohl!
+ Ich finde, der Wein ist zu warm.
* Ja, er ist ein bißchen zu warm. Aber er schmeckt ganz gut.
+ Na ja. Also dann, auf dein Wohl!
* Prost!

Aufderstraße u. a. (1994), 123

Hörszene 11

Hörtest B

Interviews zum Thema *Hobby*

Interview 1

Interviewerin: Entschuldigen Sie bitte. Ich hab' da mal eine Frage. Was machen Sie in Ihrer Freizeit – ich meine, welches Hobby haben Sie?
Junges Mädchen: Ich mag alles, was mit Musik zu tun hat. Am liebsten sitze ich in meinem Zimmer und höre Popmusik.
Interviewerin: Mmm. Danke schön.

Interview 2
Interviewerin:	Und Sie? Was machen Sie in Ihrer Freizeit?
Junges Mädchen:	Ich geh' am liebsten tanzen. Da kann man viele junge Leute kennenlernen.
Interviewerin:	Ah, ja.

Interview 3
Interviewerin:	Und Sie? Welches Hobby haben Sie?
Frau:	Also, ich lese unheimlich gern. Ja, Lesen ist mein liebstes Hobby. Für Bücher gebe ich ziemlich viel Geld aus. Und hin und wieder gehe ich auch ins Theater.
Interviewerin:	Mmm. Vielen Dank.

Interview 4
Interviewerin:	Darf ich Sie auch einmal nach Ihrem Hobby fragen?
Frau:	Ja, also, ich lade gerne meine Freunde ein und koche dann für sie und am Wochenende hab' ich viel Zeit; da kann ich dann neue Rezepte ausprobieren.
Interviewerin:	Mmm. Ja. Danke schön.

Interview 5.
Interviewerin:	Und Sie?
Mann:	Also ich bin mit meiner Familie gern draußen, also, in der Natur. Wir fahren dann mit dem Fahrrad oder auch mal mit dem Boot. Manchmal machen wir auch ein Picknick.
Interviewerin:	Mmm. Danke schön.

Interview 6
Interviewerin:	Und du? Was machst du in deiner Freizeit?
Junge:	Ich treibe viel Sport.
Interviewerin:	In einem Sportclub?
Junge:	Ja auch. Da spiele ich Tennis und Fußball. Aber ich gehe auch oft zum Schwimmen, um mich fit zu halten.
Interviewerin:	Mm. Danke schön. Vielen Dank für die Auskunft.

Formella u. a. (1990), 80/81

Hörszene 12

Heinrich Hannover:
Herr Böse und Herr Streit

Es war einmal ein großer Apfelbaum. Der stand genau auf der Grenze zwischen zwei Gärten. Und der eine Garten gehörte Herrn Böse und der andere Herrn Streit.
Als im Oktober die Äpfel reif wurden, holte Herr Böse mitten in der Nacht seine Leiter aus dem Keller und stieg heimlich und leise, leise auf den Baum und pflückte alle Äpfel ab.
Als Herr Streit am nächsten Tag ernten wollte, war kein einziger Apfel mehr am Baum. „Warte!" sagte Herr Streit, „dir werd ich's heimzahlen."
Und im nächsten Jahr pflückte Herr Streit die Äpfel schon im September ab, obwohl sie noch gar nicht reif waren. „Warte!" sagte Herr Böse, „dir werd ich's heimzahlen."
Und im nächsten Jahr pflückte Herr Böse die Äpfel schon im August, obwohl sie noch ganz grün und hart waren. „Warte!" sagte Herr Streit, „dir werd ich's heimzahlen."
Und im nächsten Jahr pflückte Herr Streit die Äpfel schon im Juli, obwohl sie noch ganz grün und hart und sooo klein waren. „Warte!" sagte Herr Böse, „dir werd ich's heimzahlen."
Und im nächsten Jahr pflückte Herr Böse die Äpfel schon im Juni, obwohl sie noch so klein wie Rosinen waren. „Warte!" sagte Herr Streit, „dir werd ich's heimzahlen."
Und im nächsten Jahr schlug Herr Streit im Mai alle Blüten ab, so daß der Baum überhaupt keine Früchte mehr trug. „Warte!" sagte Herr Böse, „dir werd ich's heimzahlen."
Und im nächsten Jahr im April schlug Herr Böse den Baum mit einer Axt um. „So", sagte Herr Böse, „jetzt hat Herr Streit seine Strafe." Von da an trafen sie sich häufiger im Laden beim Äpfelkaufen.

Neuner u. a. (1987), 69

Hörszene 13

Interviews zum Thema *Urlaub*

Interview 1
Interviewer:	Guten Tag, darf ich dich 'mal was fragen?
Partner:	Ja.
Interviewer:	Wohin fährst du denn dieses Jahr in Urlaub?
Partner:	Nach Skandinavien, Dänemark wahrscheinlich.
Interviewer:	Ja, und äh, wie lange willst du da bleiben?
Partner:	Drei Wochen.
Interviewer:	Und wie kommst du dahin?
Partner:	Wir fahren mit'm Auto über die Fehmarn-Sund-Brücke, dann mit der Rodby-Puttgarden-Fähre nach Dänemark.
Interviewer:	Ja, habt ihr denn auch schon eine Unterkunft?
Partner:	Wir wohnen privat bei Freunden.
Interviewer:	Und, was macht ihr denn da im Urlaub?
Partner:	Ja, baden und segeln, surfen.
Interviewer:	Aha, Sport überwiegend also, o.k., dann dank' ich für das Gespräch, Wiedersehen.
Partner:	Tschüß.

Interview 2
Interviewer:	Guten Tag, haben Sie für dieses Jahr schon ein Urlaubsziel?
Partnerin:	Ja, äh, wir fahren wieder nach Südfrankreich.
Interviewer:	Hm-hm, und wie lange wollen Sie dort bleiben?
Partnerin:	Zwei Monate.
Interviewer:	Das ist ja schön lange. Wie kommen Sie denn dorthin?
Partnerin:	Wir fahren mit dem Auto runter.
Interviewer:	Hm-hm. Und haben Sie dort schon eine Unterkunft?
Partnerin:	Ja, wir haben da so ein Ferienappartement gemietet.
Interviewer:	Was machen Sie denn so an Ihrem Urlaubsort?
Partnerin:	Hm, ja, wir spielen viel mit unserem Kind, äh, mein Mann geht surfen oder wir tauchen auch.
Interviewer:	Also überwiegend Sport, ja?
Partnerin:	Ja.
Interviewer:	Vielen Dank. Ich danke Ihnen für dieses Gespräch. Tschüß.
Partnerin:	Bitte schön.

Interview 3
Interviewer:	Guten Tag.
Partnerin:	Guten Tag.

Interviewer:	Darf ich Sie mal fragen, wohin Sie dieses Jahr in Urlaub fahren?
Partnerin:	Dieses Jahr möchte ich mal nach München fahren.
Interviewer:	Hm-hm. Und wie lange wollen Sie da bleiben?
Partnerin:	Eine Woche möchte ich dort bleiben.
Interviewer:	Fahren Sie denn mit dem Auto runter, oder wie machen Sie das?
Partnerin:	Nein, ich fahr' mit der Bahn.
Interviewer:	Hm-hm, und wissen sie schon, wo Sie wohnen werden?
Partnerin:	Ich werde im Hotel wohnen.
Interviewer:	Ja, und, – em – was wollen Sie unternehmen in München?
Partnerin:	Also, das Deutsche Museum würde mich sehr interessieren, ich möchte auch mal 'ne Theateraufführung sehen, und auch die Architektur würde mich interessieren.
Interviewer:	Ja, danke schön. Dann wünsche ich Ihnen viel Spaß in München.
Partnerin:	Danke.

Interview 4

Interviewer:	Guten Tag, wohin fahren Sie denn dieses Jahr im Urlaub?
Partner:	Nach Ungarn, an den Plattensee.
Interviewer:	Ja, und wie lange wollen Sie dort bleiben?
Partner:	Drei Wochen.
Interviewer:	Mm, schön. Wie kommen Sie da hin?
Partner:	Mit dem eigenen Wagen.
Interviewer:	Ja, und haben Sie auch eine Unterkunft dort?
Partner:	Haben wir, ja.
Interviewer:	Wo werden Sie denn wohnen?
Partner:	Äh, wir haben 'n Haus gemietet, für drei Wochen.
Interviewer:	Ja, und was wollen Sie dort machen in Ungarn?
Partner:	Äh, entspannen, hauptsächlich. Äh, es ist für die Kinder halt ideal, nicht? Wir fahren mit den Kindern, und die haben 'n vielfältiges Programm dort. Wir können reiten, segeln, also es ist sehr viel auf engem Raum zusammen. Man braucht keine großen Anstrengungen machen. Das ist die Hauptsache für mich im Urlaub.
Interviewer:	Ja, schönen Dank.

Interview 5

Interviewer:	Guten Tag, darf ich Sie mal eben was fragen?
Partner:	Bitte schön!
Interviewer:	Wohin fahren Sie dieses Jahr in Urlaub?
Partner:	Ich hatte daran gedacht, zur Insel Djerba zu fahren.
Interviewer:	Entschuldigung, wo liegt das?
Partner:	Das liegt vor der tunesischen Küste und gehört zu Tunesien.
Interviewer:	Ja, danke, wie lange wollen Sie da bleiben?
Partner:	Wenn möglich, 14 Tage.
Interviewer:	Und wie kommen Sie da hin?
Partner:	Es gibt für mich keine andere Möglichkeit als per Flugzeug.
Interviewer:	Ja, und wissen Sie schon, wo Sie wohnen werden?
Partner:	Ja, in einem Hotel.
Interviewer:	Aha, und äh, was wollen Sie an Ihrem Urlaubsort so unternehmen?
Partner:	Na ja, ich würde gerne Land und Leute kennenlernen. Ich interessiere mich für die Vegetation und Geologie, und ich will versuchen, die fremde Kultur auf mich wirken zu lassen. Das würd' ich gut finden.
Interviewer:	Danke schön für dieses Gespräch.

Formella u.a. (1990), 103ff.

Hörszene 14

1. Frau:	Du, sag mal, Heike. Hast du nicht Lust, heute mit zum Schwimmen zu kommen?
2. Frau:	Au ja, gute Idee.
1. Frau:	Wir könnten doch mal in die Schwimmhalle nach Gaarden. Die ist nämlich ganz schön.
2. Frau:	Ich weiß aber nicht genau, wo das ist.
1. Frau:	Paß mal auf. Du kennst doch die Post in Karlstal, nicht?
2. Frau:	Ja.
1. Frau:	Also, und wenn du jetzt von der Post aus rechts runter gehst bis zur Schulstraße. Und dann die Schulstraße immer entlang, also noch über die Johannesstraße hinaus. Dann kommst du an die – na, wie heißt die Norddeutsche Straße, und da gehst du dann rechts rein.
2. Frau:	Gut.
1. Frau:	Und da siehst du die Schwimmhalle dann auch gleich.
2. Frau:	Hmh, o.k.

Formella u.a. (1990), 87f.

Hörszene 15

Ein Bild im Bild ...

Rechts unten steht ein Tisch. Auf dem Tisch liegt ein Buch. Unter dem Tisch liegt ein Bleistift. Links neben dem Tisch steht ein Stuhl. Auf dem Stuhl sitzt ein Mädchen. Über dem Tisch hängt eine Tafel. Auf der Tafel ist rechts unten ein Tisch. Auf dem Tisch liegt eine Kassette. Unter dem Tisch steht eine Tasche. Links neben dem Tisch steht ein Stuhl. Auf dem Stuhl sitzt ein Junge. Über dem Tisch hängt ein Bild. Auf dem Bild ist unten rechts ein Tisch. Auf dem Tisch liegt ein Buch ...

Rall/Mebus (1990), 58

Hörszene 16

Die Schatzinsel – ein Suchspiel

LW = Leuchtturmwächter
I = Inge
H = Hans
P = Peter

LW:	Na, hallo, ihr drei, was wollt ihr denn heute?
I:	Ha, alter Seebär, heute überfallen wir Sie direkt! Wir haben gehört, daß es hier auf der Insel einen Schatz gibt!
LW:	Sooo, woher wißt ihr das denn?
I:	Das steht auf diesem Papier, das wir gefunden haben.
LW:	Sooo!
H:	Warum sagen Sie immer „sooo"? Was wissen Sie denn über den Schatz?
LW:	Ich weiß nichts davon.
P:	Das stimmt nicht! Wir merken das genau!

LW:	Was stimmt nicht?
P:	Nein, Sie wissen es, aber Sie wollen es uns nicht sagen, das ist es!
LW:	Tja, warum soll ich euch das denn sagen?
I:	Ha, verraten, Sie wissen es also doch!
LW:	Ach wißt ihr, ich hab auch davon gehört, aber ich seh' nicht mehr so gut, und laufen kann ich auch nicht mehr richtig und ich war einfach nie dort …
I:	Aber wir sind sportlich …
LW:	Das ist viel zu schwierig.
I:	Wir sind groß genug und gut trainiert!
H:	Wenn wir den Schatz holen, dann können wir ja alles teilen!
LW:	Teilen?
P:	Ja, warum denn nicht? Das ist eine tolle Idee!
LW:	Hm …
H:	(flüstert) Ich glaube, es klappt. Er sagt's uns!
P:	Nun, sagen Sie's schon!
LW:	Versprecht, daß ihr wiederkommt und mir die Hälfte gebt!
P, H, I:	Einverstanden! Versprochen! Abgemacht!
LW:	Also, …
H:	Nicht so aufgeregt!
LW:	Also, ihr geht hier vom Leuchtturm nach Westen …
I:	Ich schreib alles auf: „Nach Westen".
P:	Wie weit?
LW:	Bis zur Mühle.
H:	Bis zur alten Windmühle?
LW:	Ja.
I:	„Alte Windmühle".
P:	Und dann?
LW:	Und dann geht ihr nach Norden über den Bahnübergang …
I:	„Über den Bahnübergang".
LW:	Bis zu einem Verkehrsschild …
I:	„Verkehrsschild".
P:	Was ist das für eins?
LW:	Oh, ich war lange nicht da, ich glaube „S-Kurve", ja, es ist ein Schild von einer gefährlichen Kurve.
I:	„S-Kurve".
P:	Hast du es aufgeschrieben, Inge?
I:	Na klar!
P:	Man kann ja wohl mal fragen!
H:	Komm, sei nicht so nervös! Und dann, wie geht's weiter?
LW:	Am Verkehrsschild geht ihr von der Straße runter, quer durch die Wiesen nach Osten. Das ganze Jahr über weiden da Kühe … Ja, und da ist auch ein Wassergraben …
H:	Wassergraben?
LW:	Ja.
H:	Ist der breit?
LW:	Nein, da könnt ihr drüberspringen.
H:	Kein Problem, ich hab im Sport 'ne Eins! Aber du?
P:	Sei nicht so blöd!
I:	„Wassergraben".
LW:	Ja, und dann kommt ihr zu einem Bauernhof. Der Bauer züchtet Schafe …
I:	„Bauernhof", „Schafe".
LW:	Ja, dann geht ihr nach Norden, die Küstenstraße entlang bis zur alten Kirche.
I:	„Alte Kirche".
H:	Gut, und weiter?
LW:	Ja, und dann nach Westen bis zur Robbeninsel.
P:	Ach ja, kenn' ich, da war ich mal baden, da ist ein Hotel.
LW:	Ja, das Hotel „Robbeninsel", da ist auch ein hoher Mast mit einer Fahne.
I:	„Robbeninsel", „Fahne".
P:	Na, das ist ja wohl nicht der direkte Weg.
H:	Der schickt uns über die ganze Insel!
LW:	Ja, ihr müßt auch was tun für den Schatz.
H:	Also, nun aber ein bißchen schneller.
LW:	Ja, schneller? Dann nehmt die Inselbahn! Dann kommt ihr ganz schnell nach Wittsand.
I:	„Wittsand" …
P:	Wittsand?
LW:	Ja, das ist der Bahnhof, da ist das Strandbad. Wittsand heißt „Weißer Sand".
I:	Aha, „Wittsand", „Strandbad".
H:	Und was machen wir da?
LW:	Da steigt ihr aus. Da könnt ihr auch Eis essen.
P:	Der Schatz, Seebär, der Schatz? Wir wollen kein Eis essen!
H:	Der Schatz ist im Strandbad?
LW:	Nun wartet doch mal! Ihr seid schon ganz nah dran. Dann geht ihr den Strand entlang nach Süden.
I:	„Strand", „Süden".
LW:	Bis zu den Booten. Eins davon heißt „Jan". Das ist alt und kaputt. Das liegt schon immer da.
I:	„Boot Jan".
LW:	Die Spitze des Bootes zeigt in die Richtung, die ihr nun gehen müßt.
P:	Aha, und dann?
LW:	Dann kommt ihr zu einem Baum. Um den Baum herum sind viele Büsche. Das sind Brombeeren und Heckenrosen! Alles voller Dornen!
H:	Und wie kommen wir da durch?
LW:	Nehmt ein Messer mit und eine große Schere, eine Heckenschere!
P:	Ja, und wo bleibt nun der Schatz?
LW:	In den Büschen sind riesige Steine, ein altes Grab ist das, und da muß der Schatz liegen.
I:	„Baum", „Büsche", „Steine".
LW:	Ja, der Schatz, das sind lauter Goldmünzen, alles Goldmünzen …
P:	Alles klar, dann geht's los!
LW:	Vergeßt nicht meine Hälfte!
H:	Klar, abgemacht!
I:	Alles klar!
P:	Tschüß, bis später!
LW:	Tschüß, viel Spaß und viel Glück …

Dahlhaus (1994), 154f.

Hörszene 17

Übung 5: *Frisches Püree* – Interview mit Küchenchef Roscher

○ Eine Frage an Herrn Roscher, den Küchenchef des „Hoberger Landhauses" in Bielefeld: Wie bereitet man Kartoffelpüree?

● Ja, Kartoffelpüree. Wir sind der Meinung, daß man selbst ein Gericht wie das Kartoffelpüree, das man … mittlerweile zu der klassischen Küche gehört, daß man sich auch bei diesen Dingen sehr viel Mühe geben muß.
Es fängt für … die hohe Qualität eines Gerichtes fängt bei der Auswahl der Zutaten an. Wir wählen also eine sehr festkochende, gelbfarbige Kartoffel wie die Granola oder vielleicht auch eine reine Hansa.
So, die wird natürlich erstmal geschält, sie wird in kleine Stücke geschnitten, damit die Garzeit nicht überzogen wird. Zu gleicher Zeit … in leicht gesalztem Salzwasser

wird die Kartoffel gekocht.
Zu gleicher Zeit setzen wir ein anderes Gefäß auf mit einer frischen, guten Milch, die versetzt wird mit einem guten Stück Butter. Man kann in diese Milch etwas Muskatnuß reiben und sie auch noch etwas leicht salzen.
So, wir warten also, bis die Kartoffel in etwa 18–20 Minuten gargekocht ist.
In der gleichen Zeit ist auch die Milch kurz unterm Siedepunkt.
Wir gießen ... das Kochwasser der Kartoffel gießen wir ab, lassen es noch etwas durchdämpfen, daß also der letzte Rest des Wassers auch nicht die Konsistenz beeinflußt.
Wir haben eine sogenannte Kartoffelpresse vorbereitet, durch die die gekochte Kartoffel gepreßt wird in ein vorbereitetes warmes Gefäß.
In dieses Gefäß, über diese gepreßten Kartoffeln, wird die heiße Milch mit der zerlassenen Butter übergegossen. Nun nehmen wir einen Schneebesen, und erst vorsichtiges Unterrühren und zum Schluß richtiges Schlagen, damit also unter diese ganze Masse auch etwas Luft kommt. Es wird etwas schaumig. Man sagt also nicht nur „Kartoffelpüree", man nennt es auch „Kartoffelschnee".
Und auf diese Art und Weise erreichen wir die schöne Konsistenz – ist es zu fest, geben wir noch etwas Milch nach ..., und so wird also aus diesem Kartoffelpüree eine leckere Beilage zu sehr vielen guten Gerichten.
○ Vielen Dank, Herr Roscher.
● Vielen Dank für das Interview. Ich hab' noch eine Frage: Sie können jetzt wahrscheinlich nach meiner Anleitung ein Kartoffelpüree nachkochen?
○ Ohne weiteres.
● Jetzt hab' ich aber noch eine Frage: Wissen Sie, wie ein Reh mit Vornamen heißt?
○ Ein Reh mit Vornamen?
● Ja, das Reh.
○ Nein.
● Das ist ganz einfach: Kartoffelpü!!!

Neuner u. a. (1989), 108

Hörszene 18

Wie beliebt sind deutsche Touristen im Ausland?

Moderatorin: Soweit unsere aktuellen Urlaubstips für diese Woche. Und nun zu unserem Thema der Woche: „Wie beliebt sind deutsche Touristen im Ausland?"
Viele glauben, daß die meisten Ausländer schlecht über uns denken. Und sie möchten deshalb im Ausland am liebsten nicht als Deutsche erkannt werden. Aber ist das wirklich richtig? Wir haben vier Leute gefragt, die viel mit deutschen Touristen zu tun haben. Hören Sie, was sie über uns Deutsche sagen:
Italienerin: Zu mir kommen seit 30 Jahren junge Leute aus aller Welt. Aber die Deutschen sind mir am liebsten. Weil sie so sauber und so ehrlich sind. Noch nie hat ein Deutscher bei mir die Rechnung nicht bezahlt.
Franzose: Sie sind ruhig, großzügig und höflich. Die lassen keinen Dreck am Strand liegen – wie viele Franzosen. Früher hatte ich eine schlechte Meinung über die Deutschen, wegen Hitler. Das hat sich geändert. Heute sind die Deutschen meine liebsten Kunden.
Engländer: Wir Engländer finden die Deutschen ziemlich laut. Aber das stimmt nicht. Mir selbst sind deutsche Touristen sehr sympathisch. Sie sind ruhig, höflich und korrekt.
Spanier: Ich habe keinen Grund, mich über deutsche Touristen zu beschweren. Die lachen und singen laut. Sollen sie doch! Das zeigt doch, daß es ihnen bei uns gefällt.

Aufderstraße/Bock (1995), 76

Hörszene 19

Beispiel 2

Was gibt es heute abend im Kino?

Bei dem Hörtext handelt es sich um eine wortgetreue Wiedergabe der Hamburger telefonischen Kinoansage. Für die Beantwortung der Fragen muß die Kinoansage wahrscheinlich zweimal vorgespiel werden.

(*Telefongeräusch, Anrufbeantworter*)
Herzlich willkommen, meine Damen und Herren. Wir bringen Ihnen einen Ausschnitt aus dem Programm der Hamburger Filmtheater.
Sie können um 20 Uhr sehen:
Im Autokino   „Katzenaugen"
Im Kinocenter, Kino 1   „Der Name der Rose"
Im Kinocenter, Kino 2   „Wenn der Wind weht"
Im Ufa-Palast   „Im Schatten des Kilimandscharo"
Im Filmhaus, Kino 1   „Die Farbe Lila"
Im Filmhaus, Kino 2   „Die Fliege"
Sie hören – wie immer bei uns – Musik.
Vielen Dank für Ihren Anruf. Auf Wiederhören am Donnerstag bei neuem Programm.

Rall/Mebus (1990), 264

Hörszene 20

Petra Maurer beim Personalchef

Personalchef: Ja, und dann habe ich noch ein paar Fragen zu Ihrem Lebenslauf, Frau Maurer. Darf ich vielleicht zuerst mit der Schule anfangen? ...
Frau Maurer: Sie möchten sicher wissen, warum ich kein Abitur gemacht habe. Ja, das ist ganz einfach. Ich konnte das Gymnasium nur drei Jahre besuchen, weil ich große Probleme in Mathematik hatte und in den anderen Fächern auch. Nur Englisch, da war ich schon immer gut. In der Realschule hatte ich dann sofort bessere Noten.
Personalchef: Und nach der Schule waren Sie dann im Dolmetscherinstitut in Mainz? Englisch und Spanisch sind Ihre Sprachen, stimmt das?
Frau Maurer: Ja.
Personalchef: Haben Sie dort auch ein Dolmetscherdiplom oder einen anderen Abschluß gemacht?
Frau Maurer: Das wollte ich, aber ... Also, das war so. Ich war zwei Jahre im Dolmetscherinstitut, und dann war ich fünfzehn Monate in den USA. Ich habe dort eine Hepatitis bekommen, deshalb mußte ich nach Deutschland zurückfliegen. Und hier war ich dann lange krank.
Personalchef: Das tut mir wirklich leid. Ich kenne diese Krankheit. Auch meine Frau hatte dieses Jahr eine Hepatitis. Sie sind jetzt aber wieder gesund?

Frau Maurer:	Ja, natürlich. Ich bin wieder ganz gesund. – Ja, und dann, nach meiner Krankheit, wollte ich lieber arbeiten, Geld verdienen, verstehen Sie. Das Dolmetscherdiplom habe ich dann nicht mehr gemacht.
Personalchef:	Das ist auch nicht so wichtig. Wichtiger sind Ihre Sprachkenntnisse. Sie sprechen doch wohl perfekt Englisch?
Frau Maurer:	Ja, ich glaube schon. Ich habe auch in den USA zehn Monate ein Sprachinstitut besucht, das war sehr gut, eine private Dolmetscherschule in New York. Ich glaube, dort habe ich am meisten gelernt.
Personalchef:	Zehn Monate? Ja, das ist gut, und New York ist ja auch eine phantastische Stadt. Und dann haben Sie wohl Urlaub in den USA gemacht?
Frau Maurer:	Das stimmt. Nach dem Kurs in New York bin ich zu Freunden nach Los Angeles geflogen, da habe ich dann gewohnt. Ich wollte noch nach Mexiko, aber dann habe ich die Hepatitis bekommen.
Personalchef:	Ja, das wollte ich Sie auch noch fragen. Wie gut können Sie Spanisch?
Frau Maurer:	Sprechen kann ich sehr gut, ja, ich glaube, das kann man sagen. Und lesen natürlich auch. Nur schreiben, das muß ich noch lernen. Wie gesagt, ich wollte eigentlich noch nach Mexiko und dort vielleicht noch einen Kurs machen, um besser schreiben zu lernen.
Personalchef:	Na gut, Frau Maurer. Ich zeige Ihnen jetzt erst einmal die Firma, und dann haben Sie sicher auch noch viele Fragen. ...

Aufderstraße/Bock (1995), 71

Hörszene 21

Welche Stelle soll ich nehmen?

Petra:	Maurer.
Anke:	Hallo Petra, hier ist Anke.
Petra:	Oh, hallo Anke! Na, wie geht's? Hast du schon eine neue Stelle gefunden?
Anke:	Ich weiß noch nicht so recht. Drei Angebote hab' ich, aber ich weiß noch nicht. Am interessantesten finde ich eine Firma in Offenbach.
Petra:	Und? Erzähl mal!
Anke:	Da kann ich Chefsekretärin werden, weißt du – und die Kollegen sind sehr nett. Die Bezahlung ist auch ganz gut. Die wollen mir 3 100 brutto geben.
Petra:	Das ist ja wirklich nicht schlecht. Aber Offenbach, ist das nicht zu weit?
Anke:	Ja, das ist ein Problem. 35 km muß ich dann fahren. Das ist schon ziemlich weit. Und außerdem muß ich dort auch samstags arbeiten.
Petra:	Was, am Samstag arbeiten? Das ist ja blöd. Da hast du ja gar kein richtiges Wochenende.
Anke:	Ja, eben. Das gefällt mir auch nicht. Das ist bei der anderen Firma besser.
Petra:	Ist die auch in Offenbach?
Anke:	Nein, in Hanau. Da arbeitet keiner am Samstag, und da muß ich auch erst morgens um 9.00 Uhr anfangen.
Petra:	Ich weiß, du schläfst gerne lange. Und Hanau ist ja auch günstig. Da hast du keinen weiten Weg.
Anke:	Ja, ja. Da brauche ich noch nicht einmal das Auto. Da gibt es eine gute Busverbindung; ich muß nur drei Stationen mit dem Bus fahren.
Petra:	Und was gefällt dir an dieser Firma nicht? Ist die Bezahlung schlecht?
Anke:	Ja genau, die zahlen nur 2 500 brutto. Das ist mir zu wenig. Und außerdem ist der Chef sehr unsympathisch.
Petra:	Und die dritte Firma, wo ist die?
Anke:	In Darmstadt, das ist die Firma Böske.
Petra:	Na, Darmstadt ist ja noch viel weiter als Offenbach. Da fährst du doch mindestens 40 Kilometer.
Anke:	Noch mehr. Bis zur Firma sind es fast 50. Aber bei Böske bezahlen sie am besten. 3 400 Mark haben sie mir angeboten – und ein 13. Monatsgehalt.
Petra:	Na, das ist ja ein tolles Angebot!
Anke:	Ja schon, aber wie gesagt, Darmstadt ist sehr weit. Und außerdem muß ich dort mit der Chefsekretärin zusammenarbeiten, und die finde ich sehr unsympathisch. Sie war ausgesprochen unfreundlich zu mir.
Petra:	Na ja, das ist ja alles nicht so ideal. Was machst du denn jetzt?
Anke:	Wie gesagt, ich weiß es noch nicht. Was meinst du denn?
Petra:	Also, das ist eine schwierige Frage. Ich ...

Aufderstraße/Bock (1995), 71

10 Lösungsschlüssel

Charakteristika informeller Tests: Aufgabe 1
1. Bezug auf bestimmte Gruppe
2. begrenzter Lernstoff
3. Testerstellung und Testbewertung durch den Lehrer
4. werden ad hoc (ohne besondere Vorbereitung) durchgeführt
5. Die Testergebnisse gelten nur in bezug auf den konkreten Unterricht und die konkrete Gruppe.

Charakteristika formeller Tests/Prüfungen: Aufgabe 2
1. unabhängig von der Bezugsgruppe
2. unabhängig von Ort und Zeit
3. unabhängig vom konkreten Unterricht und vom verwendeten Lehrbuch usw.
4. offizielle Kriterien
5. „objektive" Aussagen in bezug auf eindeutig festgelegte (offizielle) Kriterien.

1. *bis* 2. *damit* 3. *Nachdem* 4. *haben* 5. *kennengelernt zu haben* 6. *Für eine* 7. *ohne ... zu fragen* 8. *weil* 9. *Wie* 10. *daß* 11. *um ... aufzugeben* 12. *Wenn*   Aufgabe 3

21. *früh* 22. *kurz* 23. *teuer* 24. *schwer* 25. *geöffnet (offen)* 26. *Weshalb* 27. *Montags* 28. *beiden* 29. *... und kaufe einen Regenschirm* 30. *vorübergehend* 31. *wem* 32. *gewonnen* 33. *25. Oktober ... 3. Februar* 34. *erzählen*   Aufgabe 4

Test 3: Lesen: 1 b; 2 a   Aufgabe 6
Test 4a: Hören: 1 r; 2 r; 3 n (nicht im Hörtext); 4 f; 5 f; 6 r; 7 r; 8 r; 9 r; 10 n
Test 4b: Wortschatz/Strukturen: 1 c; 2 c; 3 b; 4 c

1. Vergleich der beiden Tests aus zwei <u>audiolingualen Lehrwerken</u> mit einem Test aus einem <u>kommunikativen Lehrwerk</u>:   Aufgabe 7
   - Tests zu *Deutsch als Fremdsprache* und zu *Deutsch 2000*: nur Aufgaben zu grammatischen Strukturen und Wortschatz.
   - Tests zu *Deutsch aktiv Neu*: Aufgaben zu den kommunikativen Sprachfertigkeiten *Leseverstehen, Hörverstehen* und *Schreiben*.

2. Die beiden Testbeispiele zu *Deutsch als Fremdsprache* und zu *Deutsch 2000* überprüfen die Kenntnis von Wortschatz und Strukturelementen der Sprache, und zwar in isolierten Einzelsätzen ohne Kontext. Natürlich sind diese Testaufgaben nur lösbar, wenn die Testkandidaten die Einzelsätze verstehen; etwas *Leseverstehen* ist also durchaus Teil der Testaufgabe, wird aber nicht explizit gemacht. Die Tests zu *Deutsch aktiv Neu* hingegen testen die Fähigkeiten der Lernenden in den drei Fertigkeitsbereichen *Leseverstehen, Hörverstehen* und *Schreiben*. Dabei werden nicht Einzelsätze, sondern realitätsnahe Kontexte (Situationsbeschreibung, Werbeanzeige usw.) angeboten. Allerdings werden zu den einzelnen Lektionen auch Tests zu *Wortschatz* und *Strukturen* angeboten. Darin zeigt sich, daß die Grammatik auch im kommunikativ orientierten Deutschunterricht eine Rolle spielt, allerdings nur eine untergeordnete, den Lernprozeß stützende Rolle.

Die Gründe für die hier genannten Unterschiede liegen in der unterschiedlichen Auffassung von Sprachunterricht und Sprachenlernen: Im Deutschunterricht nach der audiolingualen Methode wurde davon ausgegangen, daß die Beherrschung von Wortschatz und Strukturen die Lernenden automatisch dazu befähigt, Gehörtes und Gelesenes zu verstehen und richtig zu schreiben. Also genügte es auch, diese Kenntnisse zu überprüfen. Im kommunikativen Deutschunterricht hingegen ist der kommunikative Gebrauch der Sprache, d. h. also die Beherrschung der Sprachfertigkeiten *Leseverstehen, Hörverstehen, Schreiben* und *Sprechen* (der entsprechende Test der Lektion

	wurde hier nicht aufgenommen) das wichtigste Lernziel. Diese Lernziele müssen mit entsprechenden Tests überprüft werden.
Aufgabe 8	Alle gezeigten Testbeispiele sind valide: Test 1 und Test 2 überprüfen Lernziele des audiolingualen Unterrichts; Test 3, 4, 5 überprüfen Lernziele des kommunikativen Unterrichts.
Aufgabe 9	Es gibt auch sogenannte „kommunikative" Lehrwerke, zu denen unter dem Stichwort *Test* Testaufgaben angeboten werden, die sich vor allem auf Grammatik und Wortschatz beziehen (so z.B. im Lehrerhandbuch zu *Themen neu 1*). Eine Erklärung hierfür ist möglicherweise die Tatsache, daß Grammatik- und Wortschatztests vergleichsweise schnell und problemlos zu erstellen sind. Man mag auch argumentieren (wie wir es auf S. 43 getan haben), daß die in einem kommunikativen Lehrwerk vorhandenen zahlreichen Aufgaben zum *Lese-* und *Hörverstehen* teilweise auch als Tests verwendet werden können. Wenn diese Aufgaben allerdings so gestaltet sind, daß sie das Hör- und Leseverstehen entwickeln sollen, eignen sie sich nicht als Tests, da diese ja bereits **vorhandene Kenntnisse überprüfen**. Oder umgekehrt gesagt: Wenn die in Lehrwerken angebotenen Aufgaben als Tests geeignet sind, kann man davon ausgehen, daß sie nicht zur Entwicklung der genannten Sprachfertigkeiten geeignet sind.
Aufgabe 10	Beispiele für <u>Situationen des realen Sprachgebrauchs</u>, in denen Sprachfertigkeiten kombiniert auftreten:

Situationen	*Kombination von Fertigkeiten*
– einen Einkaufszettel schreiben und dann einkaufen	Schreiben – Sprechen – Hörverstehen
– Nachrichten im Fernsehen hören und sehen und dabei mit jemandem Bemerkungen austauschen	Hör(Seh-)verstehen – Sprechen
– ein Rezept im Radio hören und aufschreiben	Hörverstehen – Schreiben
– einen Fahrplan lesen und einen Zug herausschreiben; am Schalter die Fahrkarte kaufen	Leseverstehen – Schreiben – Sprechen – Hörverstehen
– ein Wohnungsangebot in der Zeitung lesen, die Adresse und die wichtigsten Informationen herausschreiben	Leseverstehen – Schreiben
– ein Telefax lesen und daraufhin den Sender anrufen (oder ein Telefax zurückschicken)	Leseverstehen – Sprechen – Hörverstehen (Leseverstehen – Schreiben)
– mit jemandem oder mit einer Gruppe über ein wichtiges Thema diskutieren und danach Tagebuchnotizen über die Diskussion schreiben, diese jemandem vorlesen	Sprechen – Hörverstehen – Schreiben – Sprechen

Aufgabe 11	<u>Situation A: Kochrezept</u>	
	– Sie lesen Wort für Wort.	(Beispiel 2 a)
	– Sie suchen eine bestimmte Information.	(Beispiel 2 b)
	– Sie überfliegen das Rezept.	(Beispiel 1)

Situation B: Deutsche Welle
- Sie versuchen, die Hauptinformationen des Textes zu verstehen.   (Beispiel 1)
- Sie hören eher beiläufig zu, bis sie ein bestimmtes Wort hören.   (Beispiel 2)

1. Der Urlauber braucht Informationen über:
   - das Wetter,
   - die Anzahl der Autofahrer, die dieselbe Route fahren wollen,
   - Baustellen und Staugefahren,
   - die Situation an den Grenzübergängen.

2. **Testaufgabe** zum Leseverstehenstest aus *Deutsch aktiv Neu*:

Aufgabe 12

> Kreuzen Sie die richtige Lösung an.
> 1. Am Wochenende wird das Wetter _____ .
> | a | warm und heiter |
> | b | kalt und grau |
> | c | eine Blechlawine |
> 2. Zweieinhalb Millionen Leute _____ .
> | a | werden wahrscheinlich in Urlaub fahren |
> | b | werden voraussichtlich in südlichen Ländern Urlaub machen |
> | c | sind bundesweit vom ADAC gezählt worden |
> 3. Die größten Stauungen erwartet der ADAC _____ .
> | a | am Gründonnerstag |
> | b | am Karfreitag |
> | c | auf Autobahnen |
> 4. In Bayern kommt es zu Stauungen zwischen _____ .
> | a | Stuttgart und Ulm |
> | b | Karlsruhe und Basel |
> | c | Würzburg und Nürnberg |
> 5. An der Grenze müssen Urlauber _____ .
> | a | wahrscheinlich eine Stunde warten |
> | b | mehr als eine Stunde warten |
> | c | sich voraussichtlich mehrere Stunden gedulden |

Roche/Wieland (1994), 140

Lösungen: 1 – b; 2 – a; 3 – b; 4 – c; 5 – a

Folgende Kontexte/Wörter muß man zur Lösung der Aufgaben verstehen:
1. *grauer Himmel – Regen*
2. *Zweieinhalb Millionen Urlauber reisen ...*
3. *Stauungen – am Karfreitag Höhepunkt ...*
4. *Zu Stauungen ... vor allem zwischen ...*
5. *An den Grenz(en) bis zu einer Stunde gedulden ...*

Beim selektiven oder globalen (kursorischen) Lesen müssen Sie mit Ihren Kursteilnehmern immer wieder üben, unbekannte Wörter zunächst zu überlesen. Ihre Kursteilnehmer müssen lernen, sich zunächst auf das Bekannte (und nicht auf das Unbekannte!) zu konzentrieren. Sie müssen versuchen, aus dem Bekannten heraus die Fragen zu beantworten, und wenn das nicht gelingt, Unbekanntes aus dem Kontext zu erschließen.

Aufgabe 13

Im kommunikativen Deutschunterricht wird die <u>Aufgabenstellung zu einem Lesetext</u> vor allem bestimmt durch:
- ☐ den Inhalt des Textes

Aufgabe 14

149

☐	den Schwierigkeitsgrad des Textes
☒	den Lesezweck
☒	das potentielle reale Leseinteresse eines imaginären Lesers
☒	das Testziel

Aufgabe 15

In <u>Test A</u> beziehen sich die Fragen auf präzise Angaben im Text.
a) *5317*
b) *der Mitgliedausweis des Deutschen Jugendherbergwerks*
c) *4 Millionen*

In <u>Test B</u> könnten die Antworten zum Beispiel so formuliert sein:
1. *Der Prospekt wirbt für Urlaub im Strandhotel Hiddensee.*
   Oder:
   Der Prospekt wirbt für das Strandhotel Hiddensee.
2. *Dort gibt es keine Industrie, und Autos dürfen auf der Insel nicht fahren. Hiddensee ist ein Naturschutzgebiet. ... usw.* (Hier können die Lernenden ganze Teile aus dem Text abschreiben).
   Oder:
   Besonders schön ist es, weil es auf der Insel Hiddensee keine Industrie gibt und weil keine Autos fahren dürfen. Hiddensee ist nämlich ein Naturschutzgebiet usw.

Aufgabe 16

	Test A	Test B
Art des Leseverstehens	selektiv: bestimmte Einzelinformationen werden abgefragt: – Anzahl der Jugendherbergen – Anzahl der Mitglieder – Stichwort *Mitgliedsausweis*	global: die wichtigsten Informationen werden erfragt
Leseinteresse eines möglichen Lesers	interessiert sich besonders für ganz präzise Angaben zu den Jugendherbergen: *Wie viele Jugendherbergen gibt es? Wie viele Mitglieder gibt es?*	Urlaubsplanung

Aufgabe 17

<u>Nachteile der Aufgabenform *Fragen zum Textinhalt* können sein:</u>
– Die Lernenden müssen ganze Sätze frei formulieren. Obwohl es von der Aufgabenstellung ja eigentlich nur darum geht, den Text zu verstehen, müssen die Schüler ihre Bemühungen auf den schriftlichen Ausdruck richten. Dabei können zusätzliche grammatische und orthographische Fehler entstehen.
– Die Lernernden können möglicherweise ganze Passagen aus dem vorgegebenen Text abschreiben. Dabei kann es zu Ungerechtigkeiten kommen gegenüber Lernenden, die sich bemühen, die Antwort mit eigenen Worten zu geben.
– Probleme bei der Beurteilung: Wie soll der Lehrer z. B. eine Antwort beurteilen, die zwar inhaltlich richtig, aber sprachlich sehr fehlerhaft ist im Vergleich mit einer inhaltlich ebenfalls richtigen, aber auch sprachlich fast fehlerfreien Antwort? Oder: Wie beurteilt er eine kurze richtige Antwort im Vergleich mit einer ebenfalls richtigen, aber ausführlicheren Antwort? Oder: Wie beurteilt er eine einfach formulierte richtige Antwort im Vergleich mit einer Antwort, in der ein Schüler eine komplexere grammatische Form benutzt (bei Test B z. B. *weil* + Nebensatz) und deshalb Fehler macht?

a) Mögliche Aufgabenstellung zum <u>Globalverstehen</u>: *Aufgabe 18*
   1. Was wird angeboten?
   2. Welche Personen sollen angesprochen werden?
b) Mögliche Aufgabenstellung zum <u>Detailverstehen</u>:
   1. Drei Firmen suchen eine Sekretärin. Wie alt soll sie sein, und was soll sie können?
      – Alko-Dataline: _____
      – Böske & Co.: _____
      – Baumhaus KG.: _____
   2. Was bieten die Firmen der Sekretärin?
      – Alko-Dataline: _____
      – Böske & Co.: _____
      – Baumhaus KG.: _____

Die richtigen Antworten sind: *Aufgabe 19*
1 – a); 2 – b); 3 – b); 4 – a); 5 – c); 6 – b); 7 – b).

– Die Aufgaben und der Text sind durch Zeilenangaben miteinander verknüpft. Das ermöglicht eine rasche Orientierung im Text. Ohne diese Zeilenangaben würde der Test erheblich mehr Zeit beanspruchen. *Aufgabe 20*
– Die Aufgabenführung ist sehr eng. Im Schnitt gibt es jeweils für 2–4 Zeilen eine Aufgabe.
– Die Formulierungen sind inhaltlich einfach, klar und verständlich. Sie sind eher etwas leichter als der Text, so daß die Lernenden keine Schwierigkeiten beim Verständnis der Aufgaben haben dürften.
   Die richtigen Antworten sind eindeutig zu identifizieren; allerdings mag man sich über den Sinn von Distraktoren streiten, für die es keinen Bezug im Text gibt wie z. B. bei 2. c *Die Deutschen rauchen im Unterricht*. Über das Rauchen steht überhaupt nichts im Text. Auch mag die Gleichsetzung zwischen *Die Väter haben nicht immer recht* und der „richtigen" Lösung *Die Väter sind nicht immer die Chefs* zunächst für Verwirrung sorgen. Im Zusammenhang der beiden anderen Distraktoren ist die Lösung dann jedoch eindeutig.
– Die Reihenfolge der Aufgaben folgt dem Textverlauf. In diesem Fall ist kein System (a-b-b-a-c-b-b) in der Anordnung der Aufgaben zu erkennen. Die strikte alphabetische Anordnung hätte die Reihung a-c-c-a-a-a-b ergeben.

Steht das im Text? *Aufgabe 21*

	Ja	Nein
a) Die Volkswagen AG bietet nicht genügend Ausbildungsplätze an.		X
b) Holger lernt Autoschlosser bei VW.	X	
c) Holger arbeitet vier Tage in der Woche in der Fabrik.	X	
d) Holger hat keinen Unterricht in der Fabrik.		X
e) Holger besucht einmal in der Woche die Berufsschule.	X	

Aufgabe 22

Test A

	1	2	3	4	5	6	7
Birgit	✗	✗		✗			
Steffi	✗					✗	
Michael				✗	✗	✗	✗
Peter			✗		✗		

Test B

	Karlheinz	*Sabine*
Alter	*29*	*18*
Beruf	*Möbelfacharbeiter*	*Bürokaufmann*
Fan von …	*Borussia Dortmund*	*Borussia Dortmund*
Fan seit wann?	*seit 12 Jahren*	*seit 5 Jahren*
Freizeitinteressen	*Fußball*	*Fußball*
Kosten	*pro Jahr 4500 bis 5500 DM*	*?*
Warum Fußball?	*Fußball ist das größte für ihn.*	*Beim Fußball ist etwas los. Da kann sie die Frustrationen der Woche vergessen.*

Aufgabe 23

Aufgabentyp	*Charakteristika*	*Vorteile*	*Nachteile*
offene Aufgaben	Schüler können frei formulieren	Fragen zum Text lassen sich verhältnismäßig leicht formulieren	– Schüler können Textstellen wortwörtlich übernehmen – Problem der Bewertung bei fehlerhafter Grammatik und Orthographie – Problem der Bewertung bei längeren und kürzeren Antworten
Multiple-choice-Aufgaben	gehören zum geschlossenen Aufgabentyp: die richtige Lösung muß nur erkannt und markiert werden	sind schnell und leicht mit Hilfe eines Rasters zu bewerten; eindeutige Schülerantworten; genaues Lesen erforderlich	müssen sehr genau und eindeutig formuliert und sorgfältig aufgebaut werden; es ist nicht immer leicht, gute und genügend Distraktoren zu finden
Alternativantwort-Aufgaben	geschlossener Aufgabentyp: Die Schüler müssen nur entscheiden, welcher	sind leicht mit Hilfe eines Rasters zu bewerten; sind einfacher zu entwerfen als	Ratewahrscheinlichkeit bei 50 %

	Lösungsvorschlag richtig oder falsch ist.	Multiple-choice-Aufgaben	
Zuordnungs-aufgaben	geschlossener Aufgabentyp: Zueinander passende Teile oder Informationen müssen einander zugeordnet werden.	genaues Lesen erforderlich, da schon Details unterschiedliche Zuordnungen erfordern können	keine

Für den Text *Typisch deutsch?* empfiehlt sich eine <u>Alternativantwort-Aufgabe</u>. Aufgabe 24

	So ist es jeden Abend	*Azubi bei VW*
Fragen zum Text		
Multiple-choice-Aufgaben		✗
Zuordnungsaufgaben	✗	
Alternativantwort-Aufgaben		✗

Aufgabe 25

<u>Alternativantwort-Aufgaben zu *Typisch deutsch?*</u>: Aufgabe 26

Steht das im Text?

	Ja	Nein
1. Viele Indonesier glauben, daß die Deutschen viel Disziplin haben.	✗	
2. Lita findet die deutschen Studenten höflich.		✗
3. Lita gefällt nicht, was die deutschen Mädchen machen.		✗
4. Lita gefällt nicht alles in Deutschland.	✗	
5. Lita findet es gut, daß Jungen und Mädchen zusammen wohnen.		✗
6. Die Deutschen sind nicht gern allein.		✗
7. Die Rolle der Väter und Großeltern ist in Deutschland weniger wichtig.	✗	
8. Lita versteht die Deutschen, weil sie die Unterschiede kennt.	✗	

<u>Zuordnungsaufgabe zu *So ist es jeden Abend*</u>:

Wer sagt was?

a) *An Sommerabenden grillen wir im Garten.*
b) *Meine Eltern streiten sich oft.*
c) *Mein Vater will immer Nachrichten sehen.*
d) *Mein Vater will abends immer seine Ruhe haben.*
e) *Mein Vater ist abends immer müde.*
f) *Vater und Mutter möchten immer ein anderes Programm sehen.*
g) *Meine Mutter möchte manchmal abends ausgehen.*
h) *Ich möchte abends mit meinen Eltern spielen.*
i) *Vater sitzt immer vor dem Fernseher und trinkt Bier.*
j) *Ich gehe mit meinem Vater vor dem Essen spazieren.*

Machen Sie bitte bei jeder Person ein Kreuz unter dem entsprechenden Buchstaben!

	a	b	c	d	e	f	g	h	i	j
Nicola										
Holger										
Heike										
Susi										
Sven-Oliver										
Petra										
Frank										
Brigitte										

Multiple-choice-Aufgaben zu *Azubi bei VW*:

Was ist richtig? Kreuzen Sie an.

1. Zeile 1 – 3:
   a) Sehr viele Jugendliche in Wolfsburg wollen eine Arbeit bei VW.
   b) In Wolfsburg leben 60 000 Jugendliche.
   c) Dort gibt es viele große Firmen.

2. Zeile 5 – 8:
   a) Es ist nicht schwer, Arbeit bei VW zu finden.
   b) Mit Holger haben noch ca. 5 000 andere „Azubis" bei VW angefangen.
   c) Nur 600 Jugendliche hatten Glück und haben einen Arbeitsplatz bei VW bekommen.

3. Zeile 11 – 14:
   a) Holgers Vater arbeitet auch in der Reparaturwerkstatt.
   b) Alle Familien in Wolfsburg beginnen um 7.30 Uhr mit der Arbeit.
   c) Oft arbeiten mehrere Personen einer Familie bei VW.

4. Zeile 14 – 17:
   a) Die Ausbildung bei VW ist nur theoretisch.
   b) Die Ausbildung ist praktisch und theoretisch.
   c) Die Berufsschule interessiert Holger nicht.

5. Zeile 18 – 20:
   a) Der Rhythmus für das Leben in Wolfsburg sind die Arbeitszeiten bei VW.
   b) Die Arbeit in der Reparatur ist harte Schichtarbeit.
   c) Holger arbeitet von 5.30 bis 22.30.

6. Zeile 21 – 23:
   a) Holger hätte gern eine Honda.
   b) Holger hat ein Motorrad und Geld genug für ein Auto.
   c) In der Freizeit fährt Holger Fahrrad.

7. Zeile 25 – 27:
   a) Wolfsburg ist toll.
   b) Wolfsburg ist keine sehr interessante Stadt.
   c) Holger sucht einen Job in einer anderen Stadt.

Aufgabe 27

Typen von Testaufgaben zur Prüfung des *Leseverstehens*

Testvorlage	*Anforderung an den Schüler*	*Schüleraktivität*	*Grundtyp*
1. Bild und schriftliche Äußerungen dazu	Entscheidung über die Richtigkeit der Äußerungen in bezug auf das Bild	Ankreuzen im Alternativverfahren	RF
2. Schriftlicher Text und schriftliche Äußerungen dazu	Entscheidung über die Richtigkeit der Äußerungen	Ankreuzen im Alternativverfahren	RF
3. Fragen und jeweils mehrere Antworten dazu	Entscheidung für eine der Antworten	Ankreuzen im Antwort-Auswahl-Verfahren	MC
4. Mehrere Bilder und eine schriftliche Äußerung dazu	Entscheidung für eines der Bilder	Ankreuzen im Antwort-Auswahl-Verfahren	ZO/MC
5. Ein Bild und mehrere schriftliche Äußerungen dazu	Entscheidung für eine der Äußerungen	Ankreuzen im Antwort-Auswahl-Verfahren	ZO/MC
6. Schriftlicher Text und schriftliche Äußerungen dazu	Entscheidung für eine der Äußerungen	Ankreuzen im Antwort-Auswahl-Verfahren	ZO/MC
7. Einleitender Satz oder Satzteil mit mehreren Ergänzungen zur Auswahl	Entscheidung für eine der Ergänzungen	Ankreuzen im Anwort-Auswahl-Verfahren	MC
8. Schriftlicher Text und Tabelle dazu	Entscheidung über das Vorkommen bestimmter Sachverhalte im Text	Ankreuzen der zutreffenden Sachverhalte in der Tabelle	ZO
9. Schriftlicher Text	Entscheidung über die Wichtigkeit der verschiedenen Aussagen	Unterstreichen wichtiger Textteile	OA
10. Schriftliche Texte und Bilder	Entscheidung über das Zueinanderpassen von Texten und Bildern	Zuordnen der Bilder zu den Texten	ZO
11. Schriftliche Texte und Überschriften dazu	Entscheidung über das Zueinanderpassen von Texten und Überschriften	Zuordnen der Überschriften zu den Texten	ZO
12. Schriftlicher Text und Satzanfänge und -enden	Entscheidung über das Zueinanderpassen von Satzteilen in bezug auf den Text	Zuordnen der Satzteile zueinander	ZO
13. Personenbeschreibungen und Stichwörter dazu	Entscheidung über das Zueinanderpassen von Beschreibungen und Stichwörtern	Aufschreiben der Namen der zu den Stichwörtern passenden Personen	ZO

Testvorlage	Anforderung an den Schüler	Schüleraktivität	Grundtyp
14. Fragen und Antworten	Entscheidung über das Zueinanderpassen der Fragen und Antworten	Zuordnen der Antworten zu den Fragen	ZO
15. Situationsbeschreibungen und mündliche Äußerungen	Entscheidung über das Zueinanderpassen der Beschreibungen und Äußerungen	Zuordnen der Äußerungen zu den Beschreibungen	ZO
16. Schriftlicher Text und Landkarte mit Legende	Übertragen des Textinhalts in Symbole	Eintragen der Symbole in die Landkarte	OA
17. Schriftlicher Text	Übertragen in muttersprachliche Äußerungen	Schriftliches Übersetzen in die Muttersprache	OA
18. Schriftlicher Text	Herausfinden der wesentlichen Inhalte	Zusammenfassung des Inhalts in der Muttersprache	OA
19. Schriftlicher Text und muttersprachliche Fragen dazu	Herausfinden der gefragten Inhalte	Beantworten der Fragen in der Muttersprache	OA
20. Ungeordnete Satzteile	Entscheidung über die Abfolge der Textinhalte	Ordnen der Textteile	ZO
21. Schriftlicher Text und ungeordnete Sätze dazu	Entscheidung über die Abfolge der Textinhalte	Ordnen der Sätze	ZO

nach: Doyé (1988), 43f.

Aufgabe 28

	Ja	Nein
1. Auf der Ostseeinsel Hiddensee gibt es keine Autos.		X
2. Bei Regen kann man im Hallenbad baden.	X	
3. Im Naturschutzgebiet dürfen keine Hotels gebaut werden.		X
4. Hotelgäste haben haben es nicht weit zum Strand.	X	

Weitere mögliche Beispiele:

	Ja	Nein
– Die Luft ist sauber.	X	
– Es gibt keine Umweltverschmutzung.	X	
– Auf der Insel gibt es nur eine Diskothek.		X
– Bei Regen können Sie fernsehen.	X	

Aufgabe 29   Weitere Möglichkeiten, das *Leseverstehen* mit dem Text *Strandhotel Hiddensee* zu testen.

a) Sie sehen eine Werbung. Die Überschrift fehlt. Wofür wird hier geworben? Für

☐ (einen) Abenteuerurlaub

☐ (die) Inseln in der Ostsee
☐ (das) Strandhotel Hiddensee

Schreiben Sie die entsprechende Überschrift zu der Werbung.

> Urlaub auf der
> Ostseeinsel Hiddensee
> ist ein Erlebnis. Es gibt keine Industrie,
> und Autos dürfen auf der Insel nicht
> fahren, denn Hiddensee ist ein Natur-
> schutzgebiet. Die Strände sind sauber,
> die Wiesen und Wälder sind noch
> nicht zerstört. Hier finden Sie Ruhe
> und Erholung.
>
> Ein Erlebnis ist auch
> unser Strandhotel Hidden-
> see. Es liegt direkt am Strand
> und bietet viel Komfort.
> Alle Zimmer haben Bad und WC und
> einen Balkon. Es gibt ein Hallenbad mit
> Sauna, einen Privatstrand, eine Terrasse,
> eine Bar, ein Café, ein Restaurant, eine
> Diskothek, einen Leseraum, ein Fernseh-
> zimmer ...
>
> **Urlaub in unserem Strandhotel
> ist ein Erlebnis.**

nach: Aufderstraße u. a. (1992), 67

b) <u>Multiple-choice-Aufgabe</u> zum Text mit Überschrift (mehrere Lösungen möglich):

1. Was für ein Text ist das?   Lösung:
   ☐ Werbung für ein Hotel   ☒
   ☐ Werbung für die Ostsee   ☒
   ☐ Ein Erlebnisbericht   ☐

2. Was stimmt?
   Alle Strände der Insel sind ...
   ☐ sauber   ☒
   ☐ unbebaut   ☐
   ☐ privat   ☐

3. Stimmt das?
   Im Strandhotel gibt es in allen Zimmern ...
   ☐ Bad und WC   ☒
   ☐ einen Fernseher   ☐
   ☐ eine Terrasse   ☐

c) Welche Wörter passen in die Lücken? Schreiben Sie den richtigen Buchstaben hinter die Zahlen unten.

a) *Strandhotel*   b) *Ruhe*   c) *Strand*
d) *Strände*   e) *nicht*   f) *dürfen*
g) *Ostseeinsel*   h) *Terrasse* i) *Balkon*

157

Strandhotel Hiddensee

Urlaub auf der [1] Hiddensee ist ein Erlebnis. Es gibt keine Industrie, und Autos [2] auf der Insel [3] fahren, denn Hiddensee ist ein Naturschutzgebiet. Die [4] sind sauber, die Wiesen und Wälder sind noch nicht zerstört. Hier finden Sie [5] und Erholung.

Ein Erlebnis ist auch unser [6] Hiddensee. Es liegt direkt am [7] und bietet viel Komfort. Alle Zimmer haben Bad und WC und einen [8]. Es gibt ein Hallenbad mit Sauna, einen Privatstrand, eine [9], eine Bar, ein Café, ein Restaurant, eine Diskothek, einen Leseraum, ein Fernsehzimmer ...

Urlaub in unserem Strandhotel ist ein Erlebnis.

nach: Aufderstraße u. a. (1992), 67

1	2	3	4	5	6	7	8	9

Lösung: 1 – g); 2 – f); 3 – e); 4 – d); 5 – b); 6 – a); 7 – c); 8 – i); 9 – h).

Aufgabe 30

Hörsituation	*Hörstil* (wie man hört)	*Art des Verstehens*
Sie sind allgemein an einem Thema interessiert und möchten nur die Hauptaussage erfassen.	globales Hören	Globalverstehen
Sie interessieren sich für eine ganz bestimmte Teilinformation, z. B. interessiert Sie am Wetterbericht nur, ob es in Hamburg immer noch regnet.	selektives Hören	selektives Verstehen
Sie möchten alle Details einer Sendung der Deutschen Welle über Ihr Heimatland genau mitbekommen.	detailliertes Hören	Detailverstehen

Folgende Punkte können hier zum Beispiel genannt werden:

	Gemeinsamkeiten	*Unterschiede*
Tests zum *Leseverstehen*	– Authentizität der Aufgabenstellungen – Authentizität der Textvorlagen – Kontext muß eindeutig sein – zahlreiche Aufgabentypen – bestimmte Schüleraktivitäten (z. B. ankreuzen) – Vor- und Nachteile der Aufgabentypen	– Während des Tests können der Text/einzelne Textstellen je nach Bedarf mehrmals gelesen werden. – Der Text enthält Signale (Wortabstände, Satzzeichen, Abschnitte, hervorgehobene Elemente usw.), die das Verständnis erleichtern.
Tests zum *Hörverstehen*		– Wiederholtes Hören des Textes ist in der Regel nur beschränkt möglich. – Intonation kann nur helfen, wenn sie auch richtig interpretiert wird. – Beim Hören ist der Schüler stärker auf schnelle Entschlüsselung von Bedeutungen angewiesen.

Aufgabe 31

1. Der Lehrer stellt Fragen zum Inhalt des Textes. Die Schüler beantworten diese Fragen frei (schriftlich oder mündlich).
2. Dieser Aufgabentyp eignet sich zur Überprüfung des Globalverstehens, des Detailverstehens und des selektiven Verstehens.

Aufgabe 32

Richtige Lösungen:

a) Inge trinkt Rotwein.
   Sie trinkt Rotwein.
   Rotwein.

b) Markus trinkt auch Rotwein.
   Auch Rotwein.
   Rotwein.

c) Sie essen Suppe.
   Suppe.

d) Als Hauptgericht essen sie Steak und/mit Salat.
   Sie essen Steak und/mit Salat.
   Steak und/mit Salat.

e) Eis mit Früchten.

Aufgabe 33

Nachteile der Aufgabenform *Fragen zum Text*:

1. Die Schüler müssen nicht nur zeigen, daß sie den Hörtext verstehen; sie müssen auch eine produktive Sprachleistung erbringen. Das lenkt sie von der eigentlichen Aufgabe (aufmerksam zuhören) ab. Außerdem machen sie möglicherweise grammatische und orthographische Fehler.
2. Es gibt Probleme bei der Bewertung: Die einen schreiben viel, die anderen schreiben wenig. Vielen Lehrern fällt es schwer, für grammatische oder orthographische Fehler keinen Punkteabzug zu geben.
   Im Unterschied zum *Leseverstehen* kann man beim *Hörverstehen* keine Textpassagen abschreiben.

Aufgabe 34

Multiple-choice-Aufgaben gehören zum Aufgabentyp *geschlossene Aufgaben*. D. h., die Schüler müssen die richtige Antwort nicht selbst formulieren, sondern sie nur erkennen können.

Aufgabe 35

Aufgabe 36   Lösungen: 41. – b; 42. – b); 43. – b)

Aufgabe 37   Es wird das Globalverstehen, stellenweise auch das Detailverstehen getestet.

Aufgabe 38   Lösung: *Gleis 7;* mittlere Uhr (= 11.27 Uhr).
Hörtest B

Hörtest C   Lösung: *Fahrrad*

Aufgabe 39   Hörtest B testet das Detailverstehen; Hörtest C testet das Globalverstehen.

Aufgabe 40   Alternativantwort-Aufgaben gehören zum Aufgabentyp *geschlossene Aufgaben*. Der Lehrer formuliert Aussagen zum Textinhalt, die richtig oder falsch sind. Der Schüler muß entscheiden, welche Aussagen auf den Textinhalt zutreffen (*Ja*) und welche nicht (*Nein*).

Aufgabe 41   So könnte die Aufgabenstellung aussehen:

Haben Sie das im Text gehört?

	Ja	Nein
1. Herr Fink spart jeden Monat die gleiche Summe Geld.		
2. Herr Fink ist sich schon sicher, wofür er das Geld ausgeben will.		
3. Frau Huber arbeitet noch.		
4. Für Frau Huber ist regelmäßiges Sparen nicht wichtig.		
5. Herr Schmid spart monatlich eine feste Summe.		
6. Herr Schmid verwendet das gesparte Geld für Urlaubsreisen.		

Aufgabe 42   B ist die richtige Fortsetzung.

Aufgabe 43   Bei Zuordnungsaufgaben müssen passende Teile (z. B. Bild/Text; Text/Text usw.) einander zugeordnet werden.

Aufgabe 44   1. Lösung der Testaufgaben:

   Test A   Foto a: Gespräch Nr. 2   Foto b: Gespräch Nr. 3
            Foto c: Gespräch Nr. 1   Foto d: Gespräch Nr. 4

   Test B

Formella u. a. (1990), 55

2. Hörtest A testet das <u>Globalverstehen</u>, Hörtest B das <u>selektive Hören</u>.

Aufgabe 45

Monat	Wie sind die Äpfel?	Was macht Herr Böse?	Herr Streit?
Oktober	reif	pflückte alle Äpfel ab	"Dir werde ich's heimzahlen..."
September	noch nicht reif	Dir werde ich's heimzahlen	pflückte die Äpfel
August	grün und hart	pflückte die Äpfel	Dir werde ich's heimzahlen
Juli	grün, hart und ganz klein	Dir werde ich's heimzahlen	pflückte die Äpfel
Juni	so klein wie Rosinen	pflückte die Äpfel	Dir werd ich's heimzahlen
Mai	Keine Früchte	Dir werde ich's heimzahlen	schlägt alle Blüten ab
April		schlägt Baum mit Axt um	
/////	/////	treffen sich im Laden beim Äpfelkaufen	

nach: Roche/Wieland (1994), 116

Aufgabe 46   So könnte das Raster aussehen:

Wer sagt was?

Bitte kreuzen Sie an. ✗ (Achtung: Sie können auch mehr als ein Kreuz machen!)

Umfrage zum Urlaubsverhalten

Interviewpartner/in		Nr. 1	Nr. 2	Nr. 3	Nr. 4	Nr. 5
Wohin fahren?	Inland					
	Ausland					
Wie lange?	1 Woche					
	2 Wochen					
	3 Wochen					
	länger					
Wie/womit fahren?	Auto					
	Flugzeug					
	Bahn					
	Fähre/Schiff					
Wo wohnen?	Hotel					
	Ferienhaus/ Ferienappartement					
	Privat (Pension)					
Was tun?	Sport					
	Kultur					
	Ausruhen/Entspannen					

Formella u. a. (1990), 48

Aufgabe 47   In beiden Tests wird das Detailverstehen getestet.

Aufgabe 48   Der Weg zum Schwimmbad:

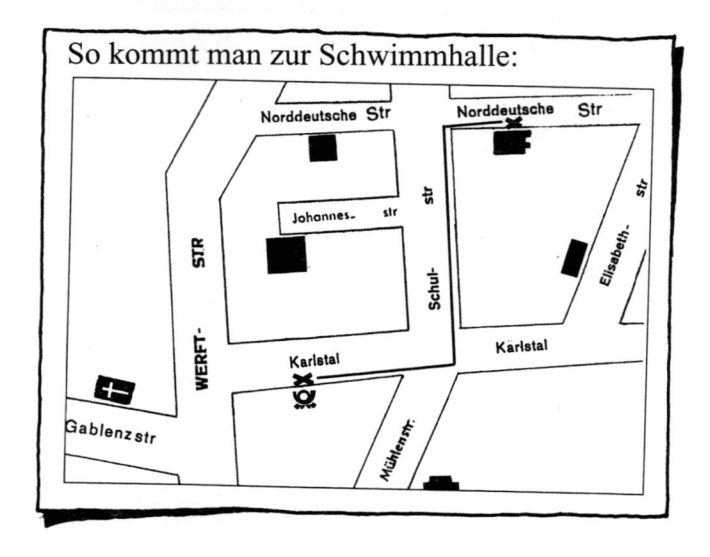

So kommt man zur Schwimmhalle:

Formella u. a. (1990), 57

162

Mögliche zeichnerische Lösung und Bewertungsvorschlag: <u>Aufgaben 49 und 51</u>

© Scherling 1995

Bewertungsvorschlag: Für jede richtige Positionierung und richtige Abbildung gibt es einen Punkt:

Rechts unten steht – 1 – ein Tisch – 1 – Auf dem Tisch liegt – 1 – ein Buch – 1 – Unter dem Tisch liegt – 1 – ein Bleistift – 1– Links neben dem Tisch steht – 1 – ein Stuhl – 1 – usw.

Es gibt also insgesamt 28 Punkte. Setzt man eine Bestehensgrenze von 50%, so könnte die Notenskala so aussehen:

13 Punkte und weniger: nicht bestanden.
14 – 17 Punkte: ausreichend
18 – 21 Punkte: befriedigend
22 – 25 Punkte: gut
26 – 28 Punkte: sehr gut

<u>Aufgabe 52</u>

Typen von Testaufgaben zur Prüfung des *Hörverstehens*			
Testvorlage	*Anforderung an den Schüler*	*Schüleraktivität*	*Grundtyp*
1. Bild und mündliche Äußerungen dazu	Entscheidung über die Richtigkeit der Äußerungen	Ankreuzen im Alternativverfahren	RF
2. Gesprochener Text und mündliche Äußerungen dazu	Entscheidung über die Richtigkeit der Äußerungen	Ankreuzen im Alternativverfahren	RF
3. Gesprochener Text und schriftliche muttersprachliche Äußerungen dazu	Entscheidung über die Richtigkeit der Äußerungen	Ankreuzen im Alternativverfahren	RF
4. Mehrere Bilder und eine mündliche Äußerung dazu	Entscheidung für eines der Bilder	Ankreuzen im Antwort-Auswahl-Verfahren	MC
5. Gesprochener Text und mehrere mündliche Äußerungen dazu	Entscheidung für eine der Äußerungen	Ankreuzen im Antwort-Auswahl-Verfahren	MC

163

Testvorlage	Anforderung an den Schüler	Schüleraktivität	Grundtyp
6. Gesprochener Text und mehrere schriftliche muttersprachliche Äußerungen	Entscheidung für eine der Äußerungen	Ankreuzen im Antwort-Auswahl-Verfahren	MC
7. Gesprochene Fragen und mehrere schriftliche Antworten	Entscheidung für eine der Antworten	Ankreuzen im Antwort-Auswahl-Verfahren	MC
8. Gesprochener Text und schriftliche Stichwörter dazu	Entscheidung über das Vorkommen der genannten Sachinhalte im Text	Ankreuzen der zutreffenden Stichwörter	RF
9. Gesprochener Text und muttersprachlicher Fragebogen dazu*	Zusammenfassung und muttersprachliche Stichwörter	Eintragen muttersprachlicher Stichwörter in Fragebogen	OA
10. Gesprochener oder gesungener Text	Übertragung in deutsche Stichwörter	Aufschreiben deutscher Stichwörter	OA
11. Bilder und mündliche Äußerungen dazu	Entscheidung über das Zueinanderpassen von Bildern und Äußerungen	Zuordnen der Äußerungen zu den Bildern	ZO
12. Gesprochener Text und ungeordnete Bilder dazu	Entscheidung über die Abfolge der Textinhalte	Ordnen der Bilder	ZO
13. Gesprochener Text und Zeichenvorlage	Verstehen des Textes	Zeichnen eines Objektes nach Angaben des Textes	GU
14. Gesprochener Text und Landkarte mit Legende	Übertragen des Textinhalts in Symbole	Eintragen der Symbole in Landkarte	GU
15. Gesprochener Text und Stadtplan	Übersetzen der Textinformationen in schriftliche Informationen	Eintragen der Angaben in den Stadtplan	GU
16. Gesprochener Text und Zifferblätter von Uhren	Übertragen des Gehörten in Uhrzeiten	Einzeichnen der Uhrzeiger in Zifferblätter	GU
17. Gesprochene Jahreszahlen	Übertragen des Gehörten in Ziffern	Aufschreiben der Jahreszahlen	GU
18. Gesprochene Äußerungen verschiedener Personen	Entscheidung über die Richtigkeit der Äußerungen	Markieren, inwieweit die Äußerungen der Personen mit schriftlichen Aussagen übereinstimmen	ZO
19. Deutsche Äußerungen	Übertragen in muttersprachliche Äußerungen	Dolmetschen deutsch-muttersprachlich	OA

nach: Doyé (1988), 19f.

* Die Verwendung der Muttersprache ist dann zu empfehlen, wenn man einen schwierigen Text anbieten möchte und die Schüler ihre ganze Aufmerksamkeit auf das Hören konzentrieren sollen.

Testablauf   Aufgabe 53

2 a) Vorbereitung:

Voraussetzung für den Einsatz dieses Tests ist, daß den Schülern der Aufgabentyp *Suchplan* bereits vertraut ist. Die Absicht, die mit einem solchen Test verknüpft ist, ist es, den Schülern zu zeigen, daß Tests gar nicht langweilig sein müssen und Spaß machen können.
Geben Sie jedem Schüler ein bis zwei Unterrichtsstunden vor dem Test eine Kopie des Suchplans.
Schauen Sie sich mit den Schülern den Plan der Insel an, und sprechen Sie mit ihnen darüber. *Was ist auf der Insel? Was kann man auf der Insel machen?* Auf diese Weise werden die Vokabeln wiederholt oder gegebenenfalls eingeführt (nur wenige).
Üben Sie mit den Schülern *Wegbeschreibung*, z.B.: *Die Kinder wollen vom Leuchtturm zum Strandbad. Erklärt ihnen den Weg.* Oder: *Ein Anruf vom Inselhotel beim Leuchtturmwächter: eine Familie will zum Leuchtturm und fragt nach dem kürzesten Weg. Der Leuchtturmwächter beschreibt den Weg am Telefon.*
Geben Sie eine der beiden Wegbeschreibungen als Schreibaufgabe auf.

2 b) Der Test:

Der Test erfolgt ein bis zwei Unterrichtsstunden später.
Erklären Sie den Schülern, daß auf der Insel ein Schatz verborgen ist und daß sie den Kindern bei der Schatzsuche helfen können. Sie sollen auch herausbekommen, woraus der Schatz besteht. Erklären Sie den Schülern auch, daß sie – wenn sie an einer Stelle den Weg verlieren – trotzdem weiterhören sollen, bis sie wieder den Anschluß finden. Dann geht es los! Die Schüler hören den Text (ein- oder zweimal) von der Kassette und zeichnen die Wegbeschreibung ein. Zum Schluß wird der Name des Gegenstandes unten auf das Arbeitsblatt geschrieben.

2 c) Bewertung:

Der Lehrer hat vorher eine Folie des Inselplans vorbereitet: sie zeigt die Wegmarkierungen und eine Punkteverteilung für die Wegmarkierungen.
Für den richtigen Namen des gefundenen Gegenstandes gibt es auch einen Punkt.
Jeder Schüler gibt sein fertiges Blatt einem Partner. Der darf die Punktezahl feststellen.
Zum Abschluß bekommt jeder zur Belohnung einen Anteil des Goldschatzes: ein in Goldpapier eingewickeltes Bonbon, ein Stück Schokolade, Schokoladen-Geld …

1. Im Lernzielkatalog des *Zertifikats Deutsch als Fremdsprache*, das die Lernziele   Aufgabe 54
   eines kommunikativ orientierten Deutschunterrichts prüft, findet man folgende
   Definition für das Lernziel *Schriftlicher Ausdruck*:

   > Erreicht werden soll eine schriftliche Ausdrucksfähigkeit, die den Lernenden befähigt, persönliche und halbformelle Briefe inhaltlich und im Ausdruck angemessen sowie sprachlich möglichst regelgerecht zu schreiben.
   >
   > Inhaltliche Verständlichkeit und Angemessenheit des Ausdrucks gehen vor Richtigkeit in Grammatik und Rechtschreibung.

   PAS des DVV (1992), 17f.

   Das Lernziel *Schriftlicher Ausdruck* wird hier auf das Schreiben von Briefen (Postkarten) reduziert. Wir werden in der weiteren Diskussion sehen, daß in neueren Entwicklungen der Fachdidaktik das Lernziel *Schreiben* nicht so eng gefaßt, sondern weiterentwickelt und differenziert wird.

2. Ziel des kommunikativen Deutschunterrichts ist der kommunikative Gebrauch der Sprache in Alltagssituationen des Zielsprachenlandes. Aus diesem Ziel ergibt sich der Primat von *Sprechen* und *Hörverstehen* (beim Interagieren der Kommunikationspartner), allenfalls kommt dazu noch als wichtige Fertigkeit das *Leseverstehen* (Verstehen authentischer zielsprachlicher Texte). Die Möglichkeiten schriftlicher Kommunikation in authentischen Kommunikationssituationen für Fremdsprachenlernende (besonders im Muttersprachenland) scheinen eher eingeschränkt: Schreiben von Postkarten, Telegrammen, kleinen Mitteilungen wie Einladungen, Glückwunschschreiben o.ä. und Briefeschreiben (formell: Anfragen bei Institutionen; informell: Briefpartner, Brieffreund).

Aufgabe 55

1. Lösungen:

a) − Guten Morgen, ist hier noch frei?
   + Ja, bitte schön. − Sind Sie neu hier?
   − Ja, ich arbeite erst seit drei Tagen hier.
   + Und was machen Sie hier?
   − Ich bin Programmierer.
   + Sind Sie aus England?
   − Nein, aus Neuseeland.
   + Ich heiße John Roberts.

b) 1. die Wolke – wolkig
   die Sonne – sonnig
   der Wind – windig
   der Regen – regnerisch
   die Trockenheit – trocken
   die Kälte – kalt
   die Wärme – warm
   das Gewitter – gewittrig
   der Wechsel – wechselhaft

b) 2. Zum Beispiel: *regnerisch, Regenwolken, Regentropfen, Regenschirm, Regenbogen*

c) 1. *ss* oder *ß*?
   der Assistent, heißen, wissen, du mußt, wir müssen, gewußt, Abschlußfest, gesessen, er weiß

   2. *tz* oder *z*?
   tanzen, benutzen, ergänzen, du sitzt, der Arzt, übersetzen, der Dozent, die Hochzeit, sitzen

d) 1. Mögliche Lösung:

Welche Personen?	Zwei Männer.
Wo sind sie?	Auf der Straße.
Was möchte A?	Geld.
Was macht B?	Er zeigt seine leeren Taschen.
Warum macht er das?	Er hat kein Geld.
Was passiert dann?	A reißt die Taschen aus.
Wie sieht A aus?	Zufrieden.
Und B?	Er sieht entsetzt aus.

   2. Möglicher Text:
   Zwei Männer begegnen sich auf der Straße. A hat kein Geld, deshalb bittet er B, ihm Geld zu geben. Aber B hat auch kein Geld. Er zeigt A seine beiden leeren Hosentaschen. Da reißt ihm A die beiden Hosentaschen ab und läuft lachend weg. B schaut ihm entsetzt nach.

e) Mögliche Lösung:
   1. *Das Fahrrad ist langsamer, aber auch billiger als das Auto.*
   2. *Das Flugzeug ist schneller, aber auch gefährlicher als der Zug.*
   3. *Zu Fuß gehen ist langsamer, aber auch sicherer als das Auto.*
   usw.

f) Mögliche Lösung:

   Lieber Peter,

   ich habe jetzt eine Wohnung in Frankfurt. Sie hat drei Zimmer. Sie ist ziemlich klein und teuer, aber hell und schön. Ich habe schon einen Herd in der Küche, einen Schrank und eine Garderobe, aber ich brauche noch eine Lampe im Bad.

g) Mögliche Lösung:
   1. *Die Sonne scheint.*
   2. *Ein Wind weht.*
   3. *Der Himmel ist wolkenlos.*
   4. *Heute ist es regnerisch.*

5. *Im Winter schneit es oft.*
6. *Die ersten Regentropfen fallen.*

h) 1. *Meinen Chef habe ich schon lange nicht mehr gesehen. Aber seine Frau treffe ich jeden Tag.*
2. *In Fortaleza braucht man im Winter keinen Pullover. Aber in Porto Alegre braucht man sogar eine Jacke.*
3. *In Deutschland sind die Hotels sehr teuer. Aber in Frankreich sind sie billiger.*
4. *In Italien trinkt man den Wein zum Essen. Aber den Kaffee trinkt man nach dem Essen.*
5. *Einen Anzug ziehe ich nur am Sonntag an. An den übrigen Wochentagen trage ich Jeans.*

i) <u>Beispiele</u>:

Es war einmal eine Prinzessin. Sie war sehr arrogant und wollte keinen Mann heiraten. Eines Tages ...
Es war einmal eine arme Frau. Sie hatte kein Geld, aber sie war sehr gut. Doch ihre Kinder waren böse.

2. <u>Die Lernziele</u>

Aufgabe	*Lernziel*
a)	Struktur eines Dialogs erkennen (Fragen und Antworten einander zuordnen)
b)	Wortschatz (Wortfamilie *Wetter*)
c)	Rechtschreibung: Eine wichtige Teilfertigkeit der *Fertigkeit Schreiben*
d)	Einen zusammenhängenden Text schreiben, mit bewußter Verwendung von Pronomen und Satzverknüpfern (Konnektoren: *deshalb, aber da*): eine wichtige Teilfertigkeit der *Fertigkeit Schreiben*
e)	Grammatik (Komparativ)
f)	Brief schreiben (Variante zu einem vorgegebenen Muster): *Fertigkeit Schreiben*
g)	Wortschatz, Satzstrukturen (Umformungsübung, Stilübung)
h)	Richtige Stellung von Satzgliedern im Kontext: Das, worum es geht, die im Kontext wichtige Information, steht am Anfang des Satzes (Erststellung; Position I) Die Beherrschung der Stellung der Satzglieder ist eine wichtige Teilfertigkeit der *Fertigkeit Schreiben*.
i)	Ritualisierte Erzählformen, hier: Märchen; *Fertigkeit Schreiben*

Aufgabe 57

1. Rolle der Motorik: Die Handbewegungen beim Schreiben wirken positiv auf die Behaltensleistung.
2. Die Rolle des Schriftbildes für die Behaltensleistung (*Was man schwarz auf weiß besitzt ...*).
3. Es gibt im Gehirn keine isoliert funktionierenden Zentren für die einzelnen Sprachfertigkeiten. Alle Sprachzentren sind miteinander verbunden (vernetzt). Jede ausgeübte Fertigkeit stützt die Entwicklung der anderen Fertigkeiten. So sind zum Beispiel die mentalen Aktivitäten beim Sprechen und Schreiben sehr ähnlich. Parallel zu der „Allmählichen Verfertigung der Gedanken beim Reden" (Kleist), kann man auch von der „Allmählichen Verfertigung der Gedanken" beim Schreiben sprechen: In beiden Fällen werden Inhalte konzipiert, Sprachmittel ausgewählt, zu Sätzen und Texten verknüpft usw. Aber auch zwischen Lesen und Schreiben besteht ein Zusammenhang: Wörter, die man geschrieben hat, erkennt man beim Lesen schneller usw.

Aufgabe 58

Tagebuchschreiben: Der Schreiber schreibt nur für sich selbst (Ausnahme: Schriftsteller, der sein Tagebuch für die Nachwelt führt); er versucht, Ordnung in das Erlebte, in seine Gedanken zu bringen. Er sucht nach dem richtigen Ausdruck, der richtigen Formulierung, die genau das wiedergibt, was er erlebt, gesehen, gefühlt hat. Er wiederholt sich vielleicht, präzisiert das Gemeinte, liest das Geschriebene noch einmal durch, streicht durch, was ihm nicht gefällt (vielleicht reißt er sogar eine Seite heraus), setzt noch einmal an, bis er zufrieden ist. Was ihm vorher noch nicht ganz klar war, klärt sich, die Gedanken, Einschätzungen, Urteile entwickeln sich beim Schreiben – man nimmt sich Zeit, überlegt. Zum Schluß: Man betrachtet zufrieden die geschriebenen Seiten.

Anknüpfungspunkte für das Schreiben im Fremdsprachenunterricht:

Die Schüler schreiben die Texte für sich selbst (allenfalls für den Lehrer – so wenig wie möglich), klären ihre Gedanken beim Schreiben (Aspekt der *Verlangsamung*: beim Sprechen muß man immer schnell reagieren), suchen nach dem richtigen Ausdruck, können den falschen Ausdruck durchstreichen (beim Sprechen ist das Gesagte „raus"). Die Schüler können ihren Text mehrmals überlesen, redigieren (dafür muß ihnen allerdings auch genügend Zeit gegeben werden). Sie können sehen, was sie produziert haben (Aspekt der *Vergegenständlichung*).

Aufgabe 59

1. Die Testaufgabe muß wirklich das testen, was sie zu testen vorgibt, sonst ist die Testaufgabe nicht valide.
2. Der Bezug zu den vorangegangenen Unterrichtsaktivitäten muß gewährleistet sein, d. h. **was** und **wie** getestet wird, muß im Unterricht geübt worden sein.
3. Eine eindeutige Bewertung der Testergebnisse muß möglich sein.

Aufgabe 60

Aufgabe	*Auch als Test verwendbar?*	*Begründung*
c	+ Test zu einem bestimmten orthographischen Problem	Eindeutig bewertbar; allerdings muß vorher auf dieses orthographische Problem aufmerksam gemacht worden sein.
d	+ Test zur richtigen Verwendung von Satzverknüpfern	Sätze richtig (logisch) miteinander verknüpfen ist eine wichtige Schreibstrategie. Mit Hilfe der Einzelfragen und Antworten zur Bildgeschichte wird die Aufgabe gut vorstrukturiert. Eventuell sollte man notwendigen Wortschatz wie *zeigt seine leeren Taschen, reißt die Taschen weg* vorher besprechen, damit hier keine zusätzliche Fehlerquelle entsteht. Man könnte den 1. Teil der Aufgabe auch gemeinsam in der Klasse lösen und nur den 2. Teil als Testaufgabe zur Schreibfertigkeit geben.
f	– Die Aufgabe erweckt zwar durch die Form des Briefes den Anschein, als würde hier das Schreiben eines Briefes geübt. Tatsächlich aber wird Wortschatz geübt.	Die entscheidenden Textstrukturen für die Fertigkeit *Briefe schreiben* (*ich – Sie hat – Sie ist – Ich habe schon – aber ich brauche noch*) werden schon vorgegeben. Man muß nur noch die Wörter aus dem Kasten hinzufügen.
h	+ Beherrschung der Syntax ist eine wichtige Teilfertigkeit: als Test geeignet	Die Lösungen sind eindeutig (falsch/richtig) zu bewerten.
i	– in dieser Form noch kein sinnvoller Test	Die Aufgabe könnte man sich als Teil einer Testaufgabe zum Schreiben von Märchen vorstellen.

Aufgabe 61

Bitte ergänzen Sie die Personalpronomen:
Das ist Klaus-Maria Brandauer. _____ wohnt in Wien. Das ist Christa Wolf. _____ wohnt in Berlin. Das sind Hannelore und Helmut Kohl. _____ wohnen in Oggersheim. Das ist Kurt Masur. _____ wohnt in Leipzig. Usw.

Aufgabe 62

> Es war einmal ein guter Mensch, *der* freute *sich seines* Lebens. Da kam eine Mücke geflogen und setzte sich auf *seine* Hand, um von *seinem* Blut zu trinken. *Der gute Mensch* sah es und wußte, daß sie trinken wollte; da dachte *er*: „Die arme kleine Mücke soll sich einmal satt trinken" und störte sie nicht. Da stach *ihn* die Mücke, trank sich satt und flog voller Dankbarkeit davon. Sie war so froh, daß sie es allen kleine Mücken erzählte, wie gut *der Mensch* gewesen wäre, und wie gut ihr *sein* gutes Blut geschmeckt hätte.

Schwitters (1974), 37

Aufgabe 63

Mögliche Testaufgabe zu diesem Text:
Im folgenden Text werden drei Personen genannt (*der Reisende, der Schaffner* und *„einer"*). Alle Wörter, die für diese drei Personen stehen, fehlen im Text. Die fehlenden Wörter finden Sie unter dem Text. Welches Wort paßt in welche Lücke?

> **Der Reisende** im Frühzug suchte wie verrückt nach _____ Fahrausweis, den _____ nicht finden konnte. Die anderen Fahrgäste, die _____ dabei ironisch ansahen, lächelten, denn er steckte _____ zwischen den Lippen. **Der Schaffner**, _____ das Ganze allmählich auf die Nerven ging, zog _____ das Ding aus dem Mund, knipste es und gab es _____ zurück. Als _____ weiterging, sagte **einer** zu dem Reisenden, _____ Gesicht ganz rot geworden war: „Das ist _____ auch schon mal passiert und dabei bin _____ _____ mit der Karte im Mund ganz schön dumm vorgekommen." „Dumm, sagten _____", meinte der Reisende, „ach, _____ _____, _____ Fahrkarte war ja nicht mehr gültig, deshalb habe _____ das Datum weggekaut!"

nach: Einstufungstest Sek. II Frankreich (1993), 17

Der Reisende: *dessen, ihm, meine, seinem, ihn, er, dem Mann, ihm, ich*
Der Schaffner: *er, dem*
einer: *lieber Freund, ich, mir, Sie, mir*

Sie können den Test natürlich auch ohne Vorgabe der Verweismittel geben. Dann müssen Sie aber auch andere Lösungen akzeptieren, die sinngemäß möglich sind, z. B.: *guter Mann*, statt *lieber Freund* usw.

In dem Einstufungstest aus Frankreich, dem wir diesen Text entnommen haben, ist der Text komplett ohne Lücken vorgegeben. Die Aufgabe der Lernenden besteht darin, die Verweismittel, die wir in unserem Beispiel gelöscht haben, aus dem Text herauszusuchen und den Bezugspersonen (*der Reisende, der Schaffner, einer*) zuzuordnen.

Aufgabe 64

> Lieber Locke, heute schreibe ich Dir einen Brief, *denn* ich habe Zeit.
> Wie geht es Dir, *und* wie geht es Deiner Freundin?
> Gestern habe ich das neue Buch von Müller gesehen, *aber* es ist leider sehr teuer. Ich habe es gekauft, *denn* in dem Buch sind interessante Bilder und Texte (*weil* in dem Buch … sind). In einem Text kann ein Mann nicht schlafen, *deshalb* (*deswegen/darum*) zählt er Schafe. Er zählt und zählt, *bis* er einschlafen kann (Er zählt und zählt. *Dann* kann er einschlafen.). Ich freue mich, *weil* Du bald wieder kommst. (Ich freue mich, *daß* Du bald kommst.)
> Herzliche Grüße Dein Dabbe

nach: Müller/Kast (1993), 155

dann, daß, Wenn, oder, weil, weil, Wenn

Aufgabe 65

Aufgabe 66 Mögliche Lösungen:

zu 1: *die* (Original)

zu 2: *Schließlich*
Dann
Eines Tages
Endlich (Original)

zu 3: *Die Leute* (Original)
Die beiden
Die Eheleute
Der Mann und die Frau
Sie

zu 4: *aus dem Fenster*
aus diesem Fenster
daraus (Original)

zu 5: *welcher*
der (Original)

Aufgabe 67 Die Testaufgabe könnte lauten:

In diesem Text wurden alle Verweismittel auf *den Mann* und die meisten Konnektoren entfernt. Bitte ergänzen Sie die fehlenden Wörter.

> **Der Wecker im Wald**
>
> Es war einmal ein Mann, _____ spielte Trompete und bastelte gern an Uhren herum. _____ ging _____ im Wald spazieren. _____ sah _____ einen großen Wecker und sagte zu _____: „Den will ich _____ mal anschauen." In dem Wecker war ein Loch, _____ kroch _____ hinein. _____ in dem Wecker waren keine Zahnräder und Federn und was sonst noch in einen Wecker gehört, sondern eine schöne grüne Wiese, und da dachte _____ _____: „Na, hier bleibe _____!"
>
> _____ nach ein paar Tagen gefiel es _____ nicht mehr, _____ _____ wollte aus dem Wecker raus. _____ das Loch war nicht mehr da. Der Mann hatte _____ Trompete dabei, _____ jetzt blies _____ ganz laut und hoffte, daß _____ jemand hören würde, aber es hörte _____ niemand. Und _____ _____ so laut blies, wurden die Zahlen auf dem Zifferblatt verrückt, und der Wecker lief rückwärts.

Kast (1994), 131; Erprobungsfassung

Man kann die Aufgabe auch etwas leichter gestalten, indem man die Konnektoren vorgibt:

Dann lautet die Testaufgabe:

In diesem Text wurden alle Verweismittel auf *den Mann* und die meisten Konnektoren entfernt. Die fehlenden Konnektoren sind: *einmal – da – aber – und – weil*. Bitte ergänzen Sie die Lücken.

Aufgabe 72 Beispiele für schriftliche Kommunikationssituationen:

Wer? Rolle des/der Schreibenden	*Wem?* Rolle des Kommunikationspartners/der -partnerin	*In welcher Situation?* (Anlaß)	*Zu welchem Zweck?* (Absicht/Ziel)
Brieffreund	Brieffreundin	erster Kontakt	sich gegenseitig vorstellen; erstes Kennenlernen
Schülerin	Deutschlehrer	Lehrer liegt im Krankenhaus	schriftliche Grüße
Auskunftsuchender	Verwaltung der Jugendherberge in Heidelberg	Planung eines Ferienaufenthaltes in Deutschland	möchte wissen, ob es im Juli noch Platz in der Jugendherberge in Heidelberg gibt

Wer? Rolle des/der Schreibenden	*Wem?* Rolle des Kommunikationspartners/der -partnerin	*In welcher Situation?* (Anlaß)	*Zu welchem Zweck?* (Absicht/Ziel)
Brieffreund	Brieffreundin	– weiteres Kennenlernen: Hobbys, z. B. Briefmarkensammeln – Besuch in Deutschland: Abholung vom Flughafen (oder Besuch des Brieffreundes)	– Austausch von Briefmarken – genaue Personenbeschreibung zum Zweck der Identifizierung am Flughafen
Auskunftsuchender	– Verkehrsamt der Stadt X – Bundespresseamt – Schutzgemeinschaft *Deutscher Wald* usw.	Unterrichtsprojekt	Informationen erhalten – über die Stadt X – über die Bundesrepublik Deutschland – den Waldschadensbericht anfordern
Leser/Leserin eines Jugendbuches	Autor/Autorin des Jugendbuches	Klassenlektüre im Deutschunterricht	Fragen zum Buch an den Autor/ die Autorin
Schüler/Schülerin	Deutschlehrer/ Deutschlehrerin	Studienaufenthalt des Deutschlehrers in Österreich	von der Klasse erzählen

2. Ihre Klasse: Größe, Anzahl der Stunden pro Tag/pro Woche, an welchen Tagen, Nachmittagsunterricht, Unterrichtsfächer, Lieblingsfächer
3. Ihren Deutschunterricht: Stunden pro Woche, das Deutschbuch, der Deutschlehrer/ die Deutschlehrerin, Hausaufgaben, Klassenarbeiten

<u>Aufgabe 73</u>

Formulierung der Leitpunkte:
Schreiben Sie an das Hotel „Alsterblick":
1. Von wann bis wann Sie bleiben möchten
2. Art des Zimmers
3. Scheck für die erste Übernachtung

<u>Aufgabe 75</u>

<u>Test 1</u>: Einsatz in der ersten Hälfte der Grundstufe. Die einzelnen Leitpunkte werden ausformuliert, die Schüler erhalten sprachliche Mittel zur Unterstützung der Textproduktion.

<u>Aufgabe 76</u>

> Schreiben Sie einen Brief an Ihren Brieffreund oder Ihre Brieffreundin. Schreiben Sie über Ihren Tagesablauf an einem ganz normalen Wochentag und an einem ganz normalen Sonntag.
>
> Schreiben Sie über:
>
> 1. Einen normalen Wochentag: Wann Sie aufwachen, wann Sie zur Schule gehen, wie lange die Schule dauert, wo Sie zu Mittag essen, was Sie nachmittags und abends machen, wann Sie schlafen gehen.
> 2. Einen normalen Sonntag: Wie lange Sie schlafen, was Sie am Sonntag machen: Hobbys, Kino, Freunde besuchen, Arbeit für die Schule?

> 3. Fragen Sie Ihren Briefpartner, was er (oder sie) an einem normalen Wochentag und in seiner Freizeit macht.
>
> Vergessen Sie auch nicht Datum, Anrede, Gruß und Unterschrift!

Test 2: Einsatz gegen Ende der Grundstufe. Die Leitpunkte werden nur stichwortartig angegeben. Die Schüler müssen die entsprechenden Inhaltspunkte selbst ausgestalten.

> Schreiben Sie einen Brief an Ihren Brieffreund oder Ihre Brieffreundin. Schreiben Sie über Ihren Tagesablauf an einem ganz normalen Wochentag und an einem ganz normalen Sonntag.
>
> Schreiben Sie über:
>
> 1. Normaler Wochentag: aufstehen – Schule – Mittagessen – Nachmittag – Abend – schlafen
> 2. Sonntag: schlafen – Freizeitaktivitäten – Schularbeiten
> 3. Fragen Sie Ihren Briefpartner nach seinem Tagesablauf.
>
> Vergessen Sie auch nicht Datum, Anrede, Gruß und Unterschrift!

Aufgabe 77

1. die Kommunikationspartner: Teilnehmer eines Deutschkurses, vermutlich im Zielsprachenland
   der kommunikative Rahmen: der Deutschkurs geht noch weiter, aber Carlo mußte schon früher nach Italien zurück
   die Mitteilungsabsicht: dem Abgereisten etwas über den Deutschkurs und die anderen Teilnehmer erzählen
2. die Textproduktion wird sehr stark gesteuert:
   a) durch den einleitenden Satz, der die Situation, in der geschrieben wird, präzisiert: die ganze Klasse sitzt im Biergarten, der Lehrer ist auch dabei,
   b) durch vorgegebene Gliederungspunkte in Form eines Lückentextes; die Satzeinleitungen zu den einzelnen Gliederungspunkten sind vorgegeben.

Wir – das sind wohl mehrere Kartenschreiber. Sie sollen etwas über sich sagen, vermutlich, was sie gerade tun. Der nächste Gliederungspunkt ist das Wetter. Danach soll etwas über alle Anwesenden gesagt werden sowie über die Pläne für die nächste Woche. Zum Abschluß soll nach Carlo gefragt werden.

Der einleitende Satz zu dem Brief (oder der Postkarte) präzisiert den kommunikativen Rahmen: Der Deutschkurs findet offensichtlich in München (Biergarten) statt. Die Teilnehmer kommen vermutlich aus verschiedenen Ländern.

Mögliche Lösung der Testaufgabe:

> München, 20. 6. 95
>
> Lieber Carlo,
>
> unsere ganze Klasse ist heute im Biergarten, unser Lehrer natürlich auch. Wir, *das heißt Juan, Monique und ich, trinken gerade ein Bier und denken an Dich.*
>
> Das Wetter *ist phantastisch: blauer Himmel und ziemlich warm.*
>
> Alle sind *sehr zufrieden. Unser Deutsch wird immer besser.*
>
> Nächste Woche *machen wir den Abschlußtest.*
>
> Wie geht es Dir? Was *machst Du so?*
>
> Viele Grüße von *Jimmy* und den anderen.

Mögliche Lösung Brief 1:

> Buenos Aires, den 15. 12. 1994
>
> Liebe Gabriele,
>
> ich habe Dein Foto in meinem Deutschlehrbuch gesehen. Meine Hobbys sind auch Tanzen und Musik. Deshalb schreibe ich Dir. Aber ich fotografiere auch gern. Ich bin 14 Jahre alt und 165 cm groß. Ich habe zwei Geschwister: einen Bruder mit 10 und eine Schwester mit 17 Jahren. Meine Lieblingsfächer sind Sport, Deutsch und Englisch. Mathematik mache ich nicht so gerne. Später möchte ich Fotografin werden.
>
> Schreibst Du mir? Darüber würde ich mich sehr freuen.
>
> Meine Adresse:
>
> Viele Grüße
>
> Deine Graziela

Mögliche Lösung Brief 2:

> Buenos Aires, den 15.12.94
>
> Liebe Gabriele,
>
> ich heiße Graziela Fernandez.
>
> Ich bin 14 Jahre alt und 165 cm groß.
>
> Ich habe einen Bruder und eine Schwester (Bruder/Schwester)
>
> Wir wohnen in Buenos Aires.
>
> Meine Hobbys:
>
> Ich höre gern Musik und tanze auch gern.
>
> Ich mache auch gern Fotos und möchte Fotografin werden. Und Du?
>
> Schreib mir bald!
>
> Viele Grüße   Deine Graziela

Heck-Saal/Mühlenweg (1990), 122

Brief 1: Die Textsteuerung geschieht durch den kommunikativen Rahmen und durch eine Reihe von Vorgaben. Die Vorgaben sind einzelne Inhaltspunkte in Form von Stichwörtern (Alter, Größe, Geschwister, Hobbys usw.) und Angaben zum Briefpartner, auf die der Schreiber sich beziehen kann. Die Aufgabenstellung erlaubt den Lernenden,

a) sich aus den vier möglichen Briefpartnern denjenigen/diejenige auszusuchen, der/die den eigenen Vorstellungen möglichst nahe kommt (z.B. gleiches Hobby) und ermöglicht dadurch einen persönlichen, emotionalen Bezug zu der Testaufgabe.

b) den Brief verhältnismäßig frei zu gestalten, sowohl in der Reihenfolge der angesprochenen Punkte als auch in den Aussagen über die eigene Person. Dieser Test stellt einerseits gewisse Anforderungen an die Leistungsfähigkeit der Lernenden, macht ihnen aber andererseits sicher auch mehr Spaß. Er gibt darüber hinaus Aufschluß über ihre tatsächlichen Fähigkeiten.

Brief 2: Die Textsteuerung geschieht in Form eines Lückentextes. Der Ablauf des Briefes ist festgelegt, die Lernenden ergänzen nur die persönlichen Daten. Diese Testform stellt nicht so hohe Anforderungen an die Leistungsfähigkeit der Lernenden. Sie kann auch schon in einem früheren Lernstadium eingesetzt werden, da der Brief nicht frei gestaltet werden muß. Eine Schwierigkeit tritt dann auf, wenn die Lücken nicht mit den persönlichen Daten übereinstimmen, z. B. bei

Ich habe _____ _____ und _____ _____ (Bruder/Schwester).
Wenn der Schüler oder die Schülerin keine Geschwister hat, muß er/sie die Vorlage entsprechend abändern oder rein formal die Lücken füllen. Dasselbe geschieht noch einmal weiter unten bei der Aufzählung der Hobbys. Damit wird die Simulierung einer echten Briefkontaktsituation, in der der Schreiber tatsächlich als er selbst schreibt, verfälscht.

Aufgabe 80

Realitätsnahe Kommunikationssituationen zum Schreiben von Postkarten könnten zum Beispiel sein:

– Grüße aus den Ferien (aus dem Urlaub) an den Deutschlehrer (die Deutschlehrerin),
– Grüße aus den Ferien an den deutschen Brieffreund (die Brieffreundin),
– eine Einladung an den Deutschlehrer (die Deutschlehrerin) zur Abschlußparty des Deutschkurses (oder zu einer Geburtstagsparty).

Aufgabe 82

1. Die drei Punkte, die man genau definieren muß, sind:
   a) die Rollen der Kommunikationspartner,
   b) der kommmunikative Rahmen (Situation, Anlaß),
   c) die Mitteilungsabsicht (Ziel, Zweck des Schreibens).

2. Möglichkeiten, die Textproduktion der Schüler zu steuern, sind:
   a) Fotos mit Stichworten zur Person,
   b) Lückentext,
   c) Vorspann (eventuell mit einleitendem Satz),
   d) inhaltliche Leitpunkte,
   e) Schreiben nach Modellen.

3. Es ist wichtig, die Textproduktion der Schüler in Lernfortschrittstests zu steuern, denn
   a) die Schüler müssen wissen, was und wieviel von ihnen erwartet wird.
   b) die Testergebnisse müssen vergleichbar sein in Länge und Inhalt, damit sie leichter benotet werden können.

4. Man kann die inhaltlichen Vorgaben den Lernfortschritten anpassen, indem man:
   a) entweder die inhaltlichen Leitpunkte sprachlich ausformuliert, so daß sie die Textproduktion unterstützen, oder die Leitpunkte eher abstrakt stichwortartig vorgibt.
   b) den Vorspann und die inhaltlichen Leitpunkte in der Muttersprache formuliert. Das erleichtert in einem frühen Lernstadium das Verständnis der Testaufgabe; in einem späteren Lernstadium kann man damit auch vermeiden, den Schülern für ihre Textproduktion bereits bestimmte Formulierungen an die Hand zu geben.

Aufgabe 83

Zielfertigkeit: b, e, f
Mittlerfertigkeit: a, c, d
Begründung: Bei a, c, d dient Sprechen nur der Kontrolle von Schülerleistungen, bei b, e, f kann man von echter Kommunikation sprechen.

Aufgabe 84

In Beispiel 1 sollen die Lernenden ein vorgegebenes Dialogmuster reproduzieren. Das Sprechen ist hier eher Mittlerfertigkeit: geübt werden soll eine bestimmte Dialogstruktur sowie das Perfekt einiger trennbarer Verben. Das Üben der Dialogstruktur ist ein wichtiger Schritt auf dem Weg zur Zielfertigkeit.

In Beispiel 2 können die Schüler das im Unterricht Gelernte anwenden, um auszudrükken, was sie gerne (oder nicht gerne) in ihrer Freizeit machen. Hier ist das Sprechen Zielfertigkeit: es geht um das Versprachlichen der Sprechabsicht *sich über seine Vorlieben/Hobbys äußern*. Die Schülerinnen und Schüler können sprachlich als sie selbst handeln.

Die Aufgabenkarte für Schüler A könnte so aussehen:

Aufgabe 85

> Dein Gesprächspartner/Deine Gesprächspartnerin hat dir erzählt, daß er/sie am Samstag ins Kino gehen möchte.
> Das möchtest du gerne wissen:
>
> *Name des Kinos?* (Adresse des Kinos?)
>
> *Film?*
>
> *Zeit?*
>
> *Preis?*
>
> Frag ihn/sie.

Aufgabe 86

- Anzeigen für Briefpartnerschaften in einer Jugendzeitschrift lesen, eine geeignete Anzeige auswählen und einen Brief schreiben
- Zusammenfassung der Handlung eines gelesenen (Jugend-)Buches schreiben
- Werbetext für ein gelesenes Buch schreiben
- Brief an den Autor des Buches schreiben
- Brief (oder anderen Text) aus der Perspektive einer der Figuren des Buches schreiben
- eine Geschichte weiterschreiben
- mehrere ausgelassene Passagen in einer Geschichte ergänzen
- auf eine Einladungskarte (z. B. zu einer Geburtstagsparty) antworten (zusagen oder absagen)
- Anzeigenseite (Geburten, Hochzeiten, Verlobungen usw.) in einer Zeitung lesen, bestimmte Anzeigen identifizieren, zu einer Anzeige eine Glückwunschkarte schreiben
- eine Stellenanzeige lesen und ein Bewerbungsschreiben verfassen, ggf. mit Lebenslauf
- ein Rezept lesen und einen Einkaufszettel schreiben
- Anzeigen für einen Ferienaufenthalt/Sprachferienaufenthalt lesen, auswählen und eine bestimmte Adresse anschreiben
- auf der Grundlage einer biografischen Erzählung einen tabellarischen Lebenslauf erstellen
- Leserbriefe zu einem bestimmten Thema lesen und selbst einen Leserbrief schreiben
- eine persönliche Mitteilung (von einem Klassenkameraden z. B.) lesen und darauf antworten

usw.

Leseverstehensaufgabe zum Textvorschlag 1:

Aufgabe 88

Was ist richtig? Kreuzen Sie an.

1. Zeile 1–11:

    In den Kursen am Goethe-Institut

    ☐ a. können die Kursteilnehmer schon etwas Deutsch.

    ☐ b. lernen alle Kursteilnehmer die Sprache schnell und gut.

    ☐ c. wird von Anfang an Deutsch gehört, gelesen und gesprochen.

2. Zeile 12–21:

In den Goethe-Instituten gibt es

- [ ] a. ganz modernen Unterricht in kleinen Klassen.
- [ ] b. Materialien, um neben dem Unterricht selbst zu lernen.
- [ ] c. qualifizierte Lehrer, die den Lernerfolg garantieren.

3. Zeile 22–29:

Das Goethe-Institut

- [ ] a. bietet in Deutschland und im Ausland unterschiedliche Kurse an.
- [ ] b. bietet nur Kurse für Teilnehmer an, die Kenntnisse in Deutsch haben.
- [ ] c. bietet ähnliche Sprachkurse in Deutschland und im Ausland an.

4. Zeile 22–29:

Die Teilnehmer, die mit Erfolg an einem Sprachkurs teilgenommen haben,

- [ ] a. können einen nächsthöheren Kurs in Deutschland oder im Ausland besuchen.
- [ ] b. können nächsthöhere Kurse nur in Deutschland besuchen.
- [ ] c. müssen an dem Institut weiterlernen, wo sie den Sprachkurs abgeschlossen haben.

Lösungen: 1 – c; 2 – b; 3 – c; 4 – a.

Leseverstehensaufgabe zum Textvorschlag 2:

Was ist richtig? Was ist falsch? Worüber wird nichts gesagt?

Kreuzen Sie an.

	R	F	Darüber wird nichts gesagt.
1. Die Firma „fee-Sprachreisen" gibt es erst seit kurzem.		(✗)	
2. Bei „fee" gibt es Sprachkurse für Jugendliche und Erwachsene.	(✗)		
3. Die Sprachkurse für Erwachsene sind vor allem für Fortgeschrittene.			(✗)
4. Bei den Sprachreisen sollen die Schüler auch Spaß haben.	(✗)		
5. Sowohl Anfänger als auch Fortgeschrittene können an den Sprachreisen teilnehmen.	(✗)		
6. Bei den Sprachreisen wohnen die Schüler in Gastfamilien.	(✗)		
7. Bei den Sprachreisen ist der Unterricht so intensiv, daß nur wenig Freizeit bleibt.		(✗)	

<u>Aufgabe 89</u>

1. Die Frage, die den fünf Personen gestellt wurde, lautete: *Sind Sie abergläubisch?*
3. *Textstellen unterstreichen, wo die Informationen gefunden werden* ist eine Lesestrategie, die die Lernenden in dieser Leseverstehensaufgabe zu Übungszwecken bewußt anwenden sollen. Für den Test sollte der Punkt 3 gestrichen werden, da vorauszusetzen ist, daß die Lernenden die Lesestrategie kennen und bei der Durchführung des Tests selbständig anwenden.

<u>Die Schreibaufgabe könnte lauten:</u>

Anworte nun selbst auf die Frage, die den Personen gestellt wurde. Schreib einen Text, der nicht länger ist als die hier abgedruckten Aussagen.

Mögliche Testgestaltungen:

Textvorschlag 1:

(Leseverstehen)

1. Ergänze die fehlenden Informationen.

> **Einladung**
>
> Warum: Mein _____ Geburtstag
>
> Wir machen eine _____
>
> Datum: _____
>
> Uhrzeit: _____
>
> Antwort bis: _____
>
> Dein Bernd

(Schreiben)

2. Hast du Lust und Zeit oder kannst du an dem Tag nicht? Warum? Schreib Bernd deine Antwort in einem Brief oder auf einer Postkarte.

Textvorschlag 2:

Deutsche Texte hören und verstehen, das macht Probleme.

(Leseverstehen)

1. Wer sagt was? Schreib die Namen in das Raster. Ein Satz kann auch zu mehreren Personen passen.

	Ich telefoniere nicht gern in der fremden Sprache.
	Im Unterricht kann ich fragen, wenn ich etwas nicht verstehe.
	Wenn ich den Sprecher sehen kann, verstehe ich besser.
	Ich muß den Text mehrmals in Ruhe hören können.

(Schreiben)

2. Und du? Wie ist es bei dir? Schreib auf, wie du es machst. Dein Text soll nicht länger sein als die hier abgedruckten Aussagen.

Textvorschlag 3:

(Leseverstehen)

Was sagt der Autor?

	R	F
1. Für Lehrer in Europa ist die Fehlerkorrektur kein Problem.		
2. Aus Angst, Fehler zu machen, sprechen indonesische Schüler im Unterricht wenig.		
3. Wenn Schüler Fehler machen, hat der Lehrer nicht gut unterrichtet.		
4. Die Fehler der Schüler geben dem Lehrer wichtige Hinweise für die Planung des Unterrichts.		
5. Fehler behindern den Lernprozeß der Schüler.		
6. Der Lehrer sollte die Fehler der Schüler sofort verbessern, damit sie sich nicht festsetzen.		
7. Gegenseitige Korrektur in Partnergruppen unterstützt den Lernprozeß der Schüler.		
8. Die systematische Fehlerkorrektur in der Klasse sollte anonym geschehen.		

(Schreiben)

2. *Ein Glück, daß Schüler Fehler machen* – Was halten Sie von dieser provozierenden These?
Nehmen Sie Stellung zum Inhalt des Artikels.
Sie können
– Ihre Zustimmung zu den einzelnen Punkten ausdrücken
oder/und:
– eine abweichende Meinung zu dem einen oder anderen Punkt äußern.
Schreiben Sie maximal 100 bis 120 Wörter.

Textvorschlag 4:

(Leseverstehen)

1. Welches Mädchen oder welcher Junge ist das?   *Namen*

   Er/Sie interessiert sich für Musik.   _____

   Er/Sie tanzt gerne.   _____

   Er/Sie schwimmt gerne.   _____

3. Einige schreiben nichts über ihre Hobbys und Interessen. Was wollen sie statt dessen?

   _____

(Schreiben)

2. Du hast einen Jungen oder ein Mädchen gefunden, der/die ungefähr so alt ist wie du und ähnliche Interessen hat. Oder gibt es jemand, dessen Bild dir besonders gefällt?
Schreib ihm/ihr einen Brief. Schreib über: dein Alter, deine Familie, deinen Wohnort, deine Hobbys und/oder Interessen. Stell ihm/ihr zu diesen Punkten 2 – 3 Fragen.

Aufgabe 91

Schreibaufgabe zum Hörtext:

Du hast gehört, wie man Kartoffelpüree macht. Du willst das Rezept nicht vergessen. Schreib es auf.

(Du kennst die übliche Gliederung von Rezepten: erst nennt man die Zutaten, dann die Zubereitung)

Aufgabe 92

Möglicher kombinierter Hör-Schreibtest:

1. Der Hörtest:

Sie hören eine Radiosendung zum Thema: *Wie beliebt sind deutsche Touristen im Ausland?*

Eine Italienerin, ein Franzose, ein Engländer und ein Spanier sagen, was sie über die deutschen Touristen denken. Notieren Sie die Antworten stichwortartig im Raster.

(Im Raster sind die Lösungen kursiv gedruckt.)

	Wie sind die Deutschen? Was sagen die vier Personen?	*Punkte*
Die Italienerin: Die deutschen Touristen sind ...	*sauber; ehrlich; bezahlen ihre Rechnung*	3
Der Franzose: Die deutschen Touristen sind ...	*ruhig; großzügig; höflich; lassen keinen Dreck am Strand*	4
Der Engländer: Die deutschen Touristen sind ...	*sehr sympathisch; ruhig; höflich; korrekt*	4
Der Spanier: Die deutschen Touristen ...	*lachen laut; singen laut*	2
	insgesamt:	13

2. Schreibaufgabe:

Man hört immer wieder, daß die deutschen Touristen im Ausland nicht so beliebt sind. Auch viele Deutsche glauben das. Stimmt das wirklich?
Schreiben Sie aufgrund des Gehörten einen Text (max. 50–60 Wörter) für die Klassenzeitung zum Thema *Wie beliebt sind die deutschen Touristen im Ausland?* Schließen Sie Ihren Text mit einer persönlichen Meinungsäußerung.
(Zur Bewertung des *Schriftlichen Ausdrucks* siehe Kapitel 8.)

(*Leseverstehen* in Einzel- oder Partnerarbeit)

Aufgabe 93

1. Um wieviel Uhr gibt es Zirkusvorstellungen?

Tage:	nachmittags	abends
Montag:	_____ Uhr	_____ Uhr
Dienstag:	_____	_____
Mittwoch:	_____	_____
Donnerstag:	_____	_____
Freitag:	_____	_____
Samstag:	_____	_____
Sonntag:	_____	_____

2. Wann gibt es besonders billige Plätze?

Am _____ um _____ Uhr und um _____ Uhr.

(*Sprechen*)

3. Ihr wollt zusammen eine Vorstellung des Moskauer Staatszirkus' besuchen. Einigt euch auf einen Tag und eine Uhrzeit. Hierzu müßte jeder Schüler einen Terminplan (s. S. 99–100) bekommen.

Text und Hörtexte können auch als kombinierter Lese-/Hörtest verwendet werden. Allerdings muß die Aufgabenformulierung präzisiert und müssen die Testaufgaben zum Teil anders aufbereitet werden, damit die Testbearbeitung und die Testauswertung möglichst zeitökonomisch durchgeführt werden können. Die Form der Präsentation, wie sie hier zu Übungszwecken angeboten wird, wäre für einen Test verwirrend und zeitaufwendig.

Aufgabe 95

Gespräch Nr. 18: Die Multiple-choice-Aufgaben müssen in der Abfolge des Gesprächsverlaufs angeordnet und durchnumeriert werden. Die Kästchen werden mit Buchstaben (a–c) versehen.
Gespräch Nr. 19: Hier schlagen wir eine Art Zuordnungsaufgabe vor. Damit es für die dritte Firma noch Auswahlmöglichkeiten gibt, müssen einige zusätzliche Angaben, die nicht im Gespräch vorkommen, eingeführt werden.

1. Lesetest:
Hierfür können Sie die Aufgabe zum Detailverstehen benutzen, wie wir Sie schon in Aufgabe 18 (siehe Lösungsschlüssel S. 151) vorgeschlagen haben.

2. Hörtest 1 (Hörszene 20):

Die Testaufgabe:

Petra Maurer sucht eine Stellung als Sektretärin. Sie bewirbt sich bei den drei Firmen und wird von allen drei Firmen zu einem Gespräch eingeladen.
Sie können ihr Gespräch mit dem Personalchef der Firma Böske & Co. hören.
Lesen Sie sich zunächst die Aufgaben durch. Hören Sie dann das Gespräch, und kreuzen Sie die richtigen Antworten an.

1. Petra hat nur drei Jahre das Gymnasium besucht,
    ☐ a. weil sie kein Abitur machen wollte.
    ☐ b. weil sie dort schlechte Noten hatte.
    ☐ c. weil sie Dolmetscherin werden wollte.

2. Petra ist nach Deutschland zurückgekommen,
   - ☐ a. weil sie kein Geld mehr hatte.
   - ☐ b. weil sie krank war.
   - ☐ c. weil sie nicht länger in den USA bleiben wollte.
3. Petra war in den USA
   - ☐ a. die ganze Zeit bei Freunden.
   - ☐ b. auf der Universität.
   - ☐ c. zuerst in einem Institut und dann bei Freunden.
4. Petra kann
   - ☐ a. nur sehr schlecht Spanisch.
   - ☐ b. nur Spanisch sprechen, aber nicht schreiben.
   - ☐ c. Spanisch sprechen und schreiben.

Lösungen: 1 – b; 2 – b; 3 – c; 4 – b.

3. <u>Hörtest 2 (Hörszene 21)</u>:

Die Testaufgabe:

Petra Maurer hat alle drei Firmen besucht. Aber sie weiß nicht, welche Stelle sie annehmen soll. Mit ihrer Freundin spricht sie über die Vor- und Nachteile der verschiedenen Firmen. Hören Sie das Gespräch einmal, ohne zu schreiben.

Hören Sie das Gespräch noch einmal. Schreiben Sie nun die Nummern 1, 2, 3 für die drei Firmen zu den entsprechenden Angaben.

(Wir haben hier für Sie die richtigen Lösungen [= Nummern] notiert. Die Angaben ohne Nummer kommen in dem Gespräch nicht vor. Sie dienen als Distraktoren.)

Alko-Dataline in Offenbach hat die Nummer **1**
Baumhaus KG in Hanau hat die Nummer **2**
Böske & Co in Darmstadt hat die Nummer **3**

Die eigene Stellung und die Kollegen	Arbeitszeit
1 Kollegen sehr nett	1 vor 9 Uhr anfangen
2 Chef sehr unsympathisch	2 erst um 9 Uhr anfangen
1 wird selbst Chefsekretärin	1 auch Samstagsarbeit
3 Chefsekretärin sehr unsympathisch	nur Samstagsarbeit
Chef sehr sympathisch	2 keine Samstagsarbeit
Bezahlung	**Anfahrt**
3 3.400 brutto	3 fast 50 km
3 13. Monatsgehalt	1 35 km
1 3.100 brutto	40 km
3.400 netto	2 gute Busverbindung
2 2.500 brutto	keine Busverbindung

(Bewertung: In beiden Hörtests bekommt man für jede richtige Antwort einen Punkt.)

Aufgabe 96

1. Lösungen zu den Aufgaben:

<u>Beispiel 1</u>: *ihr – ihr – ihrem – ihr – ihren – ihr – Sie – ihr – ihr*

Thema der Ergänzungsaufgabe: Personalpronomen femininum, vor allem Dativformen nach Verben mit Dativ; dazwischen taucht zweimal Possessivartikel (*auf ihrem Regal*) und Possessivpronomen (*ihren* [*Plattenspieler*]) und einmal Nominativ Singular auf.

<u>Beispiel 2</u>: *gegessen – gesehen – angezogen – gesagt – gekauft – gesehen – weitergegangen – zurückgegangen – gewartet – war*

Thema der Ergänzungsaufgabe: Partizip Perfekt von unregelmäßigen (starken) und regelmäßigen (schwachen) Verben. Ganz am Ende ein Ausrutscher: *war*.

Beispiel 3:

> **18. Ergänzen Sie „zum Schluß", „deshalb", „denn", „also", „dann", „übrigens", „und", „da", „trotzdem" und „aber".**
>
> ## Warum nur Sommerurlaub an der Nordsee?
>
> Auch der Herbst ist schön. Es ist richtig, daß der Sommer an der Nordsee besonders schön ist. _Aber_ (a) kennen Sie auch schon den Herbst bei uns? _Da_ (b) gibt es sicher weniger Sonne, und baden können Sie auch nicht. _Trotzdem_ (c) gibt es nicht so viel Regen, wie Sie vielleicht glauben. Natur und Landschaft gehören Ihnen im Herbst ganz allein, _denn_ (d) die meisten Feriengäste sind jetzt wieder zu Hause. Sie treffen _dann_ (e) am Strand nur noch wenige Leute, _und_ (f) in den Restaurants haben die Bedienungen wieder viel Zeit für Sie. Machen Sie _also_ (g) auch einmal Herbsturlaub an der Nordsee. _Übrigens_ (h) sind Hotels und Pensionen in dieser Zeit besonders preiswert. _Zum Schluß_ (i) noch ein Tip: Herbst bedeutet natürlich auch Wind. _Deshalb_ (j) sollten Sie warme Kleidung nicht vergessen.
>
> (dann?)   (deshalb?)

nach: Aufderstraße u. a. (1993), 75

Thema der Ergänzungsaufgabe: logische Satzverbindungen (Konjunktionen, Subjunktionen, Partikeln).

2. Unterschiede in der Aufgabenstellung:

Beispiel 1: Die Lernenden müssen die *richtige Lösung selbst finden/produzieren*. Das wird ihnen leichtgemacht, da es um ein eindeutig definiertes Grammatikproblem geht, das im Unterricht in der entsprechenden Lektion behandelt wurde.

Beispiel 2: Den Lernenden werden *Teile der Lösung* (die einzusetzenden Vokabeln) *vorgegeben*: Sie müssen die in den Textzusammenhang passenden Verben erkennen. Die Verben müssen Sie dann jedoch noch in die richtige grammatische Form (Partizip Perfekt) bringen.

Beispiel 3: Die Lernenden müssen die richtigen Lösungen „*nur*" aus den Vorgaben *herausfinden*.

3. Eignung als Test:

Beispiel 1 ist eindeutig für einen *Grammatiktest* geeignet. (Das Beispiel stammt aus den *Tests und Übungen* zu *Kontakte Deutsch*.) Die Lösungen sind eindeutig durch den Kontext bestimmt, wer die entsprechenden Kasusformen von Personalpronomen und Possessivartikel/-pronomen kennt, wird mit diesem Test keine Probleme haben. Im Gegensatz zu den beiden anderen Beispielen ist der Anteil des Leseverstehens bei diesem Test gering: die Lösungen lassen sich aus den Verben (+ Dat/+ Akk) ableiten.

Beispiel 2 ist mit kleinen Einschränkungen (siehe unter 4.) durchaus als *Grammatiktest* geeignet. Allerdings wird hier die Sache schon komplizierter. Von den Lernenden werden nämlich nicht nur Grammatikkenntnisse (Formen des Partizips Perfekt) verlangt. Die Entscheidung, welches der vorgegebenen Verben in die Lücken paßt, setzt nicht nur das Verstehen der einzelnen Sätze und der Bedeutung der vorgegebenen Verben voraus, sondern auch das Verständnis des ganzen Textes. Implizit wird bei dieser Art der Ergänzungsaufgabe also auch eine Verstehensleistung gefordert. Das Einsetzen der richtigen Verben ist zunächst ein *Wortschatztest*. Bei der Bewertung müßten hier zwei Bewertungsraster angelegt werden: 1. die Wahl des richtigen Verbs (Leseverstehen/Wortschatztest), 2. die richtige grammatische Form.

Beispiel 3: Zwar müssen die Lernenden die richtige Lösungen „nur" erkennen und entsprechend einsetzen. Ohne eine intensive Verstehensleistung ist diese Aufgabe, in der es um die logischen Beziehungen zwischen den einzelnen Sätzen im Zusammenhang des gesamten Textes geht, jedoch nicht lösbar. An einigen Stellen ist die Lösung nicht eindeutig. Sie ergibt sich allenfalls dadurch, daß eines der infrage kommenden Wörter auch noch an anderer Stelle gebraucht wird, z. B. (e) und (i) oder (b) und (e). Die Ergänzungsaufgabe sieht zwar auf den ersten Blick so aus, als ginge es hier um ein grammatisches Problem. In Wahrheit handelt es sich jedoch um eine Aufgabe zum *Leseverstehen*.

4. Änderungsvorschläge zu Beispiel 2:

Soll Beispiel 2 als Testaufgabe verwendet und gewertet werden, müssen einige Änderungen vorgenommen werden. Die folgenden Gesichtspunkte sind ganz generell bei der Erstellung von Tests in Form von Ergänzungsaufgaben zu beachten:

a) <u>Eindeutige Aufgabenstellung</u>:

Ein wichtiger Gesichtspunkt bei Testaufgaben ist die *Aufgabenstellung*: sie muß *eindeutig und präzise* formuliert sein: Die Lernenden müssen genau wissen, was sie zu tun haben. Bei der Aufgabenformulierung in Beispiel 2 könnte ein Schüler meinen, daß er nur die passenden Verben auswählen und unverändert in die Lücken schreiben soll. Die Testanweisung müßte also lauten:
Lies den Text, und schreibe die richtigen Verben aus dem Kasten in der richtigen grammatischen Form in die Lücken.
Oder:
Lies den Text, und schreibe die richtigen Verben aus dem Kasten in die Lücken. Du mußt die Verben in die richtige grammatische Form setzen.

b) <u>Sinnvolle Inhalte</u>:

Häufig leidet die „Authentizität" (im Sinne von *dieser Text könnte auch tatsächlich in der zielsprachlichen Realität vorkommen*) von Übungen und Tests darunter, daß die Tester/Lehrer alles im Test unterbringen möchten, was im Unterricht behandelt wurde, also z.B. in diesem Fall so viele regelmäßige und unregelmäßige Verben wie möglich. Dabei werden manchmal unwahrscheinliche und seltsame Beispielsätze konstruiert. Das sind dann echte Stolpersteine für Schüler, weil die Sätze wenig Sinn ergeben. Dies trifft in diesem Übungsbeispiel auf die beiden Sätze zu:
Karin und Silke haben viele interessante Jungen gesehen. Aber alle sind weitergegangen. (????) Vermutlich würde mancher Schüler die Leerstellen gar nicht ausfüllen (können), weil er sich unter dem Inhalt nichts vorstellen kann.

c) <u>Testfremde Anforderungen an die Schüler</u>:

Im Bemühen, einen abgeschlossenen Erzähltext zu schaffen, haben die Autoren hier eine weitere Schwierigkeit eingebaut, die mit dem eigentlichen Übungsziel nichts zu tun hat. Im abschließenden Stoßseufzer der beiden Mädchen: *So ein Mist! Heute war nicht ihr Tag* (eine äußerst komplizierte Konstruktion: innere Rede!) kann natürlich kein Perfekt eingesetzt werden. Den Schülern wird 4 Zeilen vorher die richtige Lösung angeboten. Diese sollen sie nun hierher übertragen. Dazu sollen Sie wahrscheinlich von *war* auf das Verb *sein* im Kasten oben schließen, denn jedes Verb kommt einmal vor? Unter Testgesichtspunkten muß auch dieser letzte Satz gestrichen werden, so daß die Geschichte mit *So ein Mist!* endet.

Aufgabe 97

1. präzise und eindeutige Aufgabenstellungen,
2. genau definierte grammatische Elemente (oder Wortschatzbereiche) ohne Ausrutscher (um der „schönen" Geschichte willen),
3. eindeutige Lösungen,
4. sinnvolle, „wahrscheinliche" Inhalte (ausgenommen als solche ausgewiesene *Lügengeschichten*).

Aufgabe 98

Beispiel 1:

a) Er hat	*einen dicken*	Bauch.	c) Sie hat	*große* Ohren.
	kurze	Beine.		*lange* Haare.
	große	Füße.		*eine kleine* Nase.
	kurze	Haare.		*einen großen* Mund.
	eine große	Brille.		*lange* Beine.
	ein langes	Gesicht.		*ein rundes* Gesicht.
	eine lange	Nase.		*kleine* Füße.
	einen kleinen	Mund.		*einen dicken* Hals.

nach: Aufderstraße u.a. (1993), 11

Beispiel 2:

> 2. **„Uhr"** oder **„Stunde"**? Machen Sie bitte ein ✗!
>
> | | Uhr | Stunde(n) | |
> |---|---|---|---|
> | Der Film beginnt um 20.00 | ✗ | | |
> | und ist um 23.00 | ✗ | | zu Ende. – |
> | Das sind ja drei | | ✗ | ! |
> | Eile mit Weile! Du hast noch eine halbe | | ✗ | Zeit. |
> | Hast du keine | ✗ | | ? |
> | Wann mußt du gehen? In eineinhalb | | ✗ | . |

nach: Fuhrmann u. a. (1988), 47

Beispiel 3: Lösung

Kleidungsstücke

1. der Pullover
2. das Kleid
3. der Hut
4. der Anzug
5. die Bluse
6. die Strümpfe
7. der Rock
8. die Hose
9. das Hemd
10. der Mantel
11. die Handschuhe
12. die Krawatte
13. die Jacke
14. die Schuhe

Beispiel 4: Lösung

	¹e	c	k	i	¹¹g		
			²s	a	u	b	e	r
				³n	e	u	
	⁴w	i	n	z	i	g	
		⁵l	a	u	t		
	⁶d	u	n	k	e	l	
	⁷m	o	d	e	r	n	
⁸n	i	e	d	r	i	g	
	⁹b	r	e	i	t		
¹⁰h	ü	b	s	c	h		

nach: Vorderwülbecke/Vorderwülbecke (1987), 44

1. Bei diesem Beispiel soll die Morphologie des Verbs *sein* getestet werden: richtige Antwort c) *ist* und die Distraktoren a) und d) zeigen Formen von *sein*.
2. Lexik/Bedeutung und Grammatik werden jedoch gemischt: Distraktor b) bringt ein zweites Verb ins Spiel; hier kommt also eine Aufgabe zur Lexik dazu: Welches Verb paßt?
   Mögliche Korrektur: a) *bist* b) *ist* c) *sein* d) *sind*
3. Regel: Bei Multiple-choice-Aufgaben zur Morphologie muß man darauf achten, daß alle Distraktoren dasselbe Wort (Verb, Nomen, Adjektiv usw.) enthalten und nur die Formen variieren.

Aufgabe 99

1. Bei diesem Beispiel verlangt nur der Distraktor a) eine Entscheidung zur Syntax; *denn* hat dieselbe Bedeutung wie die richtige Antwort *weil*, verlangt aber eine andere Wortstellung. Bei Distraktor b) und c) betrifft die Entscheidung nicht die Syntax, sondern die Bedeutung (*Grund* oder *Einschränkung* oder *adversativ/im Gegensatz dazu*).
   Als Aufgabe zur Syntax könnte die Aufgabe so lauten:
   – *Der Urlaub muß dieses Jahr leider ausfallen, _____ wir das Geld für unsere neue Wohnung brauchen.*
       a) *denn*   b) *deswegen*   c) *wegen*   d) *weil*
2. Regel: Bei Multiple-choice-Aufgaben zur Syntax muß man darauf achten, daß die Bedeutung der angegebenen Elemente gleich ist und nur die „Form", d. h. die Syntax der Elemente, verschieden ist.

Aufgabe 100

Aufgabe 101

1. Der Distraktor c) enthält nicht nur von der Aufgabe her, sondern generell eine falsche grammatische Form: Perfekt Passiv ist nicht *geworden*, sondern immer *worden*.
2. Wir möchten Ihnen empfehlen, auch bei den Distraktoren (den falschen Lösungen) immer grammatisch richtige Formen zu verwenden.
3. Der Distraktor c) könnte z. B. lauten: *einige Arbeiter entlassen wurden*.
4. Nur Passiv-Distraktoren (Aufgabe nur zur Wortstellung) z. B.:
   – *Nach dem Streik* _____
   a) *entlassen wurden einige Arbeiter.*
   b) *wurden einige Arbeiter entlassen.*
   c) *einige Arbeiter entlassen wurden.*
   d) *einige Arbeiter wurden entlassen.*

Aufgabe 102

1. Aufgabe B ist gelungen. Die richtige Antwort ist d) *sprechen*. Bei den Distraktoren geht es um die Entscheidung für das richtige Wort, das in die Lücke paßt. Alle Distraktoren haben dieselbe Form (das höfliche *Sie* erfordert die Endung *-en*). In Aufgabe A wird mit Distraktor c) *sagt* ein grammatisches Problem aufgeworfen: Wortschatz und Grammatik werden hier gemischt.
2. Bei Multiple-choice-Aufgaben zum Wortschatz sollten alle Distraktoren und die richtige Antwort dieselbe Form haben.

Aufgabe 103

86. Wenn du in die Stadt fährst, *würdest* du mir dann etwas mitbringen?
87. Natürlich, was hättest du denn *gern*?
88. Ich habe *keine* Briefmarken mehr.
89. Gut, wenn ich Zeit habe, hole ich dir *welche*.
90. Das ist nett von dir, *denn* ich muß dringend ein paar Briefe abschicken.

In den Beispielsätzen 86 und 87 geht es um Wortschatz, in den Beispielen 88 bis 90 um Grammatik. Innerhalb einer globalen Aufgabe kann man Wortschatz und Grammatik mischen, man sollte es nur nicht innerhalb einer Einzelaufgabe tun.

Aufgabe 105

Lösungen: 1 – c; 2 – b; 3 – c; 4 – d; 5 – a; 6 – b; 7 – d.

Kommentar: Unseres Erachtens ist diese Aufgabe nicht haltbar, da sie gegen einen elementaren Grundsatz der Multiple-choice-Aufgaben verstößt: keine Wörter oder grammatischen Formen als Distraktoren, die reine Phantasiewörter oder Phantasieformen sind. Diese Wörter gibt es nicht: *Köcherin, Kochin, Chemger, Chemmann, Chemigraph, Archäolie, Archäomatik* usw.

Aufgabe 106

1. Jedes fünfte Wort wurde gelöscht:

> In den alten Zeiten, **als** das Wünschen noch geholfen **hat**, lebte ein König, dessen **Töchter** waren alle schön, aber **die** jüngste war so schön, **daß** die Sonne selber, die **doch** so vieles gesehen hat, **sich** verwunderte, sooft sie ihr **ins** Gesicht schien.

2. Jedes achte Wort wurde gelöscht:

> In den alten Zeiten, wo das Wünschen **noch** geholfen hat, lebte ein König, dessen Töchter **waren** alle schön, aber die jüngste war so **schön**, daß die Sonne selber, die doch so **vieles** gesehen hat, sich verwunderte, sooft sie ihr **ins** Gesicht schien.

Brüder Grimm, in: Frank (1985), 69

Das zweite Beispiel, in dem jedes 8. Wort gelöscht wurde, ist einfacher zu lösen.

Aufgabe 107

> 2. **Holger und Gesine**
> In einem Vor- (genauer gesagt) Hinterort der Großstadt Hamburg wohnte bis letztes Jahr eine sechsköpfige Familie, die so arm war, daß sie sich monatelang kaum noch richtig satt gegessen hatte. Auch die Miete konnte sie nicht mehr **bezahlen** (1). Die Arbeitslosenunterstützung des Vaters reichte vorne und

> *hinten* (2) nicht. Deshalb entschlossen sich die Eltern schweren *Herzens* (3), die beiden ältesten Kinder in den weit *entfernt* (4) liegenden Stadtpark zu bringen und ihrem Schicksal *zu* (5) überlassen. Eines frühen Morgens nahm der Vater *Holger* (6) und Gesine an die Hand und führte *sie* (7) in den verwirrend duftenden Park. Dort setzte *er* (8) sie auf eine Bank und sagte:„Hier *bleibt* (9) ihr sitzen, bis ich euch wieder abhole."

Mai, in: Frank (1985), 64

3. Die Lösungsstrategien finden Sie in den Ausführungen nach dem Text.

> *Weil* (10) die Kinder brav und folgsam waren, blieben *sie* (11) auf der Bank sitzen. Ihnen gegenüber saß *ein* (12) alter Mann und beobachtete alles, sagte jedoch *kein* (13) Wort. Gegen Mittag erhob er sich ächzend *und* (14) stöhnend und hinkte, auf einen Stock gestützt, *davon* (15). „Du, Holger, ich habe Hunger", sagte Gesine. „*Warte* (16) noch ein bißchen, der Papa wird uns *bald* (17) holen." Es dauerte nicht lange, da kam *der* (18) alte Mann wieder und setzte sich auf *dieselbe* (19) Bank wie am Morgen. Er nickte den *beiden* (20) Kindern zu. Holger und Gesine nickten freundlich *zurück* (21).

Aufgabe 108

Mai, in: Frank (1985), 64

Lösungsstrategien für den Cloze-Test:
10: *Weil/Da* (grammatische Regel: Syntax)
11: *sie* (grammatische Regel: Subjekt, Plural)
12: *ein* (grammatische Regel: unbestimmter Artikel)
13: *kein* (semantische Regel: *jedoch* + Negation)
14: *und* (semantische Regel: Aufzählung)
15: *davon* (semantische Regel: *davonhinken*)
16: *Warte* (gesamter Text: *sie sitzen und warten*)
17: *bald/gleich* (gesamter Text: siehe Nr. 16)
18: *der* (grammatische Regel: bestimmter Artikel)
19: *dieselbe* (grammatische Regel: *auf* + Akkusativ)
20: *beiden/zwei* (semantische Regel: gesamter Text)
21: *zurück* (semantische Regel: *nicken* + *zurück*)

Mögliche Gründe für Schwankungen in Ihren Bewertungen könnten sein:

Aufgabe 109

1. Sie haben sich am Vormittag über Ihre Klasse geärgert.
2. Sie waren am ersten Abend sehr müde.
3. Ihr Wohnungsnachbar hat an diesem Abend eine laute Party gefeiert.
4. Ihre Familie hat sie des öfteren beim Korrigieren gestört.
5. Die ersten Arbeiten, die Sie korrigiert haben, waren Arbeiten von Schülern, die Sie nicht sehr mögen.

Eine Bewertungsanleitung für das Kriterium *Textaufbau* mit vier Leistungsstufen könnte folgendermaßen aussehen:

Aufgabe 110

sehr gut: Der Text ist übersichtlich aufgebaut. Die Inhalte sind gut miteinander verknüpft. Die Satzverbindungen sind fast durchweg gelungen.

gut: Eine Textgliederung ist vorhanden. Die Inhalte sind sinnvoll miteinander verknüpft. Die Satzverbindungen sind mehrheitlich gelungen.

befriedigend: Eine Textgliederung ist erkennbar. Die Inhalte folgen an einigen Stellen unverknüpft aufeinander. Die Satzverbindungen sind in mehreren Passagen gelungen.

nicht bestanden: Unübersichtlicher Text. Die Inhalte sind an mehreren Stellen nicht miteinander verknüpft. Satzverbindungen sind nur ansatzweise vorhanden.

Aufgabe 111
Modellbewertung
Brief 1

Brief 1

Fundbüro im Hauptbahnhof 15. Dez. 1993
60433 Frankfurt

Sehr geehrte Damen und Herren,

1. Ich habe letzten Donnerstag im einen Zug nach Frankfurt gefahren, und ich habe
2. viele Sachen in dem Zug vergessen oder liegengelassen. Der Zug fuhr um 10.15
3. Uhr von Köln nach Frankfurt und ich habe meine Tasche, Jacke und Regenschirm vergessen. Meine Tasche ist klein und die Farbe ist braun, mein schwarze Leder Jacke und meinen blauen gestreiften Regenschirm.
4. Können Sie bitte hinschinkeln meine Jacke, Tasche und Regenschirm im Haupt-
5. bahnhof in Frankfurt. Und möchte auch wissen wieviel kostet das?

   Mit freundlichen Grüßen

* der Punkt 4 ist für das kommunikative Ziel des Briefes entscheidend. Hier gelänge die Kommunikation in der Realsituation nicht, d.h. der Brief wird in der Kategorie A (kommunikative Angemessenheit) mit 0 Punkten bewertet.

A = 0 Punkte

nicht bestanden

nach: Unterlagen zur Prüferschulung des Goethe-Instituts; unveröffentlicht

---

Modellbewertung
Brief 2

Brief 2

Name + Anschrift vorhanden

A = 1 Punkt
B = 1 Punkt
nicht bestanden

Fundbüro
Im Hauptbahnhof
60433 Frankfurt 8.12.1993

1. Ich habe letzten Donnerstag im Zug nach Frankfurt meinen Gegenstand liegenlassen

   Sehr gut Herr und gute Damen,
   ich war im die Nummer 1 nach Frankfurt gefahren. Mein sitz ist die Nummer 10.
   Von Braunschweig war der Zug um 8 Uhr abfahren. Meine Tasche ist groß rote Farbe und kommt aus Leder. Meine Jake und Halshüte sind hellen grünen Farbe. Auch mein Regenschirm ist rote Farbe.
4. Wohin sie die Sachen schicken? Wo nehme ich mein Gegenstand? Wie viel Geld
5. ich für mein Gegenstand bezahle? – Wann sie mein Gegenstand haben.

   mit freundlichen Grüßen

nach: Unterlagen zur Prüferschulung des Goethe-Instituts; unveröffentlicht

Modellbewertung
Brief 3

Brief 3

Name + Anschrift vorhanden

8.12.1993

Fundbüro im Hauptbahnhof
60433 Frankfurt

Sehr geehrte Damen und Herren,

1. *ich bin letzten Donnerstag bei einer Reise mit dem Zug nach Frankfurt gefahren. Ich habe eine Tasche, ein Buch und einen Regenschirm im Zug liegenlassen.*

2. *Ich habe meinen Gegenstand im Zug 11 zweite Klasse von Braunschweig nach Frankfurt liegenlassen. Ich bin um 19.15 Uhr am Donnerstag mit diesem Zug gefahren.*

3. *Ich möchte etwas über meinen Gegenstand information Ihnen geben. Also meine Tasche ist gelb und klein. Mein Buch ist Geschichte von Deutschland und mein Regenschirm ist hellblau.*

4. *Wenn Sie meinen Gegenstand finden, schicken Sie bitte mit meiner Adresse. Ich danke Ihnen.*

5. *Ich möchte wissen, wieviel Geld Sie für meinen Gegenstand bezahlen? Ich kann dieses Geld durch einen Brief Ihnen schicken. Nochmal vielen Dank. Ich würde mich freuen, wenn sie meinen Gegenstand finden könnten.   Vielen Dank!*

Mit freundlichen Grüßen

A = 1 Punkt   (wegen Nr. 4 + Nr. 5)
B = 3 Punkte
bestanden

nach: Unterlagen zur Prüferschulung des Goethe-Instituts; unveröffentlicht

Eine befriedigende Leistung wird bei allen vier Kriterien mit 1 Punkt bewertet.

Aufgabe 112

11 Glossar

Alltagsdialoge (Pl.) (S. 46): Gespräche zwischen mehreren Gesprächspartnern in alltäglichen Situationen wie z. B. „Eine Eintrittskarte fürs Kino kaufen", „Bei einer Einladung die Gastgeberin begrüßen" usw. Die Simulation von Alltagsdialogen spielt im kommunikativen Deutschunterricht eine wichtige Rolle.

Alltagssituationen (Pl.) (S. 17): Im kommunikativen Deutschunterricht versteht man darunter diejenigen alltäglichen Situationen, in die Deutschlernende im Zielsprachenland geraten können und auf die sie sprachlich vorbereitet werden sollen, z. B. „Ankunft am Flughafen", „Besuch beim Zahnarzt", „Einladung bei deutschen Geschäftspartnern".

Alternativantwort-Aufgabe, die (= (→) **Ja/Nein-Aufgabe** = (→) **Richtig/Falsch-Aufgabe**) (S. 26): Aufgabe, bei der einfache Entscheidungen nach dem Muster *Ja, das trifft zu/Nein, das trifft nicht zu* getroffen und durch Ankreuzen markiert werden müssen.

audiolinguale (= audiovisuelle) Methode, die (S. 9): Stellte in den 60er/70er Jahren als Gegenbewegung zur Grammatik-Übersetzungs-Methode die Kommunikation in der modernen Umgangssprache, das Hören (lat. *audire*) und Sprechen (lat. *lingua* = Sprache) in den Vordergrund des Sprachunterrichts. Die audiolinguale Methode stützte sich zum einen auf eine linguistische Theorie, den (→) Strukturalismus, der Sprache als ein System von lexikalischen, grammatischen und phonetischen Strukturen definierte. Zum anderen berief sie sich auf eine Lerntheorie, den Behaviorismus, der Lernen als einen Vorgang des „Einschleifens" und „Automatisierens" sprachlicher Strukturen begriff. Vorherrschende Textsorte im audiolingualen Unterricht waren (→) Alltagsdialoge, in denen es allerdings weniger um den natürlichen Sprachgebrauch als vielmehr um die Verwendung von Strukturelementen der Sprache ging, die in Form von Drillübungen (engl. *pattern drill*) eingeschliffen wurden. Einführung von Tonprogrammen (Kassetten, Tonbänder usw.), Sprachlaboren und visuellen Hilfsmitteln (Dias, Filmstreifen usw.) in den Sprachunterricht.

Aufgaben (Pl.) :

- **geschlossene Aufgaben** (S. 26): Aufgabentyp, bei dem die Antwort (die Lösung) vom Testkandidaten nicht selbst formuliert werden muß; die richtige Antwort muß nur herausgefunden und markiert werden (z. B. → Mehrfachwahl-Aufgabe; → Zuordnungsaufgabe).

- **offene Aufgaben** (S. 26): Aufgabentyp, bei dem die Antwort (die Lösung) vom Testkandidaten relativ selbständig und frei formuliert werden muß, z. B. Antworten in einem Prüfungsgespräch, Schreiben eines Briefes usw.

authentisch (authentische Texte) (S. 21): „echt", „den Tatsachen entsprechend"; von Muttersprachlern verfaßte und nicht oder nur wenig für den Fremdsprachenunterricht bearbeitete Texte und Materialien, deren ursprüngliche (→) (Text-)Merkmale (z. B. bei Interviews Auslassungen, Wiederholungen, Satzbrüche oder bei Zeitungstexten Stil der Berichterstattung usw.), deutlich erkennbar sind (→Authentizität).

authentische Lese- und Hörsituationen (Pl.) (S. 23): Außerhalb von Unterricht sind alle Lese- und Hörsituationen authentisch: Man liest eine Gebrauchsanweisung (und zwar sehr genau), weil man wissen möchte, wie etwas funktioniert; man überfliegt einen Zeitungsartikel, weil man eine bestimmte Information sucht; man schaltet das Radio oder den Fernseher ein, um den Wetterbericht zu hören, weil man am Wochenende ins Grüne fahren möchte. Im kommunikativ orientierten Fremdsprachenunterricht sollten möglichst authentische Lese- und Hörsituationen des Zielsprachenlandes simuliert oder aus der realen Lebenswelt der Lernenden entnommen werden, z. B.: „ein Gericht nach einem deutschen Rezept kochen", „einer Bahnhofs- oder Flughafendurchsage bestimmte Informationen entnehmen", „bei einer deutschsprachigen Radio-/Fernsehsendung Notizen machen", „zu einem Artikel aus einer deutschsprachigen Zeitung/Zeitschrift einen Leserbrief schreiben" usw.

Authentizität, die (S. 21): „Echtheit", „Ursprünglichkeit". Wirklich (→) authentische Texte, z. B. von Deutschsprachigen spontan gesprochene „Texte", sind für den Fremdsprachenunterricht häufig nicht zu gebrauchen. In der Fremdsprachendidaktik spricht man deshalb von einer „gemäßigten" Authentizität. Darunter versteht man, daß die (→) Textmerkmale stimmen. Das bedeutet z. B., daß „ein Hörtext sich wie richtiges gesprochenes Deutsch" anhören soll (eine Ansage im Radio also wie eine Ansage im Radio, eine Unterhaltung beim Arzt wie eine Unterhaltung beim Arzt usw.), daß ein Zeitungstext mit den typischen Textsignalen (Schlagzeile, Unterzeile, fett gedruckter Einleitungstext) im Lehrwerk wiedergegeben wird, auch wenn der Text für ein Lehrwerk geschrieben wurde.

Authentizität der Aufgabenstellungen (S. 21): Damit ist gemeint: Die Aufgabenstellungen z. B. zu den vier (→) (Sprach-)Fertigkeiten orientieren sich an der realen Lebenswelt der Lernenden und/oder an realen Alltagssituationen im Zielsprachenland (→ authentische Lese- und Hörsituationen). Zum Beispiel Fertigkeit *Spre-*

chen: nicht Bildbeschreibung, sondern Schüler wählen aus Bildern aus, was ihnen gefällt und tauschen ihre Eindrücke und Meinungen zu den Bildern aus. Zum Beispiel Fertigkeit *Schreiben*: Klassenkorrespondenz.

Bewertungsanleitung, die (S. 131): Schriftliche Vorgabe, wie die in einem Test/einer Prüfung erbrachten Leistungen zu bewerten, wie viele Punkte zum Beispiel für welche Leistung zu vergeben sind.

Bewertungsmaßstab, der (= **Bewertungsskala, die**) (S. 131): Punkte- oder Notensystem für verschiedene Leistungen bei einem Test/einer Prüfung.

Cloze-Test, der (S. 44): Zusammenhängender Text, in dem mechanisch zum Beispiel jedes 3. oder 5. oder 8. Wort getilgt worden ist und vom Testkandidaten ergänzt werden muß. Je größer der Abstand zwischen den Lücken ist (also zum Beispiel eine Lücke nach jedem 7. Wort), desto leichter ist der Test.

Curriculum, das (S. 7): Lehrplan; meist institutionell, zentral vorgegebene Unterrichtsplanung (Inhalte, Ziele, Methoden, Kontrollen) für eine bestimmte Lernstufe in einem bestimmten Zeitraum.

Detailverstehen, das (= **Detailverständnis**) (S. 22): Jede Einzelheit, jedes Detail (jedes Wort) eines Hör- oder Lesetextes verstehen (→ Globalverstehen).

Distraktoren (Pl.) (Distraktor, der) (S. 31): „Falsche" Antworten bei (→) Mehrwahlantwort-Aufgaben/Multiple-choice-Aufgaben; von drei bis vier Antworten ist meistens nur eine richtig. Die anderen zwei bis drei sind falsch (Distraktoren).

– **Null-Distraktor, der** (S. 124): Wenn es z. B. um die Entscheidung geht, ob ein Artikel gebraucht wird oder nicht, kann einer der Distraktoren auch „leer" bleiben, z. B. *Möchtest du _____ Tee oder Kaffee?* a) ——, b) *eine*, c) *einer*, d) *eines*; a) ist in diesem Fall der Null-Distraktor.

Einstufungstest, der (S. 7): Test zur Feststellung des (→) Sprachstands zu Beginn eines Lernabschnitts/einer Lernstufe.

Ergänzungsaufgabe, die (= **Einsetzübung, die**) (S. 117): Einzelsätze oder auch ein zusammenhängender Text mit Lücken, die durch die richtige Form/das richtige Wort ergänzt werden sollen (→ Lückensätze; → Lückentexte).

(Sprach-)Fertigkeiten (Pl.) (S. 12): Darunter versteht man in der Regel die vier sprachlichen Fertigkeiten *Hörverstehen, Leseverstehen, Sprechen* und *Schreiben*. *Hörverstehen* und *Leseverstehen* werden häufig als (→) „rezeptive" Fertigkeiten, *Sprechen* und *Schreiben* als (→) „produktive" Fertigkeiten bezeichnet.

– **interaktive Fertigkeiten** (S. 13): Darunter versteht man diejenigen Sprachfertigkeiten, bei denen eine Wechselbeziehung zwischen Sprecher/Schreiber und Adressat der Äußerung stattfindet (→ Interaktion), also die Sprachfertigkeiten *Sprechen* und *Schreiben*.

– **produktive Fertigkeiten**: *Sprechen* und *Schreiben*.

– **rezeptive Fertigkeiten** (S. 12): Darunter versteht man gemeinhin die Fertigkeiten *Hörverstehen* und *Leseverstehen*. Durch die Bezeichnung *rezeptiv* entsteht dabei allerdings der falsche Eindruck, daß das Verstehen nur ein passives Aufnehmen von etwas Vorgegebenem sei; tatsächlich jedoch werden Bedeutung und Sinn eines Hör- oder Lesetextes erst mit Hilfe der aktiven Bedeutungserschließung und Sinngebung durch den Hörer/Leser hergestellt.

formelle Prüfungen (Pl.) (S. 6): Werden (meist) zentral nach bestimmten offiziell festgelegten Kriterien erstellt. Sie sollen (→) „objektive" Aussagen über das (sprachliche) Können/Wissen der Geprüften ermöglichen. Voraussetzung dafür sind die drei (→) Gütekriterien (→) Validität (→), Reliabilität (→) und Objektivität (→).

gelenktes Gespräch, das (S. 97): Der Prüfer bestimmt durch gezielte Fragen und Hinweise den Fortgang des Gesprächs; gehört zum (→) offenen Aufgabentyp.

gemäßigte Authentizität, die (S. 21): (→) Authentizität.

globales Lesen, das (= **kursorisches Lesen, das**) (S. 22): Einen Text diagonal, d. h. nicht Wort für Wort lesen („überfliegen"), um global zu erfassen, worum es geht.

globales Verstehen, das (= **Globalverstehen, das** ; = **Globalverständnis, das**) (S. 22): Das Verstehen der Hauptaussage, des Themas, des „roten Fadens" eines Hör- oder Lesetextes (globales Hören, globales Lesen) (→ Detailverstehen).

Grundstufe, die (S. 8): **1.** Gängige Bezeichnung für einen nicht näher spezifizierten Lernzeitraum vom Beginn des Sprachunterrichts an bis zur Beherrschung bestimmter Grundfertigkeiten und Grundstrukturen. **2.** Bezeichnung für den Lernweg von Nullkenntnissen bis zum *Zertifikat Deutsch als Fremdsprache*, der Grundstufen-Abschlußprüfung der Goethe-Institute. In schulischen Lernjahren ausgedrückt: etwa vier Lernjahre Deutsch mit drei bis vier Wochenstunden Deutschunterricht. **3.** Spezifische Bezeichnung für Kursstufen (Grundstufe I, II, evtl. III) in der Erwachsenenbildung (z. B. in Volkshochschulen, an Goethe-Instituten).

Gütekriterien (Pl.) (S. 17): Bezeichnung für bestimmte Bedingungen, die erfüllt sein müssen, damit Sprachtests/ Sprachprüfungen verläßliche Aussagen über Schülerleistungen geben können. Die drei Gütekriterien sind: (→) *Validität*, d.h. die Leistungen der Lernenden sind möglichst genau zu erfassen, (→) *Reliabilität*, d.h. die Leistungen der Lernenden sind möglichst zuverlässig zu messen und (→) *Objektivität*, d.h. die Leistungen der Lernenden sind möglichst objektiv zu bewerten.

(mit Sprache) handeln (S. 12): (→) Sprachhandeln.

Hörstil, der (S. 22): Die Art, wie ein Text gehört wird, ob *global* (um die Gesamtaussage zu erfassen), ob *selektiv* (um eine bestimmte Information herauszuhören), ob *intensiv* bzw. *detailliert* (um jedes Wort zu verstehen).

Hörziel, das (= **Hörabsicht, die**) (S. 45): Es ist eine bekannte Tatsache, „daß man nur hört, was man hören will", z.B. eine Bestätigung der eigenen Meinung, ein bestimmtes Datum oder/und einen bestimmten Veranstaltungsort in der Tourneeankündigung des Lieblingssängers usw. Das Hörziel bestimmt den (→) Hörstil, z.B.: „eine bestimmte Information hören wollen" (→) selektives Hören. Im Sprachunterricht werden Hörziel und Hörstil durch die Art der Aufgabenstellung gesteuert.

informeller Test, der/informelle Prüfung, die (S. 6): Ohne Berücksichtigung offizieller Kriterien und ohne Anspruch auf (→) Objektivität, ad hoc (d.h. ohne besondere Vorbereitung) durchgeführte Überprüfung des Kenntnisstands einer speziellen Lerngruppe zu einem bestimmten Zeitpunkt (→ Lernfortschrittstest).

inhaltliche Leitpunkte (Pl.) (S. 79): Vorgaben für das Verfassen eines Textes, die den inhaltlichen Rahmen des Textes abstecken. Bei Tests zum *Schriftlichen Ausdruck* steuern sie Schritt für Schritt die Textproduktion und ermöglichen auf diese Weise die Vergleichbarkeit der Schülerarbeiten.

Interaktion, die (interaktiv) (S. 12, 13): Wechselbeziehung zwischen (Gesprächs-)Partnern, die alle Ebenen (Sprecher, Situation, Beziehung der Gesprächspartner untereinander usw.) einschließt.

Ja/Nein-Aufgabe, die (= (→) **Richtig/Falsch-Aufgabe**; = (→) **Alternativantwort-Aufgabe**) (S. 26): Aufgabe, bei der einfache Entscheidungen nach dem Muster *Ja, das trifft zu/Nein, das trifft nicht zu* getroffen und durch Ankreuzen markiert werden müssen.

kohärent (S. 133): „zusammenhängend". Einen Zusammenhang bildend (→ Textkohärenz).

Kombination von Fertigkeiten, die (= **kombinierte Fertigkeiten**) (S. 19): Fertigkeiten können nicht nur einzeln (d.h. nur *Hörverstehen*, nur *Schreiben*, nur *Leseverstehen* usw.) geübt und getestet werden, sondern auch kombiniert: also *Hörverstehen* und *Schreiben* (z.B. zu einem Hörtext wie z.B. Wetterbericht oder simulierte telefonische Nachricht Notizen machen), *Leseverstehen* und *Schreiben* (z.B. einen Antwortbrief auf eine Leseranfrage schreiben). In der Realität kommen die Fertigkeiten meist kombiniert vor, besonders die Fertigkeiten *Hörverstehen* und *Sprechen* (→ kombinierter Test).

kombinierter Test, der (S. 102): Ein Test, in dem Aufgaben zu zwei oder drei Fertigkeiten gestellt werden. Dabei werden die Fertigkeiten in verschiedenen Kombinationen miteinander verbunden (→ Kombination von Fertigkeiten).

Kommunikation, die (S. 12): „Mitteilung". Austausch von Information.

Kommunikationsabsicht, die (S. 84): (→) kommunikative Absicht.

Kommunikationsfähigkeit in Alltagssituationen, die (S. 17): Fähigkeit, sich in alltäglichen Situationen, in die man als Deutschlernende/r im Zielsprachenland geraten kann (→ Alltagssituationen), schriftlich oder mündlich verständlich zu machen und auf schriftliche und mündliche Äußerungen von anderen angemessen zu reagieren. Eine so verstandene Kommunikationsfähigkeit ist auch ohne fehlerfreie Beherrschung der Fremdsprache möglich.

Kommunikationssituation, die (S. 12): Jede sprachliche Äußerung wird primär durch die Situation definiert, in der oder aus der heraus etwas gesagt oder geschrieben wird. Zur Kommunikationssituation gehören die Kommunikationspartner (Alter, Herkunft, soziale Stellung, persönliche Beziehung usw.), Ort und Zeitpunkt, (→) die kommunikativen Absichten/Ziele: Wer spricht wann und wo mit wem in welcher Absicht? (→ Kontext).

– **(reale/realitätsnahe) mündliche und schriftliche Kommunikationssituationen** (S. 12, 21, 81): Situationen der gelebten Realität, in denen Menschen in ihren natürlichen sozialen Kontakten mit anderen kommunizieren, z.B. „jemanden auf der Straße treffen und fragen, wie es ihm geht", „eine Karte aus dem Urlaub schreiben". Im Fremdsprachenunterricht: „Gründe für das Zuspätkommen angeben", „nach der Bedeutung eines fremdsprachigen Wortes fragen", „einem fremdsprachigen Briefpartner in einem Brief etwas über sich selbst erzählen (Hobbys, Lieblingsfächer usw.)" usw.

kommunikativ (S. 12): Im Fremdsprachenunterricht: den eigenen (realen) Mitteilungsbedürfnissen entsprechend sprachlich agieren und reagieren.

- **kommunikative Absicht, die** (= **Kommunikationsabsicht, die**) (S. 84): Mitteilungsabsicht, z. B. „etwas über das eigene Befinden mitteilen", „jemandem sein Bedauern ausdrücken", „sich rechtfertigen", „sich bei jemandem über etwas beschweren" usw.
- **kommunikativ angemessen** (S. 12): den eigenen Mitteilungsbedürfnissen und dem Ziel der gegenseitigen Verständigung entsprechend.
- **kommunikativ orientierter Deutschunterricht, der** (= **kommunikativer Deutschunterricht**) (S. 12): Deutschunterricht, der (→) kommunikative Lernziele in den Mittelpunkt des Unterrichts stellt.
- **kommunikative Fähigkeiten (Pl.)**: Summe der sprachlichen Fähigkeiten, die es dem einzelnen erlauben, sich den eigenen (realen) Mitteilungsbedürfnissen entsprechend sprachlich zu äußern.
- **kommunikativer Gebrauch der Sprache** (S. 12): Im Fremdsprachenunterricht: Anwendung des Gelernten in (→) realen Kommunikationssituationen.
- **kommunikative Lernziele (Pl.)** (S. 12): Lernziele, die der Vorbereitung der Lernenden auf die Bewältigung (→) realer Kommunikationssituationen im Zielsprachenland oder im Kontakt mit Deutschsprachigem (Menschen, Medien usw.) im eigenen Land dienen.
- **kommunikativer Rahmen, der** (S. 84): Gesamtheit der situativen Gegebenheiten, unter denen die (schriftliche oder mündliche) Kommunikation stattfindet: Situation, Zeit, Ort, die (→) kommunikativen Absichten der Kommunikationspartner, ihre persönliche Beziehung, soziale Stellung usw. (Wer wo wann wie mit wem zu welchem Zweck?)

Konnektor, der (S. 67): Bindewort (auch: Satzverknüpfer), mit dessen Hilfe die inhaltlichen/logischen Beziehungen zwischen Satzteilen (z. B. *und, oder, denn*) und verschiedenen Sätzen (z. B. *weil, darum, obwohl, bis, daß*) ausgedrückt werden.

Kontext, der (S. 12): „enge Verknüpfung, Zusammenhang". Jeder Sprachgebrauch findet in einem Kontext statt. Zum Kontext gehören u. a. die Situation, Ort und Zeit, die Kommunikationspartner, die (→) kommunikativen Absichten, die Beziehung zwischen den Kommunikationspartnern usw.

Korrelat, das (S. 71): Verweismittel. Korrelate verweisen auf einen Nebensatz, z. B.: *Ich war darauf vorbereitet, daß du kommst; Es war klar, daß das Geld nicht reichen würde; Er wurde dazu gezwungen, dort zu bleiben.*

kursorisches Lesen, das (S. 22): (→) globales Lesen.

Lautsegment, das (S. 9): Klein(st)e unterscheidbare sprachliche Einheit: z. B. Einzellaut *M* in *Masse*, gegenüber *K* in *Kasse*.

Leistungsstufen (Pl.) (S. 132): Bewertungsskala, z. B. *sehr gut, gut, befriedigend, noch bestanden, nicht bestanden.*

Lernfortschritt, der (S. 1): Zuwachs an Können und Wissen.

Lernfortschrittstest, der (S. 6): (→) Informeller Test zur Überprüfung des Lernfortschritts einer bestimmten Lerngruppe innerhalb eines bestimmten Zeitraums, bezogen auf ein bestimmtes Lernpensum; Lernfortschrittstests werden von den Unterrichtenden selbst entworfen und ad hoc durchgeführt.

Lernziele (Pl.) (S. 9): Was im Unterricht gelernt werden soll; was am Ende des Unterrichts gekonnt werden soll.

Leseabsicht, die (= **Lesezweck, der**) (S. 22): Warum, zu welchem Zweck ein Text gelesen wird, z. B.: ein Fahrplan, um eine bestimmte Zugverbindung herauszufinden; ein Krimi, um sich die Zeit mit spannender Lektüre zu vertreiben; ein Rezept, um ein neues Gericht auszuprobieren. Die Leseabsicht bestimmt den (→) Lesestil.

Leseinteresse, das (S. 28): (Persönlich motivierter) Impuls, einen Text, von dem erwartet wird, daß er Antworten (Informationen usw.) auf (mehr oder weniger bewußt vorhandene) Fragen gibt, zu lesen. Im Sprachunterricht wird das Leseinteresse durch vorbereitende Aktivitäten und durch die Aufgabenstellung gesteuert. Das Leseinteresse (→ Leseabsicht/Lesezweck) bestimmt den (→) Lesestil. Reale Leseinteressen der Fremdsprachenlernenden sollten im Unterricht berücksichtigt werden, z. B. Jugendbücher mit entsprechenden Inhalten für Jugendliche, erwachsenengemäße Themen im Unterricht mit Erwachsenen, kindgemäße Texte für Kinder usw.

Lesestil, der (S. 22): Die Art, wie ein Text gelesen wird, ob *global* (um die Hauptaussage, den „roten Faden" zu verstehen), ob *selektiv* (um eine bestimmte Information herauszufinden), ob *detailliert*, Wort für Wort (um z. B. in einem Liebesbrief jede Nuance zu erfassen). Wie ein Leser bzw. eine Leserin einen Text liest, hängt von (→) Leseabsicht und (→) Leseinteresse ab.

Lesestrategie, die (S. 22): **1.** Allgemeine Bedeutung: Art und Weise wie ein Text gelesen wird (→ = Lesestil). **2.** Im

Sprachunterricht: Planmäßiges Vorgehen, um einen fremdsprachigen Text zu entschlüsseln, z.B.: Vorwissen aktivieren, (→) Textsortenmerkmale beachten, (→) kursorisches Lesen, um die Hauptaussage zu verstehen, Konzentration auf die Schlüsselwörter, unbekannte Wörter aus dem Kontext erschließen usw.

Lückensätze (Pl.) (S. 117): Übungssätze mit Lücken zum Hineinschreiben (fehlende Wörter, Endungen usw.).

Lückentext, der (S. 117): Zusammenhängender Übungstext mit Lücken zum Hineinschreiben (fehlende Wörter, Endungen usw.).

Mehrfachwahl-Aufgabe, die (= (→) **Multiple-choice-Aufgabe**, manchmal auch **Mehrwahlantwort-Aufgabe**) (S. 26): Aufgabe mit alternativen Lösungen zum Ankreuzen. Besonders für den Anfängerbereich geeignet, da keine produktiven sprachlichen Leistungen erbracht werden müssen.

(Sprechen und Schreiben als) Mittlerfertigkeit, die (S. 67): Sprechen und Schreiben im Sprachunterricht sind häufig nur Mittel zum Zweck, d.h.: Wird z.B. eine Grammatikübung schriftlich durchgeführt, so ist das Ziel der Übung die Festigung von Grammatikformen und nicht der schriftliche Ausdruck. In diesem Fall handelt es sich um Schreiben als Mittlerfertigkeit; liest ein Schüler einen bearbeiteten Lückentext mündlich vor, ist Sprechen nur die Mittlerfertigkeit zur mündlichen Kontrolle der Lösungen. Beim Ausfüllen eines Lückentextes kann Schreiben Mittlerfertigkeit sein, z.B. wenn es nur um das formalgrammatische Problem *Adjektivendungen* geht; Schreiben kann aber auch Zielfertigkeit sein, z.B. wenn es darum geht, die inhaltlichen und logischen Bezüge im Text durch das Einsetzen der richtigen (→) Referenzmittel oder (→) Konnektoren zu verdeutlichen (→ Sprechen und Schreiben als Zielfertigkeit).

Multiple-choice-Aufgabe, die (S. 26): (→) Mehrfachwahl-Aufgabe.

Null-Distraktor, der (S. 124): (→) Distraktor.

Objektivität, die (objektiv) (S. 17): Wichtiges (→) Gütekriterium für (Sprach-)Prüfungen: Eine Prüfung muß so beschaffen sein, daß die Prüfungsergebnisse verschiedener Lerngruppen stets vergleichbar sind und jederzeit von allen Prüfern gleich bewertet werden können. Absolute Objektivität ist allerdings bei Sprachprüfungen nicht möglich, da Sprache/Sprachbeherrschung/Beurteilung von Sprachbeherrschung immer auch subjektive Elemente enthalten.

Österreichisches Sprachdiplom, das (S. 117): Wird seit 1995 in Österreich und in den österreichischen Kulturinstituten im Ausland angeboten. Die Prüfungsziele berücksichtigen die Tatsache, daß Deutsch eine plurizentristische Sprache ist und der Deutschunterricht die Lernenden auf die sprachliche und kulturelle Vielfalt im deutschsprachigen Raum vorbereiten muß.

(realitätsnahe) Rollen (Pl.) (S. 80): Im kommunikativen Sprachunterricht übernehmen die Lernenden beim Simulieren von Alltagssituationen in der Fremdsprache verschiedene soziale Rollen, z.B.: „Kunde in einem Geschäft oder in einem Restaurant", „Schreiberin eines Beschwerdebriefes oder einer offiziellen Anfrage", „Auskunftsuchende oder Auskunftgebende an einem Informationsschalter" oder bei der „Suche nach dem richtigen Weg in einer fremden Stadt" usw. Da das sprachliche Verhalten (mündlich oder schriftlich) maßgeblich von der Rolle der Kommunikationspartner bestimmt ist (→ Register), sollten Fremdsprachenlernende so oft wie möglich realitätsnahe Rollen, d.h. Rollen, die ihrem eigenen Alltag entsprechen, übernehmen.

Register, das (S. 133): Für eine bestimmte mündliche oder schriftliche (→) Kommunikationssituation charakteristische Sprech- oder Schreibweise, z.B. die eines Lehrers gegenüber dem Schulleiter, die von Jugendlichen untereinander, die eines Bewerbungsschreibens an eine Firma, die einer Glückwunschkarte zur Goldenen Hochzeit von entfernt Bekannten im Gegensatz zu einem Glückwunschschreiben an einen nahestehenden Freund usw.

Referenzmittel (Pl.) (auch: Pro-Formen) (S. 67): Sprachliche Elemente, die Bezüge im Text herstellen, indem sie rückverweisend oder vorausweisend Vor- oder Nacherwähntes aufgreifen. Die häufigsten Referenzmittel sind Pronomen, die sich auf nominale Elemente beziehen, z.B. rückverweisend: *Der Mann auf dem Bild ist mein Vater. Er ist vor drei Jahren gestorben.* Oder: *Der Mann, den du dort siehst, ist ...* (Relativpronomen). *Der Vater brachte seiner Tochter ein Geschenk mit.* (Possessivpronomen). Andere Referenzmittel sind z.B. *folgend-* (vorausweisend): *Am folgenden Beispiel kann man zeigen, wie ...*, Adverbialpronomen: *Der Mann kam ins Krankenhaus. Dort ...* u.a.

Reliabilität, die (reliabel) (S. 17): Wichtiges (→) Gütekriterium für Sprachprüfungen; betrifft die Zuverlässigkeit der Leistungsmessung, d.h.: Ein Test ist reliabel, wenn möglichst wenig Fehler bei der Auswertung des Tests auftreten; die Reliabilität eines Tests wird mit Hilfe statistischer Verfahren errechnet.

Richtig/Falsch-Aufgabe, die (S. 26): (→) Alternativantwort-Aufgabe.

Schreiben, das
- **assoziatives Schreiben (auch: kreatives Schreiben)** (S. 68): Assoziationen zu einem Wort, einem Bild o. ä. werden zu zusammenhängenden thematischen Bündeln (Cluster) verknüpft und schrittweise ausformuliert.
- **freies Schreiben** (S. 68): Sich zu einem Thema (evtl. mit Hilfe einiger inhaltlicher Stichpunkte) schriftlich frei äußern; andere geläufige Bezeichnung: „freier schriftlicher Ausdruck".
- **mitteilungsbezogenes Schreiben** (S. 68): An einen Adressaten gerichtetes Schreiben wie Brief, Postkarte, Glückwunschkarte, Benachrichtigung usw.
- **personales Schreiben** (S. 68): Schreiben, um sich (und anderen) Auskunft über sich selbst zu geben, z. B. in Form von Tagebucheintragungen, Erlebnisbericht, Lebenslauf.

Schreiben als Prozeß, das (S. 68): Bei dieser Betrachtungsweise ist nicht das Produkt des Schreibens (der Brief, der Erlebnisbericht usw.) das Entscheidende, sondern der Prozeß des Schreibens selbst: die Strukturierung und Klärung der Gedanken während des Schreibens, die Suche nach dem passenden Wort/der gelungenen Formulierung, das Organisieren der grammatischen Strukturen, das (wiederholte) Überarbeiten des Textes.

Schreibkompetenz, die (S. 83): Ziel des Fremdsprachenunterrichts: Fähigkeit, Texte in der Fremdsprache zu verfassen, in denen Rechtschreibung, der Einsatz der Redemittel, die Organisation der grammatischen Strukturen, die (→) Textmerkmale, die (→) Textkohärenz usw. stimmen.

selektives Hören/Lesen, das (S. 22): (lat. *seligere*, *selectus* = „auswählen", „ausgewählt"): Dem Hör- oder Lesetext sollen nur bestimmte, den Hörer/Leser gerade besonders betreffende Informationen entnommen werden.

(Sprach-)Fertigkeiten (Pl.) (S. 7): (→) Fertigkeiten.

Sprachhandeln, das (S. 12): Mit Sprache etwas „tun", bewirken. Sprache wird begriffen als Möglichkeit, Dinge in Bewegung zu setzen, eigene Intentionen auszudrücken und Wirkungen zu erzielen: „um etwas bitten", „nach etwas fragen", „zu etwas auffordern". Auf dieser Auffassung von Sprache basiert der kommunikativ orientierte Fremdsprachenunterricht.

sprachliche Korrektheit, die (S. 133): Bewertungskriterium bei Tests; bezieht sich auf Orthographie, Morphologie, Wortschatz und Syntax.

Sprachstand, der (S. 7): Stand der Beherrschung einer Fremdsprache zu einem bestimmten Zeitpunkt.

Sprachstandstest, der (S. 7): Überprüft den (→) Sprachstand einer Lernergruppe im Hinblick auf ein vorab festgelegtes Leistungsniveau.

Strukturalismus, der (S. 9): Wissenschaftliche Richtung, die Sprache als ein geschlossenes Zeichensystem versteht und die Struktur des Systems erfassen will. Nach dem Primat des Schriftlichen und der Literatur in der Linguistik wandte sich der Strukturalismus (besonders der amerikanische Strukturalismus) in der ersten Hälfte des 20. Jahrhunderts der Untersuchung und Beschreibung der gesprochenen Sprache zu; Sprache wurde verstanden als ein in sich geschlossenes, zusammenhängendes System von lexikalischen, grammatischen und phonetischen Strukturen.

strukturalistische Testtheorie, die (S. 9): Geht davon aus, daß Sprache sich in einzelne Elemente (Laute, Betonung, Morpheme, Wörter, Strukturen usw.) zerlegen läßt, die isoliert überprüft werden können. Die Summe der isolierten Elemente gibt dann Auskunft über den Grad der Fremdsprachenbeherrschung (→ Strukturalismus).

Teilfertigkeit, die (S. 67): Beim schrittweisen Aufbau der vier (→) Sprachfertigkeiten werden zunächst verschiedene Teilfertigkeiten isoliert geübt, z. B. Fertigkeit *Sprechen*: richtige Aussprache von Lauten, Wörtern, Wortakzent und Intonation; z. B. Fertigkeit *Schreiben*: Orthographie, Wort- und Satzstellung, Verwendung von (→) Referenzmitteln, Verknüpfung von Sätzen mit Hilfe von (→) Konnektoren, (→) Textmerkmale unterschiedlicher (→) Textsorten usw.

Textart, die (S. 17): (→) Textsorte.

Textkohärenz, die (S. 71): Terminus der Textlinguistik; textbildender Zusammenhang von Sätzen, der alle Arten satzübergreifender grammatischer und semantischer Bezüge umfaßt.

textlinguistische Elemente (Pl.) (S. 68): Satzübergreifende sprachliche Regularitäten, die für zusammenhängende Texte konstitutiv sind.

Textmerkmal, das (S. 21): Charakteristikum einer (→) Textsorte. Beispiele: <u>Brief</u>: Datumsangabe, einleitende Grußformel, abschließende Grußformel; <u>Zeitungsbericht</u>: Schlagzeile, Unterzeile, Kurzfassung des wesentlichen Inhalts (fettgedruckt), Bericht (wer, was, wann, wo usw.); <u>Hörtext</u>: Gespräch zwischen Jugendlichen: Annäherung an die Umgangssprache von Jugendlichen, Merkmale der gesprochenen Sprache usw.

Textsorte, die (S. 23): Gruppe von Texten mit bestimmten, gemeinsamen (→) Textmerkmalen, bedingt durch die

Zielsetzung des Textes, z. B. Brief, Nachrichtensendung, Bahnhofsdurchsage, Vortrag, Werbeanzeige, Märchen usw.

Textsortenkatalog, der (S. 24): Zusammenstellung (Liste) verschiedener Textsorten, die im Rahmen eines (→) Curriculums, eines Lehrplans oder als Voraussetzung für eine bestimmte (→) formelle Prüfung im Unterricht behandelt werden sollen.

Tonlage, die (S. 134): Hier identisch mit (→) Register.

Validität, die (valide) (S. 16): Wichtiges (→) Gütekriterium für Sprachprüfungen; ein Test ist inhaltlich valide, wenn er tatsächlich überprüft, was überprüft werden soll. Das bedeutet z. B.: Die Schreibfertigkeit kann nicht mit Ergänzungsübungen, das Globalverstehen eines Lesetextes nicht mit Fragen zu einzelnen Details überprüft werden.

(reale) Verwendungssituationen (Pl.) (S. 19): (→) reale/realitätsnahe Kommunikationssituationen.

Verweisstrukturen (Pl.) (S. 67): (→) Referenzmittel.

visuelles Diktat, das (S. 58): Hörverstehensaufgabe; der Hörtext besteht aus einer Bildbeschreibung. Die Aufgabe besteht darin, das Bild entsprechend dem Gehörten zu zeichnen.

Vorspann, der (S. 84): Bei Tests zum *Schriftlichen Ausdruck*: Vorgabe z. B. für das Verfassen eines Briefes; im Gegensatz zu den (→) inhaltlichen Leitpunkten, die den Brief Schritt für Schritt strukturieren, steckt der Vorspann den (→) kommunikativen Rahmen ab, in dem der Brief geschrieben wird (z. B.: Ihr Deutschlehrer/ Ihre Deutschlehrerin liegt mit gebrochenem Bein im Krankenhaus. Schreiben Sie ihm/ihr eine Karte mit Genesungswünschen.)

(Sprechen und Schreiben als) Zielfertigkeit, die (S. 68): Aufgaben zum Sprechen, die darauf zielen, die Sprechfähigkeit in möglichst (→) realitätsnahen Kommunikationssituationen zu entwickeln, wie z. B. „einem Wegsuchenden Auskunft geben"; Schreibaufgaben, die darauf zielen, den schriftlichen Ausdruck zu verbessern. Das können Aufgaben sein zu (→) Teilfertigkeiten (z. B. Satzanschlüsse, Wortstellung) oder zum Verfassen komplexer Texte (z. B. Brief, Zusammenfassung, Buchbesprechung) (→ Sprechen und Schreiben als Mittlerfertigkeit).

Zuordnungsaufgabe, die (S. 26): Passende Teile müssen einander zugeordnet werden, z. B. verschiedene Aussagen verschiedenen Personen, Überschriften bestimmten Textabschnitten, Textabschnitte verschiedenen Bildern usw; gehört zum Aufgabentyp (→) geschlossene Aufgaben.

12 Literaturhinweise

Vorbemerkungen

Die Fachliteratur zum Thema *Testen* ist sehr umfangreich und differenziert. Wir wollen hier nicht den Versuch machen, eine systematische Zusammenfassung dieser Literatur zu geben. Wir beschränken uns vielmehr auf Titel, die …

➤ in der Studieneinheit erwähnt oder zitiert worden sind,

➤ die das Thema *Tests* in verständlicher Weise behandeln und in der Regel leicht zugänglich sind.

ALBERS, Hans-Georg/BOLTON, Sibylle (1995): *Testen und Prüfen in der Grundstufe, Einstufungstests und Sprachstandsprüfungen.* Fernstudieneinheit 7. Berlin/München: Langenscheidt.

BOLTON, Sibylle (1985): *Die Gütebestimmung kommunikativer Tests.* Tübingen: Narr.

CARROLL, John (1986): *The Psychology of Language Testing.* In: DAVIES, Alan (Hrsg.): *Language Testing Symposium – A Psycholinguistic Approach.* London: Oxford University Press.

DAVIES, Alan (1973): *Tests für den fremdsprachlichen Unterricht.* In: SCHRAND, Heinrich (Hrsg.): *Testen. Probleme der objektiven Leistungsmessung im neusprachlichen Unterricht.* Berlin: Cornelsen-Velhagen & Klasing, S. 23–44.

DEUTSCHER VOLKSHOCHSCHUL-VERBAND/GOETHE-INSTITUT (Hrsg.) (1992): *Das Zertifikat Deutsch als Fremdsprache.* Frankfurt/M.

DOYÉ, Peter (1988): *Typologie der Testaufgaben für den Unterricht Deutsch als Fremdsprache.* Berlin/München: Langenscheidt.

FREUDENSTEIN, Reinhold (1994): *Fremdsprachentests für die Schule. Ein Plädoyer für die objektivierte Leistungsmessung.* In: *Praxis des neusprachlichen Unterrichts,* H. 4/1994, S. 339–347.

GROTJAHN, Rüdiger (Hrsg.) (1992): *Der C-Test. Theoretische Grundlagen und praktische Anwendung,* Bd. 1. *Manuskripte zur Sprachlehrforschung,* Bd. 39/1. Bochum: Universitätsverlag Brockmeyer.

HARRISON, Andrew (1983): *A Language Testing Handbook.* London: Macmillan.

HEATON, J. B. (1990): *Classroom Testing.* London: Longman.

HECHT, Karlheinz/ALASDAIR, Archibald (1994): *Was messen wir wirklich mit discretepoint und integrative tests?* In: *Praxis des neusprachlichen Unterrichts,* H. 1/1994, S. 3–13.

HUGHES, Arthur (1989): *Testing for Language Teachers.* In: *Cambridge Handbooks for Language Teachers.* Cambridge: Cambridge University Press.

HÜLLEN, Werner/ROTHER, Angela (1973): *Glossar zur Testkunde.* In: SCHRAND, Heinrich (Hrsg.): *Testen. Probleme der objektiven Leistungsmessung im neusprachlichen Unterricht.* Berlin: Cornelsen-Velhagen & Klasing, S. 111–120.

INFORMATIONEN FÜR LEHRER UND PRÜFER (1990): *Prüfungsmaterialien für Deutsch als Fremdsprache.* München: Goethe-Institut.

KLEBER, Eduard (1979): *Tests in der Schule. Instrumente zur Gewinnung diagnostischer Informationen zur Lernsteuerung und Lernkontrolle.* München/Basel: Ernst Reinhard Verlag (= UTB 890).

KLEIN-BRALEY, Christine (1985): *Reduced redundancy as an approach to language testing.* In: KLEIN-BRALEY, Christine/RAATZ, Ulrich (Hrsg.) (1985), S. 1–13.

KLEIN-BRALEY, Christine/RAATZ, Ulrich (Hrsg.) (1985): *C-Tests in der Praxis. Fremdsprache und Hochschule* (= AKS-Rundbrief 13/14/1985). Bochum: Arbeitskreis der Sprachzentren, Sprachlehrinstitute und Fremdspracheninstitute.

KNAPP-POTTHOFF, Annelie (1979): *Fremdsprachliche Aufgaben. Ein Instrument zur Lehrmaterialanalyse.* Tübingen: Narr.

LACKAMP, Monica/PORTIUS PRADELLI, Helga (1994): *Die Schreibschule 1.* Frankfurt/M./Aarau: Moritz Diesterweg/Sauerländer.

MORROW, Keath (1991): *Communicative Language Testing – Revolution or Evolution?* In: ALDERSON, Charles/HUGHES, Arthur (1991): *ELT documents 111 – Issues in Language Testing.* London: The British Council.

NEUNER, Gerhard u. a. (1981): *Übungstypologie zum kommunikativen Deutschunterricht*. Berlin/München: Langenscheidt.

NEUNER, Gerhard (1990–93): *Schreiben macht Spaß. 1–3*. München: Klett Edition Deutsch.

PERLMANN-BALME, Michaela/SCHULTE-ESCORSIN, Margret (1994): *Handreichungen zum Prüfertraining Zertifikat Deutsch als Fremdsprache*. Mündliche Prüfung. München: Goethe-Institut.

RAATZ, Ulrich (1985): *Tests of reduced redundancy*. In: KLEIN-BRALEY, Christine/RAATZ, Ulrich (Hrsg.) (1985), S. 14–19.

RAATZ, Ulrich/KLEIN-BRALEY, Christine (1983): *Ein neuer Ansatz zur Messung der Sprachleistung. Der C-Test: Theorie und Praxis*. In: *Tests und Trends*. 3. Jahrbuch der Pädagogischen Diagnostik. Weinheim: Beltz.

RÜTTER, Theodor (1973): *Formen der Testaufgabe. Eine Einführung für didaktische Zwecke*. München: Beck.

Testen und Prüfen. ÖDaF-Mitteilungen, H. 2/1994. Informationen des Vereins *Österreichischer Lehrerverband Deutsch als Fremdsprache*.

UNDERHILL, Nic (1987): *Testing spoken Language. A Handbook of Oral Testing Techniques*. Cambridge: Cambridge University Press.

UPSHUR, John (1973): *Das Testen mündlicher Leistungen*. In: SCHRAND, Heinrich (Hrsg.): *Testen. Probleme der objektiven Leistungsmessung im neusprachlichen Unterict*. Berlin: Cornelsen-Velhagen & Klasing, S. 61–80.

VALETTE, Rebecca (1973): *Lernzielorientiertes Testen*. In: SCHRAND, Heinrich (Hrsg.): *Testen. Probleme der objektiven Leistungsmessung im neusprachlichen Unterricht*. Berlin: Cornelsen-Velhagen & Klasing, S. 45–60.

VALETTE, Rebecca (1979): *Tests im Fremdsprachenunterricht*. Berlin: Cornelsen. (Engl. 1967: *Modern Language Testing*. New York: Harcourt, Crace & World).

VAN WEEREN, Jan (1992): *Zum guten Schluß: Ein Test. Zur Erstellung und Auswertung informeller Hörverstehenstests*. In: *Fremdsprache Deutsch*, H. 7/1992 „Hörverstehen", S. 58–60.

WEIR, Cyril (1993): *Understanding and Developing Language Tests. Prentice International English Language Testing*. London/New York: Prentice Hall.

Zertifikat Deutsch als Fremdsprache (Zertifikat DaF): siehe DEUTSCHER VOLKSHOCHSCHUL-VERBAND/ GOETHE-INSTITUT (1992).

ZIRKEL, Manfred (1979): *Beitrag zu einer Theorie des Testens kommunikativer Kompetenz – Beispiel: mündliche Prüfung*. In: NEUNER, Gerhard (Hrsg.): *Pragmatische Didaktik des Englischunterrichts*. Paderborn: Schöning, S. 194–205.

13 Quellenangaben

A. Textteil

ABEL, Brigitte u. a. (1989): *Sprachbrücke 1.* Arbeitsheft Lektionen 8–15. München: Klett Edition Deutsch, S. 46, 127.

AUFDERSTRASSE, Hartmut u. a. (1992): *Themen neu 1.* Lehrwerk für Deutsch als Fremdsprache. Ismaning: Max Hueber, S. 40, 43, 55, 67, 83, 109.

AUFDERSTRASSE, Hartmut u. a. (1993a): *Themen neu 2.* Lehrwerk für Deutsch als Fremdsprache. Ismaning: Max Hueber, S. 11, 31–33, 43, 65, 75.

AUFDERSTRASSE, Hartmut u. a. (1993b): *Themen neu 2,* Arbeitsbuch. Ismaning: Max Hueber, S. 11, 75.

BARTELS, Bettina (1989): *Kontakte Deutsch. Übungen + Tests.* Jakarta: Goethe-Institut, S. 28, 57, 71, 72, 87, 176.

BIMMEL, Peter (1990): *Wegweiser im Dschungel der Texte. Lesestrategien und Textkonnektoren.* In: *Fremdsprache Deutsch*, H. 2/1990. „Arbeit mit Texten", S. 13.

BLAASCH, Hans-Werner (1975): *Deutsch als Fremdsprache IB. Strukturübungen und Tests.* Stuttgart: Ernst Klett, S. 113.

BOCK, Heiko u. a. (1992): *Themen neu 1.* Arbeitsbuch. Ismaning: Max Hueber, S. 12, 16, 60.

BORNEBUSCH, Herbert/HARDEN, Theo (1989): *Sprachbrücke 1.* Deutsch als Fremdsprache, Arbeitsbuch Brasilien. Sao Paulo: EPU, S. 185.

Bravo Girl!, H. 1/1995 „Kontakt Girl!". © München: Bauer Verlag.

der Bunte Hund „Für Kinder in den besten Jahren, "(15/1986). © Weinheim und Basel: Beltz Verlag, S. 7.

DA LUZ VIDEIRA MURTA, Maria (1991): *„Vater und Sohn" im Anfängerunterricht.* Eine Hörverstehensübung und ein Schreibauftrag. In: *Fremdsprache Deutsch*, H. 5/1991. „Das Bild im Unterricht", S. 47; © Bildgeschichte: e. o. plauen: *Vater und Sohn.* Gesamtausgabe Südverlag GmbH. Konstanz 1987. Gesellschaft für Verlagswerte GmbH, Kreuzlingen/Schweiz.

DAHLHAUS, Barbara (1994): *Fertigkeit Hören.* Fernstudieneinheit 5. Berlin/München: Langenscheidt, S. 115; © Scherling.

Das Zertifikat Deutsch als Fremdsprache (1992): Hrsg. vom Deutschen Volkshochschul-Verband e.V. und vom Goethe-Institut. Bonn/Frankfurt/M./München: Deutscher Volkshochschul-Verband/Goethe-Institut, S. 25.

DOYÉ, Peter (1988): *Typologie der Testaufgaben für den Unterricht Deutsch als Fremdsprache.* Berlin/München: Langenscheidt, S. 19f., 43f, 85.

DREKE, Michael/LIND, Wolfgang (1986): *Wechselspiel.* Sprechanlässe für Partnerarbeit im kommunikativen Deutschunterricht. Arbeitsblätter für Anfänger und Fortgeschrittene. Berlin/München: Langenscheidt, S. 52, 53.

Einstufungstest Sekundarstufe II Frankreich: siehe MINISTÈRE DE L'ÉDUCATION NATIONALE, DIRECTION DE L'ÉVALUATION ET DE LA PROSPECTIVE (Hrsg.) (1993).

EISMANN, Volker u. a. (1994): *Die Suche.* Das andere Lehrwerk für Deutsch als Fremdsprache, Arbeitsbuch 1. Berlin/München: Langenscheidt, S. 78, 172.

ESA, Mohammed/GRAFFMANN, Heinrich (1993): *Grammatikarbeit am Text.* In: *Fremdsprache Deutsch*, H. 9/1993 „Lebendiges Grammatiklernen". München: Klett Edition Deutsch/Goethe-Institut, S. 33.

fee-Sprachreisen Anzeige; © fee-Sprachreisen.

FORMELLA, Doris u. a. (1990): *Übungen für Selbstlerner – Hörverstehen.* München: Goethe-Institut, S. 19, 25, 33, 40.

FRANK, Karlhans (1985): *Literarische Texte im Unterricht. Märchen.* München: Goethe-Institut, S. 64, 69.

FUHRMANN, Eike u. a. (1988): *Sprachbrücke 1.* Arbeitsheft, Lektionen 1–7. München: Klett Edition Deutsch, S. 30, 45, 47, 59, 83, 100, 109.

FUNK, Hermann u. a. (1994a): *sowieso.* Deutsch als Fremdsprache für Jugendliche, Arbeitsbuch 1. Berlin/München: Langenscheidt, S. 62, 91.

FUNK, Hermann u. a. (1994b): *sowieso. Deutsch als Fremsprache für Jugendliche, Kursbuch 1*. Berlin/München: Langenscheidt, S. 52.

GOETHE-INSTITUT (1994): *deutsch '95/96*. München: Goethe-Institut, S. 9, 28.

HÄUSSERMANN, Ulrich u. a. (1992): *Sprachkurs Deutsch 4*. Neufassung. Frankfurt/M./Aarau: Moritz Diesterweg/ Sauerländer, S. 99.

HECK-SAAL, Elisabeth/MÜHLENWEG, Regina (1990): *Deutsch 1*. Buenos Aires: Goethe-Institut, S. 68, 122, 228.

HECK-SAAL, Elisabeth/MÜHLENWEG, Regina (1989): *Deutsch 2*. Buenos Aires: Goethe-Institut, S. 23, 171.

Hinweise zur Durchführung der Prüfungen des Goethe-Instituts (1993): München: Goethe-Institut, S. 65.

JENKINS, Eva-Maria (1992): *Sprachbrücke 2,* Arbeitsheft, Lektionen 1–5. München: Klett Edition Deutsch, S. 82.

Jugendscala (3/1988) (ab 1989: *Jugendmagazin*, ab 1991: *Juma*, das Jugendmagazin, Hrsg.: Redaktion JUMA/Tip. Frankfurter Str. 40, 51065 Köln), S. 30f.

KAST, Bernd (1996): *Fertigkeit Schreiben*. Fernstudieneinheit 12. Berlin/München: Langenscheidt., S. 131.

LACKAMP, Monica/PORTIUS PRADELLI, Helga (1994): *Die Schreibschule 1*. Frankfurt/M./Aarau: Moritz Diesterweg/Sauerländer, S. 29.

MAI, Manfred (1985): *Holger und Gesine*. In: FRANK, Karlhans (Hrsg.): *Literarische Texte im Unterricht. Märchen*. München: Goethe-Institut.

MEBUS, Gudula u. a. (1987): *Sprachbrücke 1*. Deutsch als Fremdsprache. München: Klett Edition Deutsch, S. 29.

MINISTÈRE DE L'ÉDUCATION NATIONALE, DIRECTION DE L'ÉVALUATION ET DE LA PROSPECTIVE (Hrsg.) (1993): *Évaluation à l'entrée en seconde générale et technologique: Allemand, Cahier de l'élève*. Paris: Ministère de l'Éducation Nationale (Zentraler Einstufungstest beim Übergang von der Sekundarstufe I in die Sekundarstufe II, Schülerheft), S. 17.

MÜLLER, Helmut/KAST, Bernd (1993): *Locke und Dabbe proben die Verständigung*. Ein Videokurs Deutsch als Fremdsprache. München: Klett Edition Deutsch, S. 96.

MÜNCH, Wolfgang/SCHMITZ, Sigrid (1976): *Deutsch 2000*. Tests zu Band 1. München: Max Hueber, ohne Seitenangabe.

NEUF-MÜNKEL, Gabriele/ROLAND, Regine (1994): *Fertigkeit Sprechen*. Fernstudieneinheit. (Erprobungsfassung). München: Goethe-Institut, S. 10.

Österreichisches Sprachdiplom (Erprobungsfassung); © ÖSD Prüfungsbüro 1994.

Prüfung Grundstufe I (01). Prüfungsordnung, Durchführungsbestimmungen, Bewertungsbestimmungen (1991). München: Goethe-Institut.

ROCHE, Jörg/WIELAND, Norma (1994): *Deutsch aktiv Neu. Tests*. Berlin/München: Langenscheidt, S. 52, 116, 122, 124, 139, 140, 152, 155, 160/161.

SCHWITTERS, Kurt (1974): *Das literarische Werk,* Band 3. Köln: Dumont, S. 37.

UCLES (1994): siehe UNIVERSITY OF CAMBRIDGE LOCAL EXAMINATIONS SYNDICATE.

UNIVERSITY OF CAMBRIDGE LOCAL EXAMINATIONS SYNDICATE (1994): *Key English Test*, Handbook, Cambridge: UCLES, S. 32.

Unterlagen zur Prüferschulung des Goethe-Instituts (unveröffentlicht). München: Goethe-Institut.

VAN WEEREN, Jan (1992): *Zum guten Schluß: Ein Test*. Zur Erstellung und Auswertung informeller Hörverstehenstests. In: *Fremdsprache Deutsch*, H. 7. „Hörverstehen", S. 59, 60.

VORDERWÜLBECKE, Anne/VORDERWÜLBECKE, Klaus (1987): *Stufen*. Kolleg Deutsch als Fremdsprache. 2 „Orientierung im Alltag". München: Klett Edition Deutsch, S. 44.

VORDERWÜLBECKE, Anne/VORDERWÜLBECKE, Klaus (1991): *Stufen*. Kolleg Deutsch als Fremdsprache. 4 „Information und Diskussion". München: Klett Edition Deutsch, S. 19.

Zertifikat DaF: siehe *Das Zertifikat Deutsch als Fremdsprache* (1992).

B. Transkriptionen der Hörtexte

AUFDERSTRASSE, Hartmut u. a. (1994): *Themen neu 1,* Lehrerhandbuch Teil B. Hörtexte. Ismaning: Max Hueber, S. 122, 123.

AUFDERSTRASSE, Hartmut/BOCK, Heiko (1995): *Themen neu 2,* Lehrerhandbuch Teil A. Unterrichtspraktische Hinweise, Lösungen, Transkription der Hörtexte. Ismaning: Max Hueber, S. 71, 76.

DAHLHAUS, Barbara (1994): *Fertigkeit Hören.* Fernstudieneinheit 5. Berlin/München: Langenscheidt, S. 154f.

GOETHE-INSTITUT (Hrsg.): *Zertifikat Deutsch als Fremdsprache,* Übungssatz ZDaF 0.6.

FORMELLA, Doris u. a. (1990): *Übungen für Selbstlerner – Hörverstehen.* München: Goethe-Institut, S. 80/81, 87f., 93, 97, 103ff.

NEUNER, Gerhard u. a. (1987): *Deutsch aktiv Neu.* Ein Lehrwerk für Erwachsene, Lehrbuch I B. Berlin/München: Langenscheidt, S. 69.

NEUNER, Gerhard u. a. (1989): *Deutsch aktiv Neu,* Lehrerhandreichungen I B. Berlin/München: Langenscheidt, S. 108.

RALL, Marlene/MEBUS, Gudula (1990): *Sprachbrücke 1.* Deutsch als Fremdsprache, Handbuch für den Unterricht. München: Klett Edition Deutsch, S. 58, 264.

VAN EUNEN, Kees u. a. (1991): *Deutsch aktiv Neu 1C,* Lehrerhandreichungen. Berlin/München: Langenscheidt, S. 173.

VAN WEEREN (1992): *Zum guten Schluß: Ein Test. Zur Erstellung und Auswertung informeller Hörverstehenstests.* In: *Fremdsprache Deutsch,* H. 7 „Hörverstehen", Transkription der Hörszene 29.

C. Lösungsschlüssel

AUFDERSTRASSE, Hartmut u. a. (1992): *Themen neu 1.* Lehrwerk für Deutsch als Fremdsprache. Ismaning: Max Hueber, S. 67.

AUFDERSTRASSE, Hartmut u. a. (1993): *Themen neu 2.* Lehrwerk für Deutsch als Fremdsprache. Ismaning: Max Hueber, S. 11, 75.

DOYÉ, Peter (1988): *Typologie der Testaufgaben für den Unterricht Deutsch als Fremdsprache.* Berlin/München: Langenscheidt, S. 19f., 43f.

Einstufungstest Sekundarstufe II Frankreich: siehe MINISTÈRE DE L'ÉDUCATION NATIONALE, DIRECTION DE L'ÉVALUATION ET DE LA PROSPECTIVE (1993), S. 17.

FORMELLA, Doris u. a. (1990): *Übungen für Selbstlerner – Hörverstehen.* München: Goethe-Institut, S. 48, 55.

FRANK, Karlhans (1985): *Literarische Texte im Unterricht. Märchen.* München: Goethe-Institut, S. 64, 69.

FUHRMANN, Eike u. a. (1988): *Sprachbrücke 1.* Arbeitsheft, Lektionen 1–7. München: Klett Edition Deutsch, S. 47.

HECK-SAAL, Elisabeth/MÜHLENWEG, Regine (1990): *Deutsch 1.* Buenos Aires: Goethe-Institut, S. 122.

Hinweise zur Durchführung der Prüfungen des Goethe-Instituts (1993). München: Goethe-Institut, S. 65.

KAST, Bernd (1996): *Fertigkeit Schreiben.* Fernstudieneinheit 12. Berlin/München: Langenscheidt, S. 131.

MINISTÈRE DE L'ÉDUCATION NATIONALE, DIRECTION DE L'ÉVALUATION ET DE LA PROSPECTIVE (1993): *Évaluation à l'entrée en seconde générale et technologique: Allemand, Cahier de l'élève.* Paris: Ministère de l'Éducation Nationale (Zentraler Einstufungstest beim Übergang von der Sekundarstufe I in die Sekundarstufe II, Schülerheft), S. 17.

MÜLLER, Helmut/KAST Bernd (1993): *Locke und Dabbe proben die Verständigung.* Ein Videokurs Deutsch als Fremdsprache. München: Klett Edition Deutsch, S. 155.

PAS des DVV (Pädagogische Arbeitsstelle des Deutschen Volkshochschul-Verbandes) (Hrsg.) (1992): *Das Zertifikat Deutsch als Fremdsprache. Lernziele, Modelltests, Wortbildungsliste, Syntaktische Strukturen.* Frankfurt/M.: Deutscher Volkshochschul-Verband, S. 17f.

ROCHE, Jörg/WIELAND, Norma (1994): *Deutsch aktiv Neu. Tests.* Ein Lehrwerk für Erwachsene. Berlin/München: Langenscheidt, S. 116, 140.

SCHERLING, Theo; © (1995).

SCHWITTERS, Kurt (1974): *Das literarische Werk.* Köln: Dumont, S. 37.

Unterlagen zur Prüferschulung des Goethe-Instituts (unveröffentlicht). München: Goethe-Institut.

VORDERWÜLBECKE, Anne/VORDERWÜLBECKE, Klaus (1987): *Stufen.* Kolleg Deutsch als Fremdsprache. 1 „Kontaktaufnahme". Erste Orientierung. München: Klett Edition Deutsch, S. 44.

D. Die wichtigsten benutzten und zitierten Lehrwerke und Übungsmaterialien im Überblick

DEUTSCH 1 und 2 (s. Heck-Saal/Mühlenweg)
DEUTSCH 2000 (s. Münch/Schmitz)
DEUTSCH AKTIV NEU (s. Neuner, Gerhard u. a.)
DEUTSCH AKTIV NEU. TESTS (s. Roche/Wieland)
DEUTSCH ALS FREMDSPRACHE (s. Blaasch)
DIE SCHREIBSCHULE (s. Lackamp/Portius Pradelli)
DIE SUCHE (s. Eismann u. a.)
KONTAKTE DEUTSCH 1. ÜBUNGEN + TESTS (s. Bartels)
LOCKE UND DABBE PROBEN DIE VERSTÄNDIGUNG (s. Müller/Kast)
SOWIESO (s. Funk u. a.)
SPRACHBRÜCKE 1 und 2 (s. Mebus u. a.; Rall/Mebus; Abel u. a./Fuhrmann u. a.; Jenkins; Bornebusch/Harden)
SPRACHKURS DEUTSCH (s. Häussermann u. a.)
STUFEN (s. Vorderwülbecke/Vorderwülbecke)
THEMEN NEU (s. Aufderstraße u. a./Bock u. a.)
ÜBUNGEN FÜR SELBSTLERNER – HÖRVERSTEHEN (s. Formella u. a.)
WECHSELSPIEL (s. Dreke/Lind)

Angaben zur Autorin

Sibylle Bolton, Jg. 1941, Referentin für Prüfungen in der Zentralverwaltung des Goethe-Instituts München. Studium der Germanistik und Romanistik an der University of London, England. Lehrerin für Deutsch als Fremdsprache und Französisch an einem Gymnasium und College of Further Education in London. Lektorin an der Universität Frankfurt/Main: Lehrtätigkeit in den DaF-Studiengängen sowie Erstellung der PNDS-Prüfungen und der Einstufungstests. Assistant Professor an der Indiana University (German Department) in Bloomington, USA. Promotion über das Thema *Die Gütebestimmung kommunikativer Tests* sowie Veröffentlichungen zum Thema *Testen*.

Das Fernstudienprojekt DIFF – GhK – GI

In diesem Projekt werden Fernstudieneinheiten zur Fortbildung von ausländischen Deutschlehrern in den Bereichen Methodik/Didaktik Deutsch als Fremdsprache, Landeskunde und Germanistik entwickelt. Insgesamt sind etwa 50 Fernstudieneinheiten geplant.

Für weitere Informationen wenden Sie sich bitte an eine der folgenden Adressen:

Deutsches Institut für Fernstudienforschung an der Universität Tübingen Postfach 1569 72072 Tübingen	Universität Gesamthochschule Kassel FB 9 (Prof. Dr. Gerhard Neuner) Postfach 10 13 80 34127 Kassel	Goethe-Institut München Bereich 52 FSP Helene-Weber-Allee 1 80637 München